Existential Art Therapy: The Canvas Mirror (3rd ed.)

실존주의 미술치료

- 캔버스 거울 -

Bruce L. Moon 저 | 원희랑 역

학지사

Existential Art Therapy: The Canvas Mirror, Third Edition
by Bruce L. Moon

이 책을 ATR이자, 미술치료의 선구자, 화가,
다정한 롤모델이자, 마음의 장인(匠人) 밥 아울트에게 바친다.

밥 아울트(Bob Ault), 아울트 가족이 촬영.

역자 서문

캔버스 거울이라는 부제는 정말 멋진 은유다. 일반 거울이 우리의 외적인 모습을 비춰 준다면 캔버스는 우리의 내적인 모습을 비춰 주는 거울이다. 저자 브루스 문(Bruce L. Moon)은 실존주의 미술치료란 미술작업과 작품을 치료적으로 사용하면서 인간의 궁극적 관심사인 실존에 초점을 두는 역동적인 미술치료 접근법이라고 정의하였다. 이 책에서 저자는 실존주의 이론에 기반을 두고 미술치료의 목적과 과정을 실존주의라는 언어로 훌륭하게 재창조했다. 이 책은 예술적이고 치유적인 미술치료의 혼을 일깨워 주는 미술치료의 고전이자 오늘날에도 유용한 매우 실용적인 미술치료 안내서라는 점이 가장 큰 매력이다.

나는 이 책을 만난 것에 대해 마음 깊이 감사한다. 미술치료사로서 내담자들을 만나고, 미술치료전공 학생들을 가르치고, 미술치료 수련생에게 슈퍼비전을 하며 품어 왔던 수많은 질문에 대해 명쾌하고도 기분 좋은 답을 얻을 수 있었다.

미술치료의 목적은 무엇인가, 미술치료가 왜 치유적인가, 미술치료사는 회기에서 무엇을 해야 하는가, 내담자는 누구인가, 내담자는 회기에서 무엇을 해야 하는가, 미술치료사와 내담자는 함께 무엇을 해야 하는가 등과 같은 질문들에 대해 저자는 자신의 삶과 미술치료 임상 및 미술치료 교육현장에서 치열하게 고민하면서 맨손으로 캐낸 보석 같은 답을 들려주고 있다. 이 책을 만난 이후에 미술치료와 삶에 대한 나의 시야는 한층 넓어졌다.

번역하는 내내 내담자와 저자의 대화와 작업하는 소리가 들리는 듯 생생해서 마치 미술치료 회기를 함께하는 듯 몰입되었다. 저자는 글과 그림을 통해서 삶의 고통에 대한 존중과 미술작품과 내담자의 치유력에 대한 존경심 그리고 치료사의 용기와 진정성 있는 치료적 행동들을 깊이 있고 상세하게 보여 준다. 이러한 생생함이 독자들에게 전달되도록 치료사와 내담자의 대화내용을 축어록 형식으로 번역했고, 의역보다는 원문에 충실하게 번역하려고 노력했다. 미술치료 교육에서 치료사 · 미술작품 · 내담자 간의 실제적인 치료적 상호작용을 보여 주는 문헌이 부족하여 늘 아쉬움이 많았는데, 이 부분에서 미술치료사들과 미술치료 교육에 많은 도움을 줄 것이라고 확신한다.

미술치료에 대한 저자의 사랑과 열정은 많은 저술과 미국미술치료협회 명예평생회원상 수상 및 유명인들의 서문에서 잘 드러난다. 특히 그는 미술치료의 위상과 발전을 고민하고 깊이 있는 교육과 훈련의 중요성을 강조하면서, 실존주의 미술치료를 실제 임상과 오늘날의 심리치료 환경에 맞는 단기치료에도 적용하기 위해, 미술치료사가 무엇을 해야 하는가와 어떻게 되어야 하는가를 알려주는 데 많은 부분을 할애하고 있다. 이를 위해 실존주의 심리치료의 철학과 주제, 실존주의 미술치료의 신조, 이미지 듣기와 미술작품 이해하기, 12단계로 구조화된 실존주의 미술치료에서 꿈 다루기 등을 소개하고 있다. 이는 미술치료사, 예술치료사, 상담관련전문가, 심신건강전문가에게 매우 도움이 될 것이다.

이 책의 출판을 기꺼이 수락해 주신 학지사 김진환 사장님에게 감사를 드리며, 책을 멋지게 만들어 주신 소민지 님과 박수민 님에게도 감사드린다. 이 책을 처음으로 함께 강독했던 서울불교대학원대학교 미술치료전공 박사과정생들에게도 감사한 마음을 전한다. 마지막으로, 나의 부족함으로 인해 시적이고 은유적인 내용이 잘 번역되지 못한 부분에 대해 독자들에게 양해를 구한다.

2019년 9월 원주 사랑재에서

역자 원희랑

제3판 서문

브루스 문(Bruce Moon)이 『실존주의 미술치료: 캔버스 거울(Existential Art Therapy: The Canvas Mirror)』의 제3판 서문을 써 달라고 부탁했을 때 나는 무척 기쁘면서도 조금은 겁이 나기도 했다. 제1판과 제2판에는 이미 미술치료에서 널리 알려진 돈 존스(Don Jones)와 팻 앨런(Pat Allen)의 서문이 실려 있다. 존스의 현명한 통찰력과 앨런의 웅변적인 반영에 내가 과연 무엇을 덧붙일 수 있을까 하는 생각이 들었다. 게다가 이 책은 20여 년 전에 소개되어 미술치료에서는 이미 고전이 된 책이기 때문이다. 하지만 나는 모든 도전적인 일이나 좋은 이야기처럼 이것도 처음부터 시작하는 것이 최선이라고 생각했다.

나는 이 책의 부제인 '캔버스 거울'을 항상 사랑해 왔다. 왜냐하면 그것이 미술치료에 대한 완벽한 은유라고 생각했기 때문이다. 실제로 겉으로 보이는 것 이상을 자세히 보려는 사람들에게 미술작품은 이미지의 이면을 비추는 거울이 되어 준다.

거울이 주된 은유이지만 이 책은 거기에 그치지 않는다. 겁에 질린 토끼와 뿌리가 없는 나무에 대한 풍부한 이야기가 지면을 가득 채운다. 밀밭과 사막에서 일어난 우화는 그리 예리하지 않은 관찰자라도 알아챌 수 있도록 병원 내 활동에 관한 진실을 전달한다. 이러한 은유들은 말과 그림으로 전달되지만 언제나 예술이라는 구조가 있는 혼돈을 통해 형성되었다.

몇 년 후에 이 책을 다시 읽으면서 나는 이 이야기들도 좋은 미술작품처럼 어떻게 다른 수준에서 기능하는지 분명히 알게 되었다. 유리컵을 그리려는 토리의 투쟁 또한 그녀가 어떻게 변하는지 보여 준다. 먼지투성이가 된 분필 '전쟁'에서 빌의 싸움은 내적이고 외적인 그리고 더 깊은 승리를 보여 준다. 이것은 단지 하나의 이야기가 담긴 교훈적인 사례가 아니라 오히려 해석의 여지와 새로운 발견 가능성을 남겨두는 복잡한 미술작품이다.

가장 중요한 것은 이 이야기들은 익명의 관찰자가 들려주는 것이 아니라 진짜 피와 살을 가진 사람이 하는 이야기라는 점이다. 브루스 문은 이 이야기에서 내레이터이자 등장인물이다. 그가 거울을 들고 있을 때 내담자들의 반사된 모습과 함께 그의 반사된 모습도 포착된다. 그는 모든 그림과 말 속에 존재하며, 만약 여러분이 그를 안다면 여러분과 함께 읽고 있는 그의 목소리를 들을 수 있을 것이다. (내 생각에 이 거울은 소리도 듣는 것 같다!)

두 번째 장에서 이 책은 결코 작은 주제가 아닌 존재의 궁극적인 관심사—죽음, 자유, 소외, 무의미—를 다루고 있다. 『실존주의 미술치료: 캔버스 거울』은 시적이라고 하기에는 뻔뻔스러울 정도로 철학적이다. 그렇다고 해서 이 말을 비현실적이라고 해석하지 않기를 바란다. 브루스 문은 공감과 통찰력을 갖고서 삶의 도전에 대응하는 친숙하고 보편적인 투쟁을 묘사한다. 이러한 내레이션을 통해 전해지는 어깨를 다독이며 안심시키는 말은 활동 중이거나 준비 중인 치료사에게 분명 도움을 줄 것이라고 믿는다. 이 책은 이러한 작업에 대해 깊이 생각하는 모델을 제시하며 궁극적으로 내담자와 치료사, 나아가 인류의 희망에 대해 말하고 있다. 나는 이보다 더 유용한 도구를 알지 못한다.

랜디 M. 빅(Randy M. Vick, ATR-BC, LCPC)

제2판 서문

니체(Nietzsche, 1956)는 결코 자신들의 고유함을 소유할 용기가 없는, 무리 속의 양처럼 숨어 있으려는 인간의 게으름을 비판했다.

> 오직 예술가들만이 차용되고 적당히 맞는 의견들로 이뤄진 이런 지저분한 삶을 싫어하고, 그 비밀과 모든 사람의 비양심과 심지어 모든 인간은 각자 경이롭다는 원칙을 공개하면서, 감히 우리에게 있는 그대로의 인간을, 마지막 근육까지, 그 자신 그리고 더 나아가 외로운 자신, 그의 고유함의 이 엄격한 일관성 속에서, 그는 아름답고 고려할 가치가 있으며 자연의 모든 일처럼 새롭고 불가사의하며 결코 지루하지 않다는 것을 보여 준다(p. 101).

브루스 문은 예술창작을 통해서 자신의 고유함을 심사숙고해 온 예술가다. 미술치료사는 이런 개인적인 전념을 통해서만 내담자와 함께 공허감과 자유의 혼돈, 의미상실의 공포를 견뎌 낼 수 있다. 미술치료사가 개인적으로 인간의 고통이라는 불로 담금질하지 않는다면 기술과 전술에만 의존해야 한다. 오늘날과 같은 시대에 치료사가 직면하는 삶의 궁극적인 관심사 앞에서 기술만 가지고는 충분치 못하며 공허해진다. 예를 들어, 만약 치료사가 그 자신의 절망에 빠져 보지 않았다면 감히 에이즈로 죽어 가는 한 어머니에게 "고통을 그려 보세요."라고 제안할 수 있겠는가?

브루스 문이 보여 주듯이, 자신의 예술을 통해 삶의 의미를 받아들이는 과정은 내담자에게 조언할 수 있는 전문가가 되기 위한 것이 아니라 다른 사람의 고통과 함께하는 겸손한 동료 여행자가 되기 위해서다. 스튜디오에서 타인들이 모든 것을 보는 앞에서 이렇게 진정하게 존재하고 고군분투함으로써 미술치료사는 그 투쟁이 가치가 있다고 결정지어야 한다. 사람들을 고통으로부터 분리시키고 멍하게 만드는 보호막(cocoon)을 깨는 일은 가치 있고 필수적이며, 나아가 사람들이 온전하게 살아 있도록 자신을 허용한다면 이는 때때로 기쁨을 준다. 자신의 고뇌는 이 과정의 일부다.

결국 자신의 깨짐을 통해서 사람은 다른 사람들과 연결될 수 있고 이것이 의미가 만들어지는 방식이다. 『실존주의 미술치료: 캔버스 거울』은 브루스 문과 그의 내담자들과의 연결, 궁극적으로는 브루스 문과 독자들과의 연결에 대한 이야기다.

그는 미술치료사들이 고통과 사랑, 지루함, 기쁨과 같은 단어들을 사용해 내담자의 곤경에 대해 쉽게 말할 수 있는 방법을 보여 준다. 그렇지 않으면 미술치료사는 내담자를 위해서라기보다 자기보호의 수단으로 임상언어라는 냉정한 변장술을 사용하는 자포자기식 피난처를 찾게 된다. 미술작품을 창작하기, 색의 혼합과 캔버스에 밑칠하기가 사람을 진정으로 실재하게 하는가? 나는 그렇다고 생각한다. 이러한 과제들이 기본이다. 그것은 개인적인 표현을 위한 한계와 경계를 만들어 주고, 그 위에서 실재하는 표면이 되어 주고, 마치 삶을 창조하는 것과 같다. 충동과 감정을 담아내는 여러 미술작업은 위안을 주는 현실, 즉 평범함을 가지고 있다. 이러한 작업을 열심히 하는 것은 자신의 투쟁에 존엄성을 부여한다.

현대의 정신건강관리 환경이 단기치료와 해결중심적 접근을 선호한다는 점을 고려한다면 『실존주의 미술치료: 캔버스 거울』은 처음 출판되었을 때보다 오늘날에 더 적절하다. 인증과 면허 문제로 공무원에게 로비를 하고 직장에서 목소리를 높였지만 정신건강관리 체계가 앞으로 어떤 모습일지, 미술치료사가 어디에 어울릴지는 여전히 불확실하다. 치료적 환경에서 미술치료사가 통제할 수 있는 유일한 것은 우리가 누구이며 어떻게 하는가, 우리가 자신의 직업을 어떻게 보는가 그리고 우리가 다른 사람에 대해 얼마나 깊은 연민을 느끼는가다.

이 책은 무엇을 해야 하는가에 대한 매뉴얼이 아니라 어떻게 되어야 하는가에 대한 철학을 제공한다. 하지만 브루스 문은 자신을 드러내면서 안전하게 말해 주기보다는 독자에게 여러 가지 할 일을 준다. 그는 자기 작품을 공유하고 위험을 감수하면서 자신을 드러내는 것에 대해 독자가 자아도취적이거나 제멋대로라고 생각하지는 않을지 염려한다. 니체(1956)는 “나는 철학자가 본보기를 보여 준 만큼만 그를 좋아한다.”(p. 106)라고 했다. 나 역시, 그렇다.

팻 B. 앨런(Pat B. Allen, Ph.D., ATR)

참고문헌

Nietzsche, F. (1956). The challenge of every philosophy. In W. Kaufman (Ed.), *Existentialism from Dostoevsky to Sartre* (p. 101). Cleveland, OH: Meridian Books.

제1판 서문

브루스 문은 교과서 이상의 것을 썼다. 그가 제공하는 것은 항해를 위해 사용하는 중세시대의 채색 지도와 비슷하지만 여기에는 용 문양이 그려져 있다. 내 생각에 그는 부처의 사성제(Buddha's Four Noble Truths, 四聖諦) 중 첫 번째인 '보편적인 고통(고성제, 苦聖諦)'을 '삶은 영원한 급류 타기'라고 해석하면서 독자가 뛰어들도록 초대한다.

이 책에서 보면 실존주의 미술치료 과정은 종종 예측할 수는 없지만 거친 난기류가 아니라는 점이 분명하다. 여기에는 하나의 역사와 일련의 사건들, 즉 노출, 전제, 실천 그리고 이론이 있다. 브루스 문은 지난 반세기 동안 발전해 온 미술치료에 기반을 두고 있다. 그가 오하이오주 워딩턴(Worthington)의 하딩병원(Harding Hospital)에 미술치료 임상인턴십을 설립한 것은 미술치료 교육을 위한 혁신적이고 특별한 공헌이었다.

프로이트(Freud, S.)를 비롯한 선례들은 예술을 일차적인 치료방법으로 소개하고 있다. 프로이트는 무의식적인 이미지의 중요성을 강조했다. 만약 꿈이 '밤에 무의식 상태에서 여행할 수 있는 왕도'를 제공하는 것이라면, 이미지화된 은유는 일상적인 경로가 폐쇄되었을 때 감정을 실어 나르는 훌륭한 고속도로가 될 것이다(Freud, 1965). 융(Jung, C. G.)은 "말하는 것만이 아니라 그것에 대해 뭔가를 하는 것이 틀림

없다."라고 제안했다(Freud, 1965). 수년간의 미술치료 임상경험은 단어연상의 순환경로를 여행하지 않고서도 정서가 직접적으로 의식의 수면 위로 올라올 수 있다고 제안한다.

프로이트가 '과잉집중'(hypercathexis, 역주: 심적 에너지가 어떤 대상에 과도하게 집중함 또는 그 대상)이라고 명명한 이 과정은 허용된 공간과 고도의 주의집중, 안내된 이미지, 관계, 민감한 지시를 포함하는데 이는 내담자뿐만 아니라 치료사에게도 도움이 되는 치료 맥락을 제공한다. 나는 이것이 급류 위에 있는 뗏목이라고 믿는다.

이 책을 읽는 사람 중에는 브루스 문이 메시지라는 결론을 내릴 수도 있는데, 이는 사례에서 묘사된 일들이 성격 중심적(personality-centered)이어서 가르치기 어렵다는 것을 암시한다. 진부함 속에 진리가 있지만 브루스 문과 메시지는 둘 다 역사와 재능, 훈련, 경험, 팀 연습의 혼합물이기도 하다. 주류에서 일하는 창조적인 실무자를 잠시 만나는 것은 학생들과 다른 수련 동료들 그리고 미술치료 임상훈련 모델로서 전통적인 개인지도 방법을 탐구하는 사람들에게 필수적이다.

브루스 문은 내담자와 자신의 만남에 대해서 이야기할 때 개인적인 위험을 감수했다. 그가 임상과 훈련에서 미술치료의 실존주의적 측면의 중요성을 강조한 것에 대해 높이 평가받기를 바란다.

돈 L. 존스(Don L. Jones, ATR, HLM)

저자 서문

하이워터(Highwater, 1994)에 따르면, "예술은 친숙해지기를 원하지 않는다. 그것은 우리를 놀라게 하고, 변화시키고, 감동시키기를 원한다. 예술은 우리를 수용하지 않고 편안하게 해 주지 않는다"(p. 9). 이 책의 제목은 실존주의 철학과 실존주의 치료가 말하는 삶의 궁극적인 관심사를 미술치료 실제와 연결시키고자 하는 나의 열망을 표현한 것이다. 나는 미국의 정신건강관리 체계가 내담자의 삶의 질과 인간관계를 돌보는 일보다 기능적인 행동들에 대한 관찰이 가능하고 수량화가 가능하며 검증이 가능한 데이터에 더 관심을 둔다고 생각한다.

한때 심리치료 언어는, 프로이트(1965)가 사용한 언어들이 보여 주듯이, 시적인 특성을 지니고 있었다.

> 산속 좁은 길을 지나서 불현듯 높은 곳에 다다르자, 길은 갈라지고 사방팔방에 멋진 전망이 펼쳐질 때, 우리는 잠시 동안 멈춰서 어느 방향으로 첫걸음을 내디딜지 생각할 것이다(p. 155).

시적인 면은 융(1964)의 언어에서도 찾을 수 있다. "슬픈 사실은 인간의 실제 삶은 낮과 밤, 탄생과 죽음, 행복과 불행, 선과 악 등 헤아릴 수 없는 대립의 콤플렉스

(complex)로 구성되어 있다는 것이다"(p. 85).

21세기에 들어서면서 인간의 조건에 대한 이러한 시적인 묘사들은『정신장애 진단 및 통계 편람(Diagnostic and Statistical Manual of Mental Disorders: DSM)』(American Psychiatric Association, 2000)에 실린 실증적인 분류와 간단명료한 실용주의로 대체되었다. 그렇게 되면서 다른 사람과의 관계나 우주와의 관계뿐만 아니라 자신을 이해하기 위한 인간의 집단적인 투쟁에 관한 논의 또한 추방되었다. 나는 시와 영혼의 언어가 임상적인 소통 속에서 소독되고 표백되어서, 때로는 사람들이 어떻게 인간의 투쟁에 대해서 말하는가에 대한 어휘 목록에서 완전히 제거되었다고 믿는다.

미술치료 문헌들은 앨런(Allen, 1992)이 '임상화 신드롬(clinification syndrome)'이라고 말한 실용주의적 경향을 조장하는 사회경제적 압력으로부터 자유롭지 못했다. 나는 미술치료 콘퍼런스나 심포지엄에 참석할 때 발표의 내용뿐만 아니라 형식에도 귀를 기울이려고 노력한다. 때때로 미술치료사들은 다른 직업군의 방식을 따르려고 노력하는데, 이는 곧 건조하고 상상력이 결여된 발표로 이어질 수 있다. 이러한 경험들은 나에게 "하나의 전문직으로서 미술치료가 갖는 창조적인 깊이와 풍부함은 어떻게 되었는가?"라는 질문을 남긴다. 이 질문이 나에게 이 책을 개정하도록 영감을 주었다.

이 책의 제목에 실존주의를 포함한 것은 죽음 앞에서 삶의 이슈들을 다루는 인간의 투쟁에 대한 관심을 나타낸다. 불안, 투쟁, 관계, 의미, 죄책감, 사랑은 중요한 실존적 주제들이다. 실존주의자들은 종종 자신들의 생각을 선형적(linear)이고 논리적인 논의나 고전적인 플라토닉 대화 형태보다는 이야기와 은유로 표현한다. 실존주의 저자들은 지적인 논쟁보다는 상상력이 풍부하고 도발적인 묘사와 은유에 더 관심이 있는 것 같다.

미술치료와 실존주의의 연결을 제안하면서 나는 오직 나 자신을 위해서 이야기한다. 나는 기술적인 미술치료 요리책이 아니라 미술치료사로서 나의 수련과 성찰에 대해 설명하려고 한다. 내담자와의 만남과 경험 그리고 회기(session)의 구조에 대한 설명들은 특정 미술치료 지침이나 기법을 처방하는 것이 아니라 이해를 촉진하기 위한 원리를 더 심층적으로 논의하는 것으로 엮었다.

나는 도움을 주는 대부분의 직업은 예술의 한 형태라고 생각한다. 그래서 나는 대부분의 치료사를 예술가라고 생각한다. 인간행동과 성격의 생물학적 · 화학적 근원에 대한 관심과 추측과 연구가 늘어나고 있음에도 불구하고 내담자를 만나는 과정은 과학보다는 예술에 더 가깝다. 정신병원과 거주치료시설 프로그램 그리고 개인 치료실에서 임상가로 일하면서 나는 음악과 공연, 미술, 스포츠, 시 그리고 작업을 통해 내담자와 관계를 맺는다. 하지만 나는 시각적인 이미지 작업을 할 때가 가장 편안하다. 지난 30여 년 동안 내가 쓴 글과 강의에 담긴 일관된 주제는 내담자들이 창조해 내는 시각적 은유에 대한 한없는 존경심이었다. 나는 미술치료 훈련과정이나 몇몇 미술치료 동료가 미술치료사로서의 정체성을 잃은 듯하고, 창조성과 표현 그리고 의미 탐구와 연결된 미술작업에 대한 비전을 기술자나 행동수정가라는 자아인식으로 대체했다는 사실에 혼란스럽다. 이 책은 인간존재와 예술가, 작품, 미술작업뿐만 아니라 미술치료의 깊이에 관한 것이다.

미술사학자 잰슨(Janson, 1971)은 예술창작의 과정을 탄생에 비유해서 설명한다. 탄생은 삶의 기본 사건이다. 최상의 상황이라면 탄생은 인내와 준비, 분만 그리고 놀라움에 이은 초기 사랑의 행위를 포함한다. 내 아내 캐서린은 출산이야말로 그 과정에 대한 가장 적절한 묘사라고 단언한다. 그녀는 "그것은 정말 힘든 일이에요."라고 내게 말했다. 나도 두 번을 목격했으니 출산의 강렬함을 증언할 수 있다. 미국에서 미술치료가 수년 동안 비록 미국미술치료협회(American Art Therapy Association: AATA)에 의해 조직되고 육성되어 왔지만 이 분야는 계속해서 성장하고 발전하고 있다. 이 책은 사랑과 출산 및 삶의 단련에 관한 것이다. 아이가 태어났을 때 우리는 아이의 미래에 대해서 상상할 수 있을 뿐이다. 미술치료사들 또한 우리 직업의 운명을 상상할 수 있을 뿐이다. 아이들은 자라면서 과제를 숙달하고, 성숙해지며, 고유한 정체성을 형성한다. 부모는 그들의 성공을 응원하고 그들이 고군분투할 때 격려하고 그들의 성취에 박수를 보낸다. 물론 아이들은 (부모처럼) 실수도 한다. 그럴 때 돌보는 사람은 그들의 논리에 도전하고 다른 길을 가리키면서 방향수정을 제안한다. 미술치료의 탄생에 참여한 사람으로서 나는 그 훈련들을 애정 어린 눈으로, 비판적이면서도 희망적인 눈으로 바라본다. 여기에는 제기되어야 할 의문점들도 있고, 도전받아야 할 방향성도 있고, 칭송받아야 할 것도 매우 많다.

이 책의 부제인 '캔버스 거울(Canvas Mirror)'은 시적인 자기 방종이다. 지난 40여

년 동안 그림과 미술작품은 종종 내담자와 나의 불안과 고통을 위로해 주었다. 때로는 그 미술작품들로 인해 찔리고 가슴이 미어지고 불편했다. 미술작품으로 공개된 경험들은 이 책의 의도를 은유적으로 표현한 것이다. 나의 작업이 독자를 위로하고 독자의 도전정신을 북돋우기 바란다. 나는 필요할 때 달래 주고 필요할 때 괴롭히는 이미지와 미술과정과 언어의 힘을 믿는다. 독자도 미술치료사로서 내가 느꼈던 진정효과와 고통을 경험하기 바란다. 우리 모두가 태어날 때의 기쁨과 고통, 그리고 '지독하게 힘든 일'과 연결되기를 바란다. "어떤 것을 잃어버렸다면, 다시 돌아가 신중하게 살펴보면, 그것을 발견할 것이다."(Tatanka Yotanka, Brown, 1970, p. 390 인용)

들어가며

1980년대 후반에 나는 오하이오주 클리블랜드에 있는 작은 술집에서 숀 맥니프(Shaun McNiff), 캐슬린 버크(Kathleen Burke) 선생님과 함께 앉아 있었다. 자정이 지날 즈음 내 책이 화제가 되었다. 캐슬린 선생님은 "제목이 뭐지?"라고 물었다.

"글쎄요, 작업의 제목은 실존주의 미술치료예요."라고 대답했다.

숀은 비웃으며, "브루스, 불필요한 말이네. 모든 예술은 실존적이지."라고 말했다.

『실존주의 미술치료: 캔버스 거울(3판)』을 쓰면서 나는 종종 숀의 조언을 생각했다. 그가 옳았다. 모든 예술은 실존적이다. 그래서 지난 20여 년 동안 건강관리 분야에서 일어난 급격한 변화에도 불구하고 이 책에 제시된 개념들은 계속 유효할 것이다. 모든 미술작품은 실존적 특성을 갖고 있으며, 모든 미술과정은 인간의 기본적인 삶의 경험과 관련이 있다.

1974년 내가 미술치료 분야에 입문했을 때는 정신질환자가 수년간 입원하는 일이 일반적이었다. 실제로 어떤 사람은 보호시설에서 평생을 보냈다. 하지만 현재는 매우 심각한 정신장애가 있는 사람도 거의 대부분은 보상 제한, 정신약리학의 진보 그리고 다양한 문화적 변화 때문에 한 번에 며칠 이상 입원하지 않는다. 그럼에도 불구하고 실존주의 미술치료의 핵심 원리는 여전히 중요하다.

정서적 고통과 외상성 신체 질환 및 부상 등은 종종 의미 상실과 실존적 공허감을 동반한다. 이러한 공허에 맞닥뜨렸을 때 예술과 이미지의 치료적 활용은 내담자의 목적의식과 세상과의 관계회복에 도움을 줄 수 있다. 이 책은 미술치료 실제와 실존주의 철학을 융합하여 내담자가 실존적 공허를 채우고 삶의 의미를 창조하도록 돕는 치료에 대한 이해를 제공한다.

이 책에서 소개하는 정서적 · 정신적 장애가 있는 사람을 위한 치료적 접근법은 미적이면서도 예술적인 기초를 갖는다. 나의 목적은 치료 사회(community)에서 예술과 예술의 위치에 대해 생각하는 방법을 설명하는 것이다. 나의 철학과 방법론은 내담자의 경험을 존중하기 위해 내담자와 내담자의 미술과정 그리고 미술작품과의 은유적인 대화와 관여(engagement)의 원칙에 기초한다.

『실존주의 미술치료: 캔버스 거울』은 개인의 관심사에 국한되지 않는다. 따라서 의미는 자아초월적(self-transcendent) 현상이 된다. 존재의 궁극적인 관심은 고립 속에서는 해결할 수 없다. 오히려 미술작품을 포함한 타인과의 관계 속에서만 목적을 실현할 수 있다. " '다른' 존재에 대한 집중은 세상에 혼을 불어넣고, 그리기는 그들과 함께 사는 사람들 및 그것을 만드는 사람들과 동행하고, 안내하며, 돌보는 존재들과 사물들에 혼을 불어넣는다." (McNiff, 1992, p. 1)

나는 이 책이 실용적이고 시적이며 이상적인 작품이라고 생각한다. 이 책은 내담자와의 만남뿐만 아니라 나의 개인적이고 직업적인 인생 경험을 통해서 성장했다. 이 책은 삶의 신비로움에 경의를 표하기 위한 것이다. 예술가와 미술작품 그리고 미술치료사 사이에서 펼쳐지는 이야기들은 내담자와 치료사 간의 언어적 대화에 국한되지 않는다. 미술매체와 작업과정 및 작품도 소통의 일부이며 이는 개인 예술가나 미술치료사도 마찬가지다. 이 책에서 나는 모든 것을 해결하는 약 처방 같은 것이 아니라 미술치료사가 내담자와 하는 작업을 반성하도록 돕는 미술치료 접근—이론적 구조와 그 구조에서 드러나는 원리—을 제안하고 설명하고자 한다. 실존주의 미술치료의 원리는 이 직업의 본질적 측면을 이해하기 위한 틀을 제공한다.

'실존주의 미술치료'로서 이 접근법을 정의하는 것은 결코 간단하지 않다. 실존주의 철학의 근본 원리는 수량화나 경험주의에는 적합하지 않다. 그럼에도 불구하고 논의를 펼치기 위해 정의에서 시작하고자 한다. 실존주의 미술치료는 인간존재의 궁극적인 관심사에 초점을 두는 미술과정과 이미지의 치료적 사용에 관한 역동적인 접근이다. 이 책의 내용은 실례를 들어서 이 정의를 설명하는 이야기 시리즈라고 할 수 있다. 많은 심리치료사, 카운슬러, 미술치료사가 자신들의 이론적 배경과 관계없이 내가 설명하려는 실존주의 미술치료 원리를 적용하고 있다고 믿는다. 하지만 자신을 '실존주의 미술치료사'라고 부르는 미술치료사가 많지는 않을 거라고 생각한다. 그 이유 중 하나는 실존주의라는 용어가 부정확하고 시적이며 검증할 수 없는 것으로 여겨지기 때문이다. 그럼에도 불구하고 나는 이 책에서 그러한 용어를 자주 사용할 것이다. 비록 진정성과 강렬함, 비통함, 고군분투, 사랑, 놀이, 기도, 일, 숙달, 의미 같은 것은 측정하기 어렵지만, 실존주의 미술치료에서는 길을 안내해 주는 표지판들이다.

1990년 이 책의 초판이 출간된 이후 나는 자주 다음과 같은 질문을 받았다. 정신병원에 머무는 평균 기간이 불과 며칠이고 내담자의 외래방문이 제3의 지불인에 의해 최소한으로 제한되는 오늘날에도 이 책에 소개된 아이디어들이 여전히 임상적으로 적용 가능한가다. 나의 대답은 분명하다, 그렇다! 꿈 이미지 작업에 관한 장을 비롯해서 초판에 추가된 많은 내용은 실존주의 미술치료가 단기치료에도 적절하다는 것을 보여 준다.

나는 이미지와 창조적 과정이 소통을 심화시키고, 선형적이고 논리적인 언어 영역 너머의 통찰력을 제공하는 힘을 갖는다는 사실을 신뢰하지 않는 미술치료사를 본 적이 없다. 하지만 미술치료사가 그러한 소통에 어떻게 반응하는가는 각자의 이론적 배경에 따라 매우 다르다. 그 차이는 미술치료사가 미술작품과 그것을 창조하는 사람을 어떻게 보는가에 따라 분명해진다. 이러한 차이는 병리학적 미스터리에 근거해서 미술작품을 모호한 단서로 지각하는 입장에서부터, 달래 주거나 괴롭히거나 위로하거나 방해하는 메신저(messenger)로서 이미지를 환영하는 입장까지 다양하다.

실존주의 미술치료에서 미술과정은 창조와 숙고의 단계를 통해 진화하는 강력한 약이라고 할 수 있다. 회기에서 미술치료사는 관찰자, 안내자, 보조자로서 치료과정에 기여할 수 있지만 중심적인 치료도구는 미술과정과 미술작품이다. 이미지 창조와 이미지에 대한 숙고가 제공하는 치유는 내담자의 상상력에 의해서 자극받는다. 실존주의 미술치료에서 특정한 갈등을 해결하거나 스트레스를 감소시키는 일은 내담자를 자신의 상상력에 관여하도록 하는 일보다 덜 중요하다. 실존주의 미술치료는 내담자로 하여금 반드시 자기 작품의 의미를 이해하도록 격려하지 않는다. 오히려 의미가 불확실하거나 혼란스러울 때조차도 예술을 통해 발견할 수 있는 삶의 의미와 여러 가능성을 포용하려는 의지를 지지해 준다.

미술작품은 가까이서 보고 자신에 대해 생각하도록 사람을 초대한다. 실존주의 미술치료는 내담자의 작품을 병리학적 단서로 낙인찍거나 창작자와 별개로 미술작품을 해석하는 일을 장려하지 않는다. 오히려 실존주의 미술치료는 호기심과 경외감을 갖고 미술과정과 작품에 다가가서 경이롭고 창조적인 대화를 확립하고, 이야기를 창조하고, 미술작품을 은유적으로 초대하여, 그것이 아는 것을 가르치게 하라고 제안한다. 이러한 방법을 사용할 때 예술의 치유적 특성이 드러난다. 예술행위와 이미지에 관한 대화에 참여할 수 있는 능력은 실존주의 미술치료에서 중요한 역할을 할 수 있으나, 그것이 일차적인 치유 요소는 아니다.

예술행위는 건설적인 힘과 파괴적인 힘을 모두 다 갖고 있기 때문에 어떤 작품은 치유적이고 어떤 작품은 해롭다고 말할 수 없다. 나는 질병과 해독제에는 공통점이 있다는 것을 기억하면서 처음 볼 때 불편하게 느껴졌던 미술작품들과 마주해 왔다. 예술의 치유성은 '표현되어야 할 것은 표현될 것이라는 믿음'에서 발견된다. 그러한 의미에서 불안하게 보이는 미술작품은 생명을 위협하는 악마가 아니라 도발자이자 삶을 향상시키는 메신저로 여겨질 수 있다.

실존주의 미술치료는 정신치료적인 만남에 대해서 급진적으로 새로운 관점을 제시하는 것이 아니다. 그것은 병리이론으로 말하지 않는다. 나는 이 작업을 은유적 패러다임으로 제시하고자 한다. 이것은 미술치료사가 광범위한 임상 정보를 이해하고 미술치료를 위해 일관된 전략을 수립하는 방법을 제공하는 치료적 구조다. 이것은 자기표현에 대한 인간의 기본적인 욕구에 부응하는 미술의 치유적 역할을 이해하는 모델이다.

이 책의 제2판을 쓸 때 나는 정신병원에서 일하는 미술치료사이자 미술치료를 가르치는 시간강사였다. 지금 나는 풀타임 교육자이자 파트타임 임상가다. 모든 것이 바뀌었지만 달라진 것은 없다. 병원에서 임상을 할 때 나는 문헌과 관련된 학문적인 이슈들이 아니라 내담자들의 경험과 그들에게서 배운 것에 초점을 두었다. 이번

제3판에서는 책의 학문적인 질을 향상시키기 위해 APA 양식을 채택했다는 것이 이전 판과는 달라진 점이다.

인간의 존재는 정말로 예측할 수 없지만 미술치료사는 미술과정의 이익과 창조의 치유적 힘에 대해 믿음을 가져야 한다. 또 하나의 변화는 전반적인 글쓰기 톤이 달라졌다는 점이다. 나는 초판을 다시 보면서 나의 단호한 주장들에 대해 가끔 움찔하고 놀란다. 그때는 내가 어딘가에서 길을 잃었다는 것을 숨기려고 했던 것 같다. 나는 더 깊어지거나 더 현명해졌다. 어느 경우든 나는 이제 내 방식이 옳은 방식이라는 확신을 덜하게 되었고, 오히려 미술치료를 하는 방식이 무수히 많다는 것을 알고 있다. 여러분이 이 책을 즐기기 바란다.

브루스 L. 문(Bruce L. Moon)
일리노이주 먼델라인에서

차례

1장

관점: 시작하는 곳

얼마 전 오하이오 주 워딩턴에 있는 하딩병원(Harding Hospital) 내 창조적 예술 스튜디오에서 청소년기 소녀인 앤지(Angie)에게 1점 투시와 2점 투시 그리기(역주: 원근법의 소실점에 따라 1점 투시, 2점 투시로 구분함)를 가르칠 때의 일이다. 내가 아무리 설명해 주어도 앤지는 도무지 소실점(消失點, 역주: 원근법에서 실제로는 평행선을 평행이 아니게 그릴 때 만나는 점)의 개념과 원근법 그리기의 원리를 이해하지 못했다. 지금 생각해 보니 그 당시 나는 미술작업에는 옳고 그른 방법이 있다고 확신하는 모더니스트였다. 앤지는 "그게 진짜예요?" 그리고 "누가 그것을 거기에 놨어요?"라고 묻곤 했다. 그녀가 의문을 제기할수록 나는 그 개념들을 설명하는 데 무력감을 느꼈고, 원근법 규칙을 따르지 못하는 그녀를 보면서 더욱 화가 났다. 결국 나는 잠시 수업을 멈추고 그녀에게 스케치를 하라고 제안했다. 나는 내 그림을 계속 그리기 위해 옆 스튜디오로 갔다.

잠시 후 앤지가 옆 스튜디오로 들어왔다. 그녀는 미소를 지으며 1점 투시와 2점 투시 기법을 사용해서 육면체를 여러 개 그린 그림(그림1)을 한 장 들고 있었다. 나도 빙그레 웃으며 "어떻게 알아냈니?"라고 물었다.

앤지가 웃으면서 말했다. "선생님은 전부 틀리게 설명하고 있었어요. 그것들은 소실점들이 아니에요. 그것들은 바로 시작점이고 나는 원하는 곳에 어디든 그것을 둘 수 있어요."

그날 앤지가 내 안에 포스트모던의 씨앗을 심은 것이 분명했다. 나 역시 소실점을 시작점으로 보기 시작했다. 사물의 시작 지점이 먼 지평선에 있다는 개념은 전경과 배경, 과거와 현재, 그리고 일반적인 환경과 구체적인 대상과의 관계를 함축하고 있으며 이 모든 것은 더 넓은 가능성을 갖는다. 사람들이 정하면 어디든 시작 지점이 될 수 있다는 가정은 미술치료의 역설적인 본질을 잘 보여 준다. 즉, 어떤 사람이 끝을 보는 바로 그곳에서 다른 사람은 시작을 본다. 어떤 사람은 비극을 보고 다른 사람은 기회를 본다. 어떤 사람은 병리를 보고 다른 사람은 감성을 본다. 미술과 치료에서 양극성—일시적임과 무한함, 특별함과 보편적임, 얕음과 깊음, 모독과 신성 등등—은 끝이 없다.

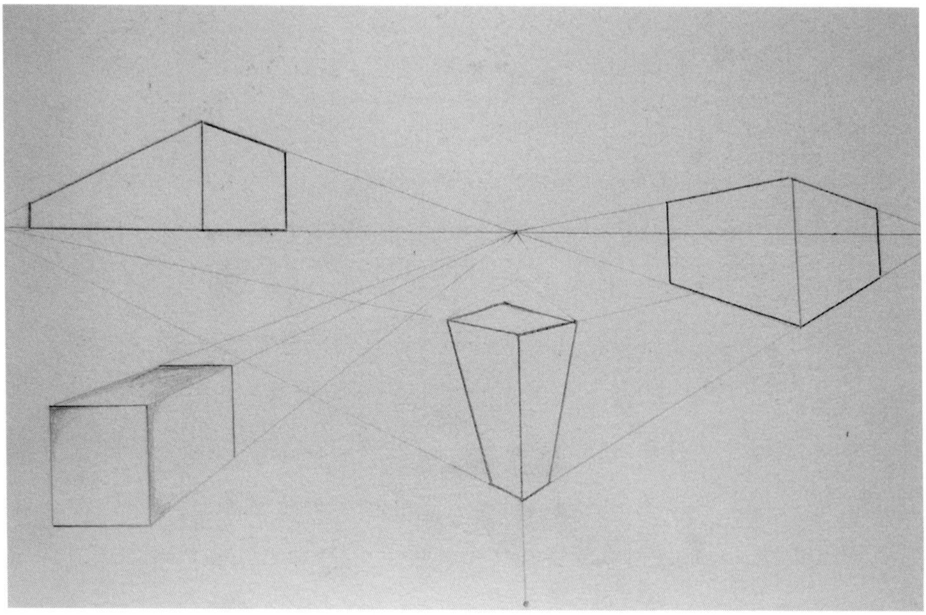

그림 1. **시작 지점.** #2 연필

실존주의 미술치료라는 이 탐험을 어디에서 시작해야 할까? 나는 프랑스 원시시대의 동굴벽화, 대리석 블록에서 풀어 내는 미켈란젤로의 자유형식 개념, 프린츠호른(Prinzhorn, 역주: 스위스의 정신과 의사로서 조현병 환자 그림의 특징을 분석함)이 수집한 이미지들, 프로이트의 수필이나 사르트르와 니체의 글, 또는 다른 수많은 곳에서 시작할 수도 있다.

싱어송라이터 맥클린(McLean, 1971)은 〈교차로(Crossroads)〉에서 새로운 시작을 노래한다.

나 같은 사람들에 대해 들었어
그러나 나는 관계를 맺은 적은 없지
그들은 자유롭기 위해 하나의 길을 걸었고
그들은 잘못된 방향으로 갔다는 것을 알게 되었지
하지만 다시 되돌아갈 필요는 없다네
모든 길은 내가 있는 곳으로 이어지기 때문에
나는 그 모든 길을 걸을 것이라고 믿는다네
내가 무슨 계획을 세웠든 간에

그렇다. 어디에서 시작하든 모든 길은 우리가 있는 곳으로 우리를 안내할 것이다. 자! 이제 산책하러 갑시다.

2장

실존주의 가치와 예술적 전통

실존주의 미술치료란 미술작업과 작품을 치료적으로 사용하면서 인간의 궁극적인 관심사인 실존에 초점을 두는 역동적인 미술치료 접근법이다. 실존주의 작가들은 각자 고유한 관점을 갖고 있지만 그들의 문학에는 공통적인 주제가 등장한다. 예를 들어, 대부분의 실존주의자는 괴로움과 고통과 투쟁은 보편적으로 경험되며 삶에 필수적인 것이라고 믿는다. 실존주의에 따르면, 고통을 겪어 본 적이 없는 사람은 온전한 삶을 산다고 할 수 없다. 어떤 예술가는 고통을 받지 않고 즐겁게 미적인 작품을 만들 수도 있다. 하지만 실존주의자들은 비록 재주가 뛰어난 작품일지라도 그러한 것을 훌륭한 미술작업으로 여겨서는 안 된다고 주장할 것이다. 마찬가지로 누군가 서로 사랑한다고 하면서 고통과 난관을 이겨내지 못했다면 그들의 사랑은 사탕발림에 불과하다. 왜냐하면 실존주의에 따르면 사랑은 돌이킬 수 없는 잠재적인 고통에 기반을 두고 있고, 또한 사랑은 언제라도 죽음이나 버림이 가능하다는 자각을 통해서 성장하기 때문이다.

실존주의는 종종 절망의 철학으로 오해되어 왔다. 사람은 때때로 실존주의자들이 보여 주는 전통적 가치에 대한 거부와 의심에 큰 부담을 느끼기 때문에 실존주의가 주는 미묘하고도 끊임없는 희망의 속삭임을 듣지 못한다는 사실을 깨닫는다. "인간은 과연 부와 명예와 쾌락을 통해 자기실현을 이룰 수 있는가?"라고 묻는 실존주의자들의 회의론은 종종 냉담하고 씁쓸하고 비인간적인 것으로 받아들여진다. 모든 삶은 고통과 상실로 특징지어진다는 실존주의자들의 인식은 풍요롭고 행복한 삶을 추구하는 평범한 사람의 노력을 조롱한다. 고통과 좌절, 죄책감과 불안은 불가피하다는 실존주의적 입장은 불안감을 줄 수도 있다. 실존주의자들이 이러한 '삶의 현실'을 수용하는 것임을 이해하는 사람조차도 고통스러운 노력이야말로 비물질적인 가치를 창출한다는 실존주의에 내재된 믿음을 때로는 보지 못한다. 나는 이것이야말로 인간이 추구하는 유일한 가치 있는 것이라고 생각한다.

실존주의 문학은 사람들에게 인기가 없다. 왜냐하면 그들은 세속적인 재물을 지향하는 인간의 투쟁은 인간의 조건을 잘못 인식한 것이고, 사람을 자질구레하고 천박한 삶으로 이끌어서 숭고한 투쟁에서 멀어지게 한다고 주장하기 때문이다. 동시에 학구적인 철학자들의 상아탑 분리에 대한 실존주의적 거부는 그러한 동떨어진 객관성이 인간의 고유한 차원을 잃게 하여 인간 정신의 질을 떨어뜨린다는 믿음에 기초하고 있다. 실존주의자들은 자신들의 가치는 물질주의나 쾌락주의 가치와는 다르다고 주장하면서 그것들은 궁극적으로 비인간적이라고 비난한다. 왜냐하면 물질주의와 쾌락주의의 근본적인 동기는 행복과 안락함에 대한 열망인데 그것은 궁극적으로 불가능하며 인간의 투쟁을 평가절하하기 때문이다.

실존주의 치료사들은 피할 수 없는 불안과 두려움 그리고 피상적인 일상에 대한 부정으로부터 인류를 해방시키기 위해 헌신한다. 얄롬(Yalom, 1980)에 따르면, 이러한 피할 수 없는 불안은 존재의 네 가지 궁극적인 관심사인 죽음(death), 자유(freedom), 소외(isolation), 무의미(meaninglessness)에 대한 인식에서 비롯된다. "역동적인 실존주의 접근은 프로이트가 제시한 역동적인 구조를 유지하지만 내용은 근본적으로 다르다."(Yalom, 1980, p. 9) 프로이트 모델은 충동이 불안을 야기하고 불안이 방어기제를 야기한다고 가정하는데, 실존주의 치료에서는 궁극적인 관심사에 대한 인식이 불안을 야기하는 것으로 대체되며, 불안은 건강한 마음챙김이나 건강하지 못한 부정과 같은 대처방식으로 이어진다고 본다. 사람들이 이러한 궁극적인 관심사를 인식하게 되면 종종 실존적인 갈등이 일어나는데 실존주의 미술치료가 다루고자 하는 것이 바로 이 갈등이다.

존재의 궁극적인 관심사

죽음

살아 있는 모든 것은 필연적으로 죽는다. 죽음의 불가피성을 인식하는 것과 계속 존재하기를 바라는 간절한 소망 사이에 일어나는 긴장감이 실존주의의 핵심역동이다. 얄롬(1980)은 미술치료에서 중요한 의미가 있는 죽음과 관련된 두 가지 기본 명제를 주장한다.

1. 삶과 죽음은 상호의존적이다. 둘은 연속적이지 않고 동시에 존재한다. 죽음은 삶의 세포막 밑에서 계속 윙윙 소리를 내며 경험과 행동에 어마어마한 영향을 미친다.
2. 죽음은 불안의 원초적인 원천이고 그 자체가 정신병리의 1차 원인이다(p. 29).

우리 모두는 곧 죽어야 하기 때문에, 어떤 면에서는 아무것도 중요하지 않다. 우리는 우리 삶에서 우리 자신의 의미를 갖기 위해 우리가 할 수 있는 모든 일을 하는 것이 더 낫다. 자유란 잃을 것이 없다는 또 다른 말이다(Kopp, 1972, p. 193).

자유

사람은 자신이 선택한 대로 자유롭게 행동한다. 자유는 존재의 요소로 생각될 때 경외심을 일으킨다. 이 글에서 자유란 구조의 절대적인 부재를 말한다. 실존적인 의미에서 자유란 혼란을 의미한다. 기초도, 원인도, 전제도 없다. 죽음에 대한 인식과 영원함에 대한 갈망이 충돌하듯이, 절대적 자유에 대한 인식도 외부 질서에 대한 갈망이나 근거가 있다는 느낌과 충돌한다(그림 3).

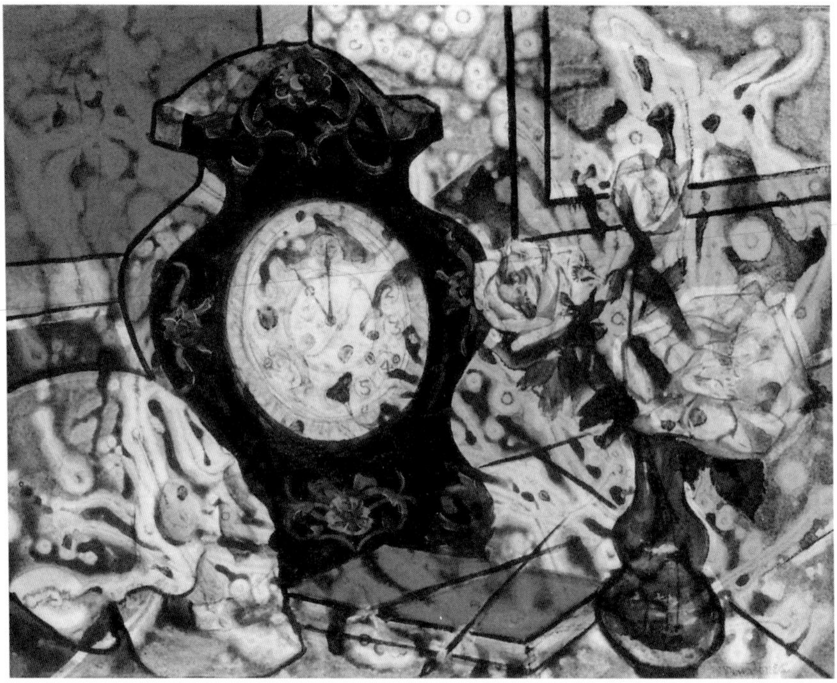

그림 2. **문 앞에서,** 돈 존스, 판넬에 아크릴

그림 3. **그 날을 내다보라,** 돈 존스, 아크릴

소외

실존주의에 따르면, 인간은 궁극적으로 혼자다. 실존적 소외는 대인관계에서의 분리나 외로움, 개인 내적 분열과 혼동되지 않아야 한다. 실존적인 의미에서 소외는 근원적인 고독(solitariness)과 관련이 있다. 인간은 궁극적으로 자신의 삶에 책임이 있다. 누구도 대신 살아 줄 수 없다.

짐 랜츠(Jim Lantz)라는 동료가 출생과정이야말로 이후의 인생을 완전하게 은유한다고 내게 말한 적이 있다. 그는 다음과 같이 말했다. "아기는 어머니와의 따뜻한 공생으로부터 내몰리고, 몇 초 후에 아기는 엄마의 배 위에 눕혀진다. 그것이 바로 타인과의 분리와 타인과의 연결을 협상하는 우리의 이후 삶이다." 누군가와 얼마나 친밀하든 상관없이 궁극적인 분리는 피할 수 없다. 소외에 대한 두려움과 연결, 안전, 관계에 대한 열망으로 인한 불안은 강력한 정신내적인 실존적 갈등을 야기한다.

그림 4. **실종,** 돈 존스, 아크릴

무의미

네 번째 궁극적인 관심사는 존재의 공허함이나 무의미함에도 불구하고 목적을 이루고자 하는 인간의 갈망과 관련이 있다. 사람은 결국 죽을 것이고, 각자의 삶을 선택하고, 궁극적으로 혼자인데, 과연 삶의 핵심은 무엇인가? 실존적인 불협화음은 사람이 무작위적이고 무의미한 세계에서 목적의식을 갈망한다는 것이다.

나는 이것을 증명할 수는 없지만 회화나 그림, 조각, 조립작품, 공연, 전시회, 시, 뮤지컬과 같은 모든 미술작품들이 어떤 면에서 존재의 궁극적인 관심사 중 하나 또는 그 이상과 관련이 있다고 생각한다. 모든 예술은 실존적이라고 한 맥니프(McNiff)의 훈계가 다시 생각난다. 실존주의자에게 삶의 중요한 가치는 삶을 온전하게 사는 것이며, 그것은 자유로운 선택과 주장, 사랑, 창조적인 작업 등과 같은 행동으로 발휘된다. 따라서 예술의 강렬한 표현은 고통과 투쟁과 위험을 필요로 한다. 실존주의 미술치료는 존재의 궁극적인 관심사에 대한 인식과 표현을 촉진하고 실제로 존재하는 삶에 열정적이고 적극적으로 참여하기를 요구한다. 펙(Peck, 1978)의 말처럼, "인생은 고달프다."(p. 1) 실존주의 미술치료사들의 가치는 인간 상황의 비극적이고 숭고한 잠재력에 대한 강렬한 자각에서 비롯된다. 그들은 궁극적인 관심사로 인한 두려움과 불안으로부터 내담자를 자유롭게 해 주고 내담자가 단련되도록 돕는 데 헌신한다.

미술치료에서 실존주의를 이해하는 데 내가 가장 중요시하는 것은 인간의 조건에 대한 실존주의자의 분석이다. 그 핵심은 극심한 괴로움의 경험이며 뚜렷한 정서적 색조와 연결된 강렬한 경험이다. 한쪽 극단에는 공포와 두려움이 있고, 다른 극단에는 경외와 흥분이 있다. 이런 정서적인 대립은 때로는 함께 소용돌이 치고 또 어떤 때는 서로 번갈아 일어난다. 실존주의자는 순서와 상관없이 두 개의 감정적 극단이 반드시 있어야 한다고 믿는다. 실존적인 괴로움은 흔히 무(nothing)와 무작위 그리고 자유에 대한 개인적인 경험과 관련이 있다.

실존주의 미술치료의 본질은 시각적인 미술작품과 이미지에서 발견된다. 따라서 실존주의 미술치료의 핵심은 내담자를 인간 존재의 궁극적인 관심사에 대한 창조적인 투쟁에 참여시키는 것이다. 실존주의적 기반에 가장 중요한 것은 미술과정이 사

그림 5. **자아상(self-image),** 돈 존스, 아크릴

람들을 마음챙김(mindfulness) 상태로 이끈다는 것이다. 미술적인 표현은 마음챙김으로 이어지고, 마음챙김은 창조적인 불안으로 이어지며, 창조적인 불안은 변화와 행동으로 이어지고, 변화와 행동은 표현을 촉진한다. 그리고 표현은 마음챙김을 더욱 깊게 한다. 불안과 표현 그리고 자각의 역동성은 순환적이고 상호적인 관계다.

제시카의 벽

제시카(Jessica)가 하딩병원의 단기치료에 들어왔을 때, 그녀는 오하이오에 있는 작은 사립대학을 갓 졸업한 상태였다. 그녀는 22세이며 밝고 재능이 있었지만, 그녀의 말에 따르면 "항상 우울했다." 그녀는 초등학교 이후로 행복감을 느끼지 못했다고 심리치료사에게 말했다. 그녀는 "심각한 우울이 자주 오는 것은 아니지만 기분이 정말로 좋은 적은 없어요."라고 말했다.

제시카는 집단미술치료에 세 번째 참여했을 때 처음으로 돌로 된 벽의 이미지(그림 6)를 그렸다.

그녀는 처음에 그 벽을 고요하지만 황량한 풍경의 일부로 보았다. 검고 진흙투성이인 파란색과 갈색으로 묘사된 그 벽은 길고 울퉁불퉁했다. 벽의 변형이 몇 회기에 걸쳐서 작품에 여러 차례 나타났다. 그 의미에 대해 질문을 받자, 그녀는 고개를 저으며 "그게 왜 여기 있는지 모르겠어요. 그냥 그래요."라고 말했다.

어떤 회기(session)에서 나는 이미지들이란 반응을 기다리는 꼭 필요한 천사들이라는 제임스 힐먼(James Hillman, 1989)의 생각을 집단원들과 나누었다.

그림 6. **제시카의 벽,** 아크릴

제시카: 그게 무슨 뜻이죠?

브루스: 나는 힐먼이 어떻게 답할지는 정확히 모르겠지만, 내 생각에 그가 말하려는 것은 때때로 이미지들은 우리에게 말하거나 가르쳐 줄 것이 있기 때문에 우리에게 다가온다는 것이지요.

제시카: (미심쩍은 표정으로) 음, 어쩌면 내 벽은 내가 그 벽에 머리를 부딪치는 것을 그만두어야 한다고 나에게 말하고 있는 것 같아요. (이 말은 집단원들로부터 웃음을 자아냈다.)

브루스: 그 벽은 단단해 보이는데요. (집단원들을 향해) 만약 여러분 중 한 명이 나가서 이 벽을 마주한다면 어떨 것 같은가요?

톰(50대 남성): 나는 멈추어 서서 기대기에 좋은 곳이라는 생각이 들어요.

제인(대학생): (동조하며) 마치 피난처 같은 안전한 장소처럼 보여요.

말라(40대 미망인): 벽은 혼란스럽고 외로워 보여요. 벽이 계속해서 당신 그림에 나타나고 있어요. 제시카, 그런데 벽은 어디에 속해 있는지 모르는 것 같아요.

말라가 이 말을 하자, 제시카의 얼굴 표정은 습관적인 미소에서 창백한 어둠으로 바뀌었다. 나는 천사의 메시지가 갖는 힘을 감지하고 제시카에게 자신의 그림에 대해 좀 더 이야기하고 싶은지 물었다. 그녀는 "아니요."라고 조용히 말했다.

다음 회기에도 제시카의 작품에 벽이 등장했는데 이번에는 금이 가고 무너져 있었다. 그 벽을 둘러싸고 있는 풍경은 흐릿하고, 신비롭고, 안락하지 않게 묘사되었다.

제시카: 이 벽에 대해 많은 생각을 했어요. 만약 그것이 천사라면 잔인하네요.

브루스: 제시카, 때때로 우리에게 가장 필요한 메시지는 우리가 가장 듣기 싫어하는 것들이기도 해요.

제시카: 알아요. 하지만 나는 벽이 나에게 해야 하는 말이 마음에 안 들어요. (눈에 눈물이 그렁그렁함)

말라: 그것들의 의미가 뭐라고 생각해, 제시카?

제시카: 잘 모르겠지만, 나는 며칠 전 밤에 그것들에 대해 생각하고 있었는데 예전 남자친구의 얼굴이 머리에 떠올랐어요. (눈물을 흘리며) 그가 나에게 전화를 걸어

나를 얼마나 그리워하는지, 내가 얼마나 훌륭한 친구인지, 내가 얼마나 좋은 사람인지 말해 주고 있었어요.

톰: 좋겠다. 제시카, 그게 뭐가 문제죠?

제시카: (울면서) 그건 사실이 아니에요, 톰! 남자친구와 나는, 예전엔 우리…우리….

제인: (팔을 뻗어 제시카의 어깨를 감싸며) 괜찮아, 제스, 괜찮아.

제시카: 아니, 그렇지 않아요! (울면서) 내 삶은 거짓이에요. 끔찍해요. 나는 그 빌어먹을 벽이 나타나기 전까지는 모든 것을 잊었다고 생각했어요.

브루스: 아마도 벽은 그것이 무엇이든 간에 잊혀지기를 원치 않을 거예요. 어쩌면 그것은 진실을 말하고 싶을지도 몰라요. 그것은 견고해 보여요. 당신은 무너지지 않을 거예요.

제시카는 두 회기 더 집단미술치료에 참석했으며 그녀의 벽들 역시 등장했다. 제시카와 그녀의 벽과의 대화는 죄책감, 두려움, 외로움, 용서에 관한 것들이었다. 마지막 회기에 제인이 제시카에게 물었다.

제인: 벽의 의미를 우리에게 말해 줄 수 있나요?

제시카: 아니요, 나는 아직 그럴 준비가 안 되었다고 생각해요. 하지만 나는 언젠가는 이야기해야 한다는 것을 알아요. 나는 더 이상 그것을 내 안에 머무르게 할 수 없어요. 더 이상 벽이 그것을 담아둘 수 없어요.

제시카가 치료를 그만둔 지 몇 달 후에 나는 그녀에게서 편지를 받았다. 그녀는 커다란 자연석으로 된 벽 앞에 서 있는 자신의 사진도 보냈다. 그녀는 편지에 "나는 벽을 무너뜨렸어요."라고 썼다.

미술치료를 받는 것이 내담자에게는 힘겨운 일일 수 있다. 대부분의 치료는 내담자가 삶의 위기에 처해 있기 때문에 시작된다. 미술치료를 찾게 되는 구체적인 사건이나 상황은 개인마다 다르다. 그러나 반복적으로 나타나는 공통적인 주제는 존재의 궁극적인 관심사다.

예술가들은 창조적인 작업의 주요 원천은 실존적인 궁극적 관심사와 투쟁하면서

야기되는 정서적인 불안임을 알고 있다. 실존주의 미술치료의 핵심 개념은 사람들이 그것들을 무시하려고 시도하느냐, 아니면 얄롬(Yalom ,1980)이 말한 "마음챙김 상태"(p. 31)에서 살아가느냐 하는 문제다. 제시카와 같은 내담자를 만날 때 실존주의 미술치료는 삶의 궁극적인 관심사를 인식하는 데 대한 반응으로 형성되는 불안과 방어기제에 초점을 맞춘다. 이 작업은 의미와 소외, 자유, 죽음이라는 핵심적인 주제들에 맞서는 창조적인 투쟁과 관련된다. 실존주의 미술치료의 핵심은 이러한 관심사에 대한 표현으로 나타나는 미술작품과 시각적 이미지에서 발견된다. 마음챙김 상태에서 창조력을 발휘할 수 있는 능력은 변화 능력을 촉진한다. 미술작품을 만드는 것은 표현을 위한 자연스러운 활동이고 표현은 마음챙김으로 이어진다.

실존주의 미술치료사의 작업은 내담자와 함께하는 여정이라고 생각할 수 있다. 이 순례의 목적은 미술과정과 작품에서 나타나는 내담자 삶의 의미를 탐구하는 것이다. 미술치료사는 통역사나 진단가 역할을 할 필요가 없다. 오히려 치료사는 내담자가 그들만의 해석을 하고 그들 자신의 분석가나 치료사가 되도록 격려해야 한다.

예술은 항상 존재의 궁극적인 관심사를 다루어 왔다. 투쟁의 예술적 전통이야말로 예술가 치료사가 임상적인 환경과 내담자에게 주는 특별한 선물이다. 예술가들은 예술이 존재하는 한 의미와 소외, 죽음, 창조적 자유와 싸워 왔다. 미술치료사도 동료 여행자들과 함께 이 일을 해야 한다.

삶의 괴로움은 종종 예술가들의 거주지였고, 내가 수년간 알고 지냈던 심각한 정신질환 환자들이 사는 상징적인 집이기도 하다. 나는 한 젊은 여성이 자신의 '감옥' 그림을 완성한 후 치료실 창문을 부수고 유리 조각으로 팔을 긋는 것을 보았고, 여러 해 동안 내 손으로 그녀의 혈흔을 치웠다. 그 당시 나는 미술치료사로서 내가 할 일은 그녀의 기분을 나아지게 하는 것이라고 생각했다. 만약 그녀가 오늘 나의 내담자라면 나는 그녀의 짐을 가볍게 하거나 그녀의 고통을 완화시키려 하지 않을 것이다. 대신에 나는 자신의 고통에 경의를 표하는 미술작업에 그녀를 참여시키고 그녀가 삶의 투쟁을 기꺼이 받아들이도록 도울 것이다. 나는 그녀의 괴로움 안에서 그녀와 함께할 것이며, 동시에 나 자신의 고통도 존중할 것이다.

미술치료사는 정서적으로 장애가 있는 내담자의 실존적 관심사와 관련되는 독특한 위치에 있다. 역사를 통틀어 시인과 극작가 그리고 화가들은 쾌락주의나 물질주의보다 더 깊은 가치를 찾기 위해 쾌락과 부와 명성을 추구하기를 포기했다. 예술가들은 삶의 의미를 추구하는 오랜 전통을 가지고 있고 탐구 중에 그들은 종종 고통을 겪는다. 그들은 대부분 자기성찰과 자기표현이 가져올 수 있는 고뇌를 알고 있다. 이러한 용기 있는 예술적 전통은 미술치료사가 내담자에게 주는 특별한 선물이 될 수 있다.

미술작품은 인간 경험의 깊은 곳에서 나온다고 나는 믿는다. 그것들은 열정과 창조적인 갈등 그리고 불협화음으로부터 태어난다. 힐먼(Hillman, 1989)은 혼(soul) 만들기는 무작위적인 사건들을 의미 있는 경험으로 바꾸는 과정이라고 주장했다. 나는 이것이 바로 미술작업이 개인에게 하는 일이라고 주장한다. 미술과정은 세상의 속도를 늦추고 예술가에게 사색과 성찰의 시간을 허용함으로써 삶의 의미를 시각적인 것으로 만들도록 도와준다. 미술작품 창조는 흔한 사건들을 강력한 경험으로 변형시킨다. 예술과 혼 만들기 과정을 촉진하는 것이 바로 미술치료사가 임상현장에서 제공하는 특별한 선물이 갖는 능력이다. 목표가 없던 사건들이 의미 있는 경험으로 전환되면 혼이 현존한다. 그러므로 예술창작은 혼을 불어넣는 과정이다. 이것은 오직 창조적인 미술치료사만이 할 수 있는 일이며 그것은 신성불가침의 실존적 과업이다.

새로운 내담자를 만날 때 나는 진단받은 증상들의 집합이나 발달이론의 발현 혹은 행동주의 패턴이나 정신병리학 집단과 함께 있는 것이 아니라는 것을 나 자신에게 상기시킨다. 나는 고유한 삶의 의미를 지닌 동료 사람과 함께 있다는 사실 그것을 결코 잊어서는 안 된다.

3장

은유, 의식 그리고 여정

교사가 되려 했던 파일럿

옛날 옛날에 그리 오래전은 아닌 때, 텔레비전으로 오염되지 않고 화석연료와 글로벌 기업들의 파괴에도 피해당하지 않고 현대화로 인해 훼손되지 않은 어떤 땅에서, 어느 날 마을사람들은 잠에서 깨어나 밤 사이 커다란 은빛 새 한 마리가 숲 속 빈터에 내려앉아서 쉬고 있는 것을 발견했다. 부족장이 모든 오두막에 전갈을 보냈고 해가 뜨자마자 마을 사람들은 초원 주변에 모두 모여서 신이 잠자는 것을 지켜보았다.

비행기 조종사는 잠에서 깨어나 조종석 창문 너머로 남자와 여자 그리고 아이들이 나란히 줄을 서서 자신의 기계를 경건하게 응시하고 있는 것을 보고 놀랐다. 그녀는 조심스럽게 측면 출입문을 열고 날개 위로 걸어 나갔다. 그러자 부족원들은 재빨리 땅에 엎드렸고 신의 곁에서 나온 여자가 자신들을 해치지 않기를 기도하며 떨고 있었다. 그녀는 이 상황이 재미있었다. 그녀는 전반적으로 교육을 잘 받은 여성이었고 특별히 종교적이지도 않았다. 그녀는 이렇게 생각했다. '참 진기하면서도 바보 같은 일이군. 이 무지한 사람들에게 비행기에 대해서 가르쳐 줘야겠어.'

조종사가 두 손을 들어 사람들에게 손짓했다. 마을 사람들은 주저하면서 일어나 그녀에게 다가왔다. 모두 다 가까워지자 그녀는 멋지게 몸을 돌려 비행기 안으로 다시 들어갔다. 그녀가 엔진을 가동하자 강렬한 굉음과 함께 프로펠러가 회전하며 불이 깜박거렸다.

그녀는 창밖으로 모든 사람이 땅바닥에 엎드려 머리를 감싸고 애원하는 모습을 보고 짜증이 났다. 그녀는 엔진을 끄고 다시 날개 위로 나가서 그들에게 비행기 기술에 대해 가르칠 방법을 생각하면서 필사적으로 노력했다. 그녀가 말을 하기 시작했지만 마을 사람들은 지도자의 소리 없는 신호에 따라 모두 창을 들고 와서 던졌다. 조종사는 그 자리에서 죽임을 당했다. 마을 사람들은 바로 그 자리에 사당을 세웠다. 해마다 조종사의 사망 기념일에 그들은 신이 자신들에게 다시는 표효하지 않기를 바라며 그 커다란 은빛 새에게 제물을 바친다. 지금까지 이 신에게 제물을 바치는 의식은 효과가 있었던 것 같다.

잘 교육받은 현대적인 조종사는 자신이 가진 놀라운 은유의 힘을 깨닫지 못했다. 이 이야기가 보여 주듯이, 사람은 항상 사실에 의해서 자유롭게 되는 것은 아니며 진실이 태도와 신념과 왜곡을 자동적으로 변화시키는 것도 아니다.

어떤 사람은 치료의 목적은 사람이 자신의 삶에 대한 진실을 알고 받아들이도록 돕는 것이라고 믿는다. 치료사에게 어려운 점은 자신이 다루고 있는 것이 누구의 진실인지, 자신의 것인지 내담자의 것인지 구별하는 것이다. 치료사가 진실을 말하는 것은 위험할 수 있다. 왜냐하면 그것은 내담자가 성공(그리고 실패)에 대해 책임지고 성장할 수 있는 기회를 빼앗을 수 있기 때문이다. 내담자는 때때로 치료사가 확실한 해결책을 제공해 주기를 바라면서 이 절도 행위를 즐기기도 한다. 어쨌든 두 지점 사이의 최단거리는 직선이다. 그러나 이러한 진실이 심리치료나 미술치료에 적용되어서는 안 된다. 치료의 시작이 한 지점이고 치료의 종결이 다른 지점으로 비유된다면 그 과정은 거의 직선적이지 않다. 대부분 그것은 예기치 못한 구부러진 길, 막다른 나선형 길, 아무런 진전도 없는 길, 그리고 쉽게 갈 수 없는 위험한 길들로 구성되어 있다.

나는 종종 미술치료 과정을 설명하기 위해 내면의 여정이나 순례라는 은유를 사용한다. 맥니프(McNiff, 1981)는 미술치료사의 이미지를 '샤먼'으로 비유했다(그림 7).

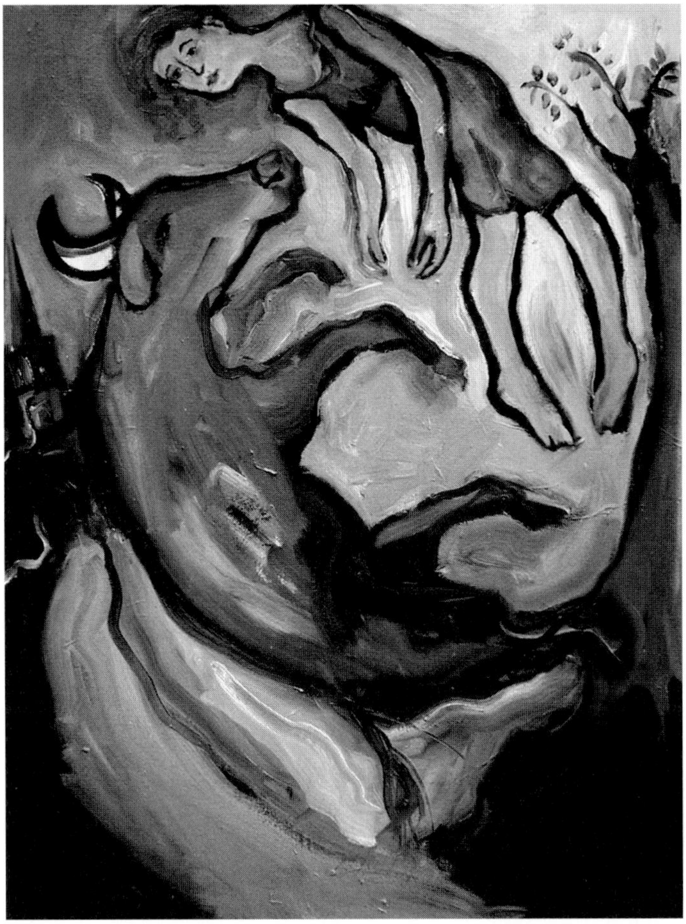

그림 7. **여성과 파랑색 소,** 숀 맥니프, 오일스틱

샤먼은 고통스러운 여행을 하면서 특별한 삶을 시작한다. 고문과도 같은 길을 가면서 샤먼은 점차 괴물과 악마 그리고 악의적인 힘과 마주하게 된다. 샤먼의 영웅적 미덕과 사악한 힘 사이의 동반적 관계가 깨지고 영혼 안에서 전투가 벌어진다. 궁극적으로 샤먼은 대부분의 사람들이 평가절하하거나 거부하려고 하는 내면의 동기와 힘 그리고 갈등을 가지고 사는 법을 배운다. 샤먼의 치유 능력은 내면적인 순례를 하면서 도움을 청하러 오는 사람과 함께 가고자 하는 의지에 달려 있다. 이와 같이 샤먼은 지혜를 추구하려는 사람의 힘들고 강력한 내면세계의 가치 있음과 소유권을 구현한다.

은유는 샤먼과 미술치료사의 치유 능력에 필수적이다. 샤먼은 진실을 알리기보다는 사람들에게 그들 자신의 수수께끼를 탐구하고 여정의 의미를 스스로 결정하라고 밀어붙인다. 마찬가지로 미술치료사도 그래픽 은유를 사용한 치료여정의 의미를 발견하기 위해 내담자에게 도전한다. 샤먼과 미술치료사는 사람에게 스스로 치유할 수 있는 능력이 있다는 것을 알고 있지만 종종 그 능력에 대한 믿음은 부족하다. 은유는 사람이 자신을 탐구하고 상상력을 발휘해서 자기 삶에 의미를 부여하는 해결책을 창조하도록 안내한다.

은유란 어떤 것을 분명하게 설명하기 위해 다른 것으로 묘사하는 문학적인 장치다. 예를 들어, 바움(Baum, 1900)의 고전 이야기인『오즈의 마법사』에서 도로시의 노란 벽돌길 여정은 인생의 진정한 가치를 추구하는 각 인간을 은유한 것이라 볼 수 있다. 허수아비와 양철 인간과 사자는 영웅주의와 선함을 상징하고, 마녀들과 적대적인 숲 그리고 날아다니는 원숭이들은 모든 사람 안에 숨어 있는 악당과 장애물을 상징한다.

신학에서 은유는 진리를 분명히 밝히기 위해 다양하게 해석될 수 있다. 그 예는 폭풍우 속에서 겁먹은 제자의 배를 향해 물을 가로질러 걸어가는 예수의 이야기(마가복음 6: 45-46)에서 볼 수 있다. 어떤 사람은 신자들에게 이 이야기에 나오는 기적을 언급하면서 신의 경이로운 본성에 초점을 맞출 것이다. 다른 사람은 이 이야기를 통해 초자연적인 역사적 사건이 사실이었음을 확인하고 안심할 수도 있다. 또 다른 사람은 좀 더 시적인 관점에서 접근하여 예수는 인생의 소용돌이와 혼란을 초월할 수 있는 모든 사람을 은유한다고 할 수도 있다. 각각의 관점은 믿음의 본질에 대한 진실을 보여 준다.

학생들은 미술치료에서 은유를 사용하는 것에 대해 의문을 제기하곤 한다. 그들은 "왜 빙빙 돌려서 말하나요?"라고 묻는다.

그러면 나는 폴 사이먼(Paul Simon, 1983,역주: 〈Train In The Distance〉 중에서)을 인용하여 답하곤 한다.

그리고 잠시 후 그들은 산산조각 났다

그것은 어렵지 않았다

모두가 멀리서 들리는 기차 소리를 좋아한다

모두가 그것이 사실이라고 생각한다

나는 이렇게 설명한다. "폴 사이먼이 '우리는 더 이상 서로를 사랑하지 않아요.'라고 썼다면 더 좋았겠지만 그렇게 되면 의사소통의 힘과 아름다움과 애처로운 외로움은 놓쳤을 것이다. 그의 노래를 들으면 나는 기차의 리듬이 느껴진다. 기차의 경적 소리를 듣고 나는 과거에 관계가 악화되었을 때 느꼈던 감정을 다시 경험한다. 멀리 있는 기차라는 은유는 내가 이 노래의 메시지에 참여할 수 있게 해 준다. 폴 사이먼은 그 자신뿐만 아니라 나에 대해서도 노래하고 있다." 학생들은 내 설명을 듣고 미소를 지을 때도 있고 어리둥절한 듯 나를 쳐다볼 때도 있다.

나의 딸 브레아가 어렸을 때 아내와 나는 아이가 장작난로와 벽난로 도구들 근처에서 노는 것을 보며 걱정하곤 했다. 어느 날 아이는 불 속에서 끄집어낸 부지깽이를 손으로 잡았다. 아이에게 그것은 매우 괴로운 학습경험이었지만 우리는 그녀에게 다시는 경고할 필요가 없게 되었다. 이것은 대부분의 사람에 대한 기본을 보여준다. 사람들은 스스로 진실을 발견하고 싶어 하지 타인에게서 진실을 듣고자 하지 않는다. 정신치료사이자 작가인 코프(Kopp, 1972)는 "각자 스스로 배워야 하는 가장 중요한 것들"(p. 224)이라고 말했다. 나에게 심리치료를 받는 내담자들은 그것을 통해 무언가 배울 수 없었던 감정적인 화상과 상처를 안고 온다. 그들이 나에게 원하는 것은 어떻게 왜 화상을 입었는지에 대한 강의가 아니다. 대신에 나는 그들이 내면여행의 은유에 관여하도록 시도한다.

본질적으로 미술치료사는 내담자의 상징적인 그림(graphic) 언어와 행동을 보고 듣고 상호작용하는 은유 전문가다. 나아가 미술치료사는 내담자가 만들어 내는 의사소통의 수용체 역할을 할 뿐만 아니라 은유적인 방법으로 반응해야 한다. 앞서 언급한 옛날 이야기에 나오는 조종사가 자신과 관련된 은유의 위력을 이해하고 적절하게 대응했다면, 아마도 그녀는 이 경험을 이야기하면서 살아갈 수 있었을 것이다.

은유란 말하는 방식이라고 정의할 수 있다. 일부 미술치료사는 내담자에게 경험을 확실하게 이해시키려면 대화를 해야 한다고 생각하는데 나는 이것이 걱정된다. 언어적인 은유에 한정하지 않고 시각적 은유와 행동적 은유도 동등한 차원으로 개념화함으로써 미술치료사는 미술치료 영역에 깊이를 더할 수 있고 사람을 돕는 데 더 많은 방법을 활용할 수 있다.

캠벨(Campbell, 1981)은 신화란 사회를 형성하는 공공의 꿈이며, 개인의 꿈과 내면의 이미지는 자신을 움직이고 형상화하는 신화라고 했다. 미술치료 환경에서 창조적 행동을 통해 내담자 개인의 신화나 은유를 시각예술로 바꾸는 것은 수세기 동안 종교 공동체에서 해 왔던 의식들(rituals)과 일치한다. 의식은 공동체의 핵심적인 진리를 상징적인 행동으로 번역한 것이다. 예를 들어, 기독교의 성체성사는 빵을 깨뜨리고 와인을 마시는 상징적인 행동으로 표현되는 신화와 은유다. 여기에서 은유적으로 표현된 파괴는 실제 사건의 재연에서부터 기적적인 성변화(聖變化)의 재현과 인간파괴에 대한 실존적 이야기의 각색(dramatization) 등에 이르기까지 성찬의식에 대한 다양한 해석과 이해로 이어진다.

내가 미술치료사로서 치르는 의식들은 미술작품을 만드는 과정에서 발견된다. 매체를 모으고 스튜디오를 준비하는 것은 영혼으로부터 붓과 캔버스로 옮겨 가는 춤의식의 첫 단계라고 할 수 있다. 창조적 예술 스튜디오의 은유는 대부분 미리 계획되지 않는다. 오히려 그것들은 춤이 진행되면서 떠오르고 격렬한 내면의 여정 속에서 분명해진다. 나의 내담자 중 한 명은 "마치 낭떠러지 끝에 서 있는 것 같아요. 밑에서 소용돌이치는 것이 물인지 불인지 알 수 없어요. 나는 이곳에 머물러서는 안 돼요. 나는 낭떠러지를 넘어야 한다는 것을 알아요."라고 말했다. 이 이야기는 치료적인 순례를 시작하는 데 필요한 용기의 본질을 담고 있다.

이 내담자가 경험한 긴박함과 두려움 그리고 고통을 감지한다. 나는 그에게 자신의 그림을 보면서 조용히 말하라고 제안했다. "그래, 나는 그 느낌을 알아요. 나도 여정을 시작할 때 그랬어요." 그는 나의 반응에 안도하는 듯했고 나는 그에게 낭떠러지를 넘어갈 때 나를 초대해 달라고 제안했다. 그가 "그러면 고통을 덜 느끼게 해 주나요?"라고 물었다. 나는 "아니요. 하지만 난 당신과 함께 거기에 있을 거예요."라고 말했다.

미술치료사도 다른 행동지향적인 분야의 사람들과 마찬가지로 내담자와 함께 치유의식에 참여해야 한다. 그들의 주된 임무는 행동을 통해 이야기를 듣고 말하는 것이지만 우리는 거의 말을 할 필요가 없다. 미술치료사는 내담자가 작품을 창작하고 작업하고 놀면서 치유여정의 주제를 정하도록 돕는다.

개인의 역사가 아무리 복잡해도 내담자에게는 반복되는 은유적인 주제들이 떠오른다. 나는 린슬리(Linsley, 1983)의 『중증 장애 청소년 치료법(Treatment of the Severely Disturbed Adolescent)』을 읽으면서 처음으로 이것을 확실히 알게 되었다. 린슬리는 입원한 청소년 치료에서의 기본 메시지들을 세 가지—① 나는 나쁘다, ② 나는 통제력을 잃을 것이다, 그리고 ③ 당신이 나를 버릴까 두렵다—로 분류했다.

지난 35년 동안 나는 다양한 치료환경에서 이러한 은유적 메시지들을 목격해 왔다. 그것들은 화지 위에 드라마틱한 색으로 뿌려지며 쏟아져 나오고 쿵쾅거리며 찰흙에 주입된다. 나는 안다. 나는 그것들의 불협화음을 들어 봤기 때문이다.

성인 내담자들의 은유적 주제는 보통 청소년 내담자들 것보다 더 미묘하다. 왜냐하면 성인은 청소년 드라마가 갖는 직접성을 잃었기 때문이다. 하지만 성인 내담자의 메시지는 치료사에게 은밀한 위협과 불편함을 줄 수 있다. 행동적인 표현에서는 덜 분명하게 나타나지만 성인의 반복되는 주제는 실존적이고 보편적인 경향이 있다. 그들은 ① 나는 길을 잃었다, 그리고 ② 어딘가에 누군가가 그 답을 알고 있다는 은유적 메시지를 사용한다.

다음 사례들은 다양한 치료환경에서 나타나는 청소년 내담자들과 성인 내담자들의 반복적인 은유 메시지를 보여 준다. 나는 미술치료 관점에서만 글을 쓰고 있지만, 치료팀의 다른 구성원들도 동시에 중요한 일을 하고 있었다는 사실도 밝힌다. 명확한 설명을 위해 은유적 주제를 개별적으로 설명하지만 그것들은 종종 함께 소용돌이치면서 개인 내적이고 대인관계적인 역동적 정서 체험 간에 복잡한 상호작용을 형성한다. 나의 사례들은 2차원의 오버레이(역주: 도면 등의 위에 대고 수정할 때 쓰는 투명 용지)라고 봐야 하며 이들을 결합할 때 다차원적인 내담자를 이해할 수 있다.

청소년은 세상을 향해, 특히 미술치료사에게 기본적인 은유 메시지를 알리려고 다양한 방법을 시도하지만 그 메시지들은 범위가 매우 좁다.

나는 나쁘다

테일러는 거의 말을 하지 않는다

지난 몇 년간 나는 성범죄를 저지른 청소년을 위한 거주 치료시설에서 일했다. 교도소보다는 낫지만 그래도 여전히 험난한 곳이다.

테일러(Taylor)는 17세이며 양부모 중 한 명에게 성적·정서적 학대를 당한 피해자였다. 그는 과체중인데다 위생적이지 못했다. 그는 대부분의 삶을 정신병원과 주거 치료시설 그리고 위탁가정을 오가며 지냈다. 그의 기록은 그가 치료활동에 참여하지 않았고 또래나 직원과의 관계에 문제가 있음을 보여 주었다. 그런데 주목할 점은 그가 종종 자기 방에서 스케치북에 그림을 그렸다는 점이다. 그를 의뢰한 치료사가 설명할 때, 나는 그녀가 말수가 적은 테일러의 특성을 과장하고 있다고 생각했다. 하지만 내가 처음으로 테일러와 함께 한 8시간 동안 그는 총 11개의 단어를 말했고 대부분은 단음절의 탄식이었다.

초가을에 테일러가 창조적 예술 스튜디오에 왔다. 나는 어둡고 나무가 우거진 풍경 그림을 그리고 있었는데 직원이 그를 문으로 안내해 주었다.

브루스: 스튜디오에 온 걸 환영해요.

테일러: (나를 쳐다보았지만 아무 말도 하지 않음)

브루스: 네가 미술을 좋아한다는 것을 알고 있어. 주위를 둘러보고 무엇을 하고 싶은지 보렴.

직원: 혹시 모르니까 제가 여기 있어 드릴까요?

브루스: 아니요, 괜찮을 것 같아요.

내가 그림을 그리는 동안 테일러는 몇 분 동안 스튜디오 안을 어슬렁거렸다. 그는 내 옆에 서서 지켜보았다. 잠시 후에 그는 내 그림을 향해 손짓하며 말했다.

테일러: 그거요.

브루스: 그림을 그리고 싶니?

테일러: (고개를 끄덕임)

그는 물감과 캔버스를 챙긴 후에 가만히 앉아 허공을 응시했다. 잠시 후 어떤 비밀스러운 내면의 신호에 따라 물감이 흐르기 시작했다. 파란색, 검은색, 빨간색 그리고 노란색. 나는 그가 세차게 흐르는 고통과 열정의 강을 타고 솟구치는 폭력과 상실감과 무언의 영향들을 암시하는 음영들을 창조해 내는 것을 지켜보았다. 나는 궁금해서 물었다.

브루스: 무슨 일이지, 테일러? 왜 그들이 너에게 그랬을까?"

그는 숲과 강, 텐트, 모닥불을 그렸지만 사람들은 그리지 못했다. 나는 그를 지켜보았다, 그리고 나는 나의 어두운 숲 그림에 두 사람과 모닥불 하나를 그려 넣었다(그림 8).

테일러: (나를 보고 웃음)

브루스: 네 셔츠는 무슨 색으로 할까?"

테일러: 빨간색.

이것이 우리 관계의 시작이었다. 다른 회기에 그는 호수와 부두를 그렸고 나는 화려한(colorful) 물고기를 그렸다(그림 9). 직원이 그를 데리러 왔을 때 테일러는 우리 그림을 가리키며 "보세요."라고 말했다.

어느 날 테일러가 스튜디오에 들어서자, 내가 말했다.

브루스: 나는 오늘 분노를 그릴 거야.

그림 8. **모닥불,** 아크릴

그림 9. **화려한 물고기,** 아크릴

테일러는 내가 빨간색, 검정색, 노랑색을 챙기는 것을 지켜보았다. 그는 내가 팔레트 나이프를 사용해서 캔버스를 긁는 것을 지켜보았다. 몇 분 후 나는 그가 내 스타일을 흉내 내며 긁는 소리를 들었다. 내가 물었다.

브루스: 어떤 느낌을 표현하려고 하니?

테일러: (고개를 들지 않고 중얼거리며) 악마.

그 후 몇 주 동안 우리는 죄책감과 슬픔, 두려움, 외로움, 수치심, 상처, 상실, 혼란, 분노, 구원을 그렸다. 그의 손가락은 말로 표현하기에는 너무나 힘들었던 과거의 비밀들을 털어놓았다. 나는 테일러를 이곳에 오게 한 수치심과 배신 그리고 그의 뇌리에서 떠나지 않는 더럽혀진 집의 장면이 궁금했다. 그의 삶에는 그가 듣지 못한 말이 너무나 많았고, 그의 인생에는 너무나 많은 뒤틀리고 불분명한 배역들이 그림자를 드리우고 마음속 깊은 곳에서 메아리쳐서 놓아주기가 힘들다.

테일러는 매주 그림을 그렸고 그의 색깔들은 한 시간 반 동안 줄줄 흘러나왔다. 어느 겨울 날 내가 일을 하려고 도착했을 때 주차장에서 만난 직원이 물었다.

직원: 테일러와 무엇을 하나요?

브루스 : 왜요?

직원: 그가 당신에게 데려다 달라고 문 앞에서 기다리고 있어요. 보통은 우리가 그를 끌어내다시피 해서 데려다가 밀어 넣어야만 하는데 당신과 함께 하는 오후에는 그렇지 않아요.

테일러가 스튜디오 안으로 발을 질질 끌며 들어올 때 그의 눈은 내 눈과 조심스럽게 접촉했고 그는 고개를 갸우뚱하며 시선을 돌리곤 했다. 나는 그의 흉터 난 손에서 팔레트 나이프의 리듬을 들을 수 있었다. 그는 그림을 그리면서 나를 흉내 냈다. 시간이 지나면서 그는 회기 시간이 끝날 때 조금씩 더 오래 머물기 시작했다. 마치 "나를 여기서 나가게 하지 말아요. 안전한 여기에 머물게 해 주세요!"라고 말하는 듯했다. 나는 그가 모닥불을 향해 미소 지은 것과 물고기 그림을 가리키며 "보세요."

라고 말했던 것을 기억한다.

창조적 예술 스튜디오에서 테일러는 힘든 감정들을 나타내는 유형의 대상들을 창조해 냈다. 그와 내가 회복적인 관계를 맺도록 촉진했던 만족스러운 방식인 그림 그리기는 그 자신이 악마라는 생각을 표현하도록 도와주었다. 그것은 또한 그가 아무도 해치지 않는 방식으로 자신을 괴롭혔던 감정들의 주인에게 형상을 부여하도록 표현 장소를 제공했다. 무엇이 그를 '나쁘게' 만들었는지 표현하는 것은 결국 테일러가 자신에 대해 좋게 느끼게 했다.

줄리의 삽

줄리(Julie)는 반사회적이고 자기파괴적인 행동으로 점철된 역사를 갖고 병원에 입원했다. 그녀는 기물 파손과 절도, 약물 남용, 성적 문란, 가출 등을 했었다. 그녀의 첫인상은 강하고 세상 물정에 밝은 젊은 여성이었다. 그녀는 초기 면접자에게 부모와 모든 어른을 싫어한다고 말했다. 수년 동안 줄리와 전쟁을 치른 후에 결국 부모는 그녀를 통제할 수 없어서 자신들을 보호하기 위해 물러났다. 줄리는 소년법원이 개입할 때까지 더 나쁘게 행동하는 것으로 대응했다. 그녀는 구치소와 단기정신질환 시설을 여러 차례 거친 뒤 병원에 입원했다. 그녀의 거친 외모와 문제행동에도 불구하고 줄리는 뭔가 이상한 호감을 주었다. 그녀는 유머감각이 없고 학교생활에서 매번 실패했음에도 불구하고 정말 똑똑했다.

처음에 치료팀은 그녀의 치료환경을 설계하면서 즐거운 활동과 식이요법에 참여시키려고 했었다. 치료팀은 줄리가 자신의 긍정적인 특성을 바탕으로 장점을 육성하고 치료팀원들과 관계 맺을 수 있는 활동에 참여하기를 바랐다. 활동 프로그램에는 도예교실, 음악치료, 드라마치료가 포함되었다. 하지만 곧 이 계획은 효과가 없는 것으로 밝혀졌다. 도자기를 만들 때 줄리는 치료사의 지시를 무시하고 항상 쉬운 방법을 선택하고 찰흙을 고정시키는 것을 거부했는데 이것이 가마 속에서 폭발하면서 다른 사람들 것까지 망치고 말았다. 음악치료에서는 손가락을 기타의 어디에 놓는지 배우는 데 관심이 없었다. 대신 그녀는 첫 노래를 배우기 위한 연습 시간이라는 생각은 전혀 하지 않고 앨범 표지에 있는 자신의 모습을 상상하면서 거울 앞에서 기타 연주하는 흉내를 내며 시간을 보냈다. 드라마치료에서는 다른 집단원들에게 계속해서 심술궂고 위협적으로 행동하는 '나쁜' 여성의 역할을 했다. 그래서 각 집단의 동료들은 그녀가 참여하는 것에 분개했다.

줄리의 근본적인 자기관(自己觀)은 '나는 나쁘다.'이므로 자존감을 향상시키려는 직원들의 노력에 대해 그녀는 그들이 어리석기 때문이라고 해석했다. 그녀가 팀에게 보내는 메시지는 이렇다. "나는 나쁘기 때문에, 나 자신을 좋아하게 만들려고 하는 당신들이 어리석은 거야. 당신들은 어리석으니 나에게 쓸모없는 사람들이고, 그러니 나는 당신들을 무시하겠어."

결국 치료팀은 접근 방식을 바꾸었다. 줄리는 도자기, 음악 그리고 드라마에서 빠졌고 이 활동들은 흙반죽과 원예 그리고 표현적 집단미술치료 스튜디오로 대체되었다. 흙반죽은 내담자들이 전에 사용했던 점토를 재생시키기 위해 90분 동안 찰흙을 이기고 주무르기만 하는 활동이었다. 나는 표현적 집단미술치료와 원예에서 그녀의 치료사로 배정되었다.

내가 미술치료 집단원들에게 줄리가 다음 주부터 합류할 거라고 발표했을 때 집단원들은 동시에 신음소리를 냈다. 모든 사람이 줄리의 못된 행동에 대해 들었거나 직접 경험했었다.

그녀가 처음 참석한 날, 내가 말했다.

브루스: 줄리, 스튜디오에 온 것을 환영한다.

줄리: (마룻바닥을 빤히 보면서 아무 말도 하지 않음)

브루스: 우리는 여기에서 미술작품을 만든단다. 너는 무엇을 하고 싶니?"

줄리: (하품을 하고 비웃으며) 나는 크레용을 가지고 놀지 않아요.

브루스: 괜찮아, 나도 크레용을 가지고 놀지 않아.

앤서니(집단원): 여기서는 무엇이든 할 수 있어. 줄리, 여기는 멋진 곳이야.

브루스: 예술적으로 하는 것이라면 무엇을 해도 괜찮아, 줄리, 너 자신이나 다른 사람을 다치게 하지만 않는다면.

줄리: (적대적으로 입술을 비죽거리지만 꼼짝하지 않음)

브루스: 그나저나, 나는 공연예술에 관심이 있단다, 줄리. 그리고 지금까지 너는 재미

있는 예술적인 발언을 하고 있어.

샬래(집단원): (테이블에서 고개를 들면서) 브루스, 당신은 항상 좋은 면을 보는군요.

타라(집단원): 내 그림이 어디 있지? 여기 어딘가에 두었는데….

앤서니는 그림을 그리고 있었고 샬래는 모자이크 타일을 나선형으로 배열했다. 타라가 자신의 그림을 찾아 이젤 위에 놓았다. 줄리는 여전히 화가 머리끝까지 나서 바닥을 응시하는 것 외에는 아무것도 하지 않았다. 그녀는 나 또는 누군가 아니면 전체와 싸우고 싶어 하는 것 같았다.

브루스: 줄리, 둘러보면서 하고 싶은 것을 찾아보렴.

줄리: (딱부러지는 어조로) 포기하세요. 난 당신에게 말려들지 않을 거예요.

브루스: 다른 사람들이 무엇을 하는지 둘러보고 관심 가는 것을 찾아보렴.

그녀는 증오에 찬 눈으로 나를 노려보았다. 나는 그것을 개인적으로 받아들이지 않았다. 왜냐하면 내가 등장하기 훨씬 전부터 그 증오가 있었다고 생각했기 때문이다.

몇 분 후 나는 다른 것을 시도했다. 줄리 앞에 있는 테이블에 큰 갈색 종이와 분필 한 박스를 놓고 그녀 옆에 앉아서 물었다.

브루스: 이 종이를 보면 뭐가 보이니?

줄리: (비난하는 듯한 눈초리로 나를 보다가 잠시 후) 아무것도 안 보여요.

브루스: 그래? 줄리, 나는 네 종이를 볼 때, 너무나 많은 가능성을 본단다.

줄리: (나를 노려보며) 아무것도 안 보여요.

브루스: 아무것도?

(줄리가 숨을 내쉬며 뭔가 중얼거렸을 때 나는 그녀에게서 나오는 마치 불꽃같은 것을 볼 수 있었다.)

브루스: 뭐라고?

줄리: (두 손으로 얼굴을 가리며 아무것도 아니라고 중얼거림)

브루스: 아! 'xxx'라고 욕하는 걸 들은 줄 알았어.

방안에 긴장감이 감돌았다. 안소니는 그의 의자에 앉았다. 샬래는 그녀의 타일을 쳐다보면서 붓을 내려놓고 한숨을 쉬었다.

줄리: (으르렁거리며) 내가 'xxx'라고 욕했다면 어때서요?

브루스: 만약 네가 그렇게 말하는 것을 들었다면, 스튜디오에서는 욕설을 사용하지 말아 달라고 부탁할 거야. 왜냐하면, '안전하지 않은' 분위기를 만들기 때문이지. 하지만 그것을 그리거나 만들거나 색칠하고 싶어 한다면 그건 괜찮아.

줄리: 'xxx'를 그릴 수 있지만 그걸 말하는 건 허용되지 않는다는 건가요?

브루스: 스튜디오 안에서 욕을 하는 건 허용하지 않아, 줄리. 하지만 네가 화지를 볼 때 그것이 보인다면 무슨 수를 써서라도 그 지면을 덮어 보렴.

그녀는 마지못해 갈색 분필과 검정색 분필들을 모아서 자신의 배설물을 그려 냈다. 방 안에서 긴장감이 사라졌다. 줄리가 미술재료들을 만지도록 설득할 수만 있다면 뭔가 좋은 일이 일어날 것임을 나는 알고 있었다.

줄리는 일주일에 5일을 아침에 한 시간 반 동안 창조적 예술 스튜디오에서 나와 함께 있었고, 오후에 한 시간 반 동안은 원예활동을 하면서 나와 함께 있었다. 원예 집단에서 나는 먼저 말 거름을 삽으로 퍼 날라 경작되지 않은 정원 구간에 뿌리는 일을 그녀에게 시켰다. 나도 그녀와 함께 일했다. 그녀는 반항과 나에 대한 감정을 말하느라 목소리를 높였다. 그녀가 나를 조롱하는 데 사용한 어휘는 너무나 풍부해서 나는 전에 들어 보지도 못했던 많은 것들로 불렸다. 그녀가 매우 거칠게 굴었음에도 불구하고 발목까지 차오르는 거름 속에서 나는 그녀 옆에서 계속해서 일했다. 그 다음날도 한결같이 나는 그녀와 함께 거름을 헤치며 그곳에 있었다.

이 일을 시작한 지 2주가 지난 어느 날 그녀는 삽질을 멈추고 서서 나에게 물었다.

줄리: 제기랄, 나는 거름 속에서 삽질만 하는데, 다른 애들은 온실 속에서 엉덩이 붙이고 앉아서 식물들과 놀고 있네?

브루스: (계속 일하면서 사무적으로) 이곳이 네가 있는 곳이기 때문이야, 줄리.

줄리는 깊은 생각에 잠겨 나를 보더니 다시 자기 일로 돌아갔다. 거름주기를 끝내고 우리는 역시 즐겁지 않은 다른 일로 옮겨 갔다. 화단 잡초를 뽑고, 토마토 밭을 만들고, 말뚝 박을 구멍을 뚫는 일이었다. 집단의 다른 내담자들은 씨앗을 심고, 식물에 물을 주고, 꽃을 다듬었다. 줄리는 거의 말을 하지 않았지만 나는 언제나 그녀 옆에서 일했다. 어느 날 오후 우리가 뿌리덮개를 가득 실은 손수레를 밀고 갈 때 그녀가 말했다.

줄리: 나의 아빠가 당신 같았으면 좋겠어요.

브루스: 왜 그렇지?

줄리: 모르겠어요, 당신은 안전할 것 같아요.

창조적 예술 스튜디오와 원예 활동에서 줄리와 내가 나눈 대화를 주간 팀회의에서 보고하자, 팀 리더는 축하할 일이라고 소리쳤다. 그는 치료에 대한 줄리의 저항이 끝난 것이라고 말했다. 그는 줄리가 자기반성적으로 되기 시작했고 그녀의 생각을 다른 사람과 나눌 수 있을 만큼 충분히 안전함을 느끼고 있다고 말했다.

줄리의 치료여정 중 이 단계에서 중요한 요소는 자신은 나쁘다는 그녀의 은유적인 메시지와 그녀에 대한 나의 반응은 거의 완전히 상위언어적(metaverbal)이었다는 점이다. 나는 그녀가 자기감정을 표현하도록 격려하고 자기인식에 어울리는 활동에 임하도록 하면서 그녀가 자신에 대해 어떻게 느끼는지 이해할 수 있다고 말했다. 나는 줄리가 자신을 이해하고 있는 것과 똑같이 그녀를 이해하려고 노력했다. 그녀가 얼마나 추하고 거친지, 나를 어떻게 불렀는지와 상관없이, 나는 그녀와 함께 일하기 위해 매일 그곳에 있었다. 그녀는 정서적인 버팀목이자 정신적인 에너지의 기초가 된 나쁨 가운데 존재하면서 자신의 문제를 해결할 필요를 느끼기 시작했다.

입원 기간이 거의 끝나갈 무렵에 줄리는 집단미술치료에서 우리의 관계를 그렸다. 그녀는 말똥더미와 하트 모양의 손잡이가 달린 긴 삽을 그렸다. 그녀는 치료 경험을 요약해서 다음과 같이 말했다. “내가 이곳에 왔을 때 나는 딱딱하고 약했어요. 지금 나는 부드럽고 강해요.”

알리시아의 검은색과 흰색

알리시아(Alicia)는 '나쁜 아이'였고, 그녀는 사람들이 그것을 알든 모르든 상관하지 않았다. 수년 간의 정서적인 학대와 방임의 희생자였던 그녀는 세상에 화가 나 있었고 그녀가 얼마나 나쁜지 사람들에게 알리기 위해 할 수 있는 모든 것을 했다. 그녀는 가족의 돈을 훔치고 술을 마시고 담배를 피우고 학교를 빼먹었다.

내 집단미술치료에 의뢰되었을 때 나는 그녀가 어떻게 할지 궁금했다. 첫 회기에, 나는 집단의 구조에 대해 그녀에게 설명해 주었다. 알리시아는 순간적으로 나와 눈을 마주치기는 했지만 재빨리 시선을 돌렸다. 내가 말했다.

브루스: 알리시아, 여기는 감정을 떠올리고 나누는 방법으로 그림 그리기를 사용하는 집단이야. 미켈란젤로나 피카소 같은 화가일 필요는 없고 네가 무엇을 그리건 다 괜찮아. 내가 요청하는 것은 다른 사람이 자신들에 대해 이야기할 때 집중해 달라는 거야. 이 집단 사람들은 대부분 자신의 감정을 진지하게 받아들이지 않았던 역사를 갖고 있어. 나는 집단에서 우리가 항상 너의 감정을 진지하게 받아들일 것을 약속한다. 환영한다, 네가 우리와 함께 해서 기쁘다.

알리시아: …….

이 집단의 오프닝 의식은 원으로 둘러 앉아 각자 그 날 느낀 감정을 한두 마디로 표현하는 것이었다. 알리시아 차례가 되자, 그녀는 팔짱을 끼고 방어적인 보호막으로 자신을 감싸며 의자에 앉아 몸을 앞으로 숙인 채 아무 말도 하지 않았다. 그녀의 자세와 동작은 그녀의 연약함과 두려운 감정을 극적으로 잘 보여 주었다. 어떤 말도 필요 없었다.

집단원에게 설명하면서 내가 말했다. "오늘은 여러분이 가장 좋아하는 장소를 상상해 보았으면 해요. 이미지가 떠오르면 보이는 것을 그리세요."

우리는 마스킹 테이프로 벽에 3×3 피트(약 0.9×0.9m) 크기의 갈색 종이를 세 장 붙이고 밝은 색의 분필로 작업했다. 놀랍게도 알리시아는 곧바로 벽의 한 부분을 선택하여 그리기 시작했다. 그녀는 빠른 속도로 종이를 완전히 검정색으로 덮었다.

그런 다음 흰색을 사용하여 빈 방을 그렸다. 그 방에는 움푹 들어간 천장과 무거운 문 그리고 안쪽으로 부푼 커튼이 달린 창문이 있었다. 방 한쪽 구석에는 작은 형체가 벽에 기대어 웅크리고 있었다. 그림에 대해 이야기할 차례가 되자 알리시아는 그림에 나오는 사람과 비슷한 자세로 웅크리고 앉아 고개를 저었다.

여러 가지 면에서 이 첫 회기는 알리시아의 치료적인 미술여정 과정을 보여 준다. 그녀는 자기 삶의 장소와 사람 그리고 사건들을 그렸지만 이미지들에 대해서는 거의 언급하지 않았다. 그녀가 그린 장면들은 때로는 무섭고 때로는 불안을 유발하고 때로는 불분명했다. 이런 장소와 사건들에 대한 미술작품을 창조하면서 알리시아는 나쁜 감정을 일으킨 사람들과 환경에 관심을 갖게 되었다. 그림 속 사람의 대부분은 그녀를 비인간적으로 대했고 그림에 묘사된 여러 장소는 종종 그녀를 상대로 한 범죄 현장이었다. 미술작품을 만들면서 그녀는 자기 이야기 창조자로서 자신을 피해자 위치에서 여주인공 자리로 옮겨 놓았다. 그녀는 자기 이야기의 예술가가 되었고 타인들이 그것을 이해할 때에 일어나는 치유를 경험했기 때문에 '나쁜 아이'로서의 내면적 자기감도 변화되었다. 창조적 예술 스튜디오에서는 고통과 공포, 나쁨, 용기가 '예술적으로 표현되었다'. 미술창작은 사람 안에 있는 비밀을 열고 나쁜 것에서 선한 것으로 건강하게 변화하도록 촉진한다.

나는 통제력을 잃기 직전이다

스티브의 통나무

스티브(Steve)는 세상에 대해 거칠고 화가 났고 모든 사람이 그것을 알기 원했다. 그의 공격적이고 위협적인 행동 때문에 청소년 부서 간호직원들이 힘들어했다. 그는 종종 부서 활동을 방해하고 가구를 발로 차고, 벽을 치고, 문을 쾅 닫았다. 때때로 스티브는 정신치료실에서 나오면서 외설적인 괴성을 지르며 복도를 질주하기도 했다. 그는 격노했다. 하지만 평온해지고 나면 언젠가 자신이나 다른 누군가에게 심각한 해를 끼칠까 봐 두렵다는 것을 인정하곤 했다. 그는 "왜 항상 이렇게 화가 나는지 모르겠어요. 다른 것을 느껴 본 적이 거의 없어요."라고 말했다.

스티브가 그의 행동을 통해 들려준 것은 관계를 갈망하는 한 젊은이의 이야기였다. 부모는 그가 어렸을 때 이혼했고 스티브의 양육권은 아버지에게 돌아갔다. 어머니는 이혼 직후 사진에서 자취를 감추었다. 아버지는 건설노동자였는데 대인관계 기술이 부족한 업무 중심적인 사람이었다. 그는 스티브를 키우기 위해 최선을 다했지만 한부모가 되는 것은 어려운 일이었다.

스티브는 아버지와 함께 차고를 지었을 때가 가장 행복했다고 회상했다. 당연하게도 그가 병원환경에서 평상 시 행동을 통제했던 유일한 곳은 바로 통나무 톱질 활동이었다(그림 10).

그 활동에서 우리는 두 사람이 켜는 구식 톱을 사용해서 병원 구내 숲에서 잘라 낸 상수리나무와 참나무를 잘랐다. 절단한 후에는 큰 망치와, 쐐기, 해머를 사용해 그것들을 장작으로 만들었다. 통나무 톱질하기는 통제된 파괴와 승화를 극적으로 보여 주는 것이었다. 나는 8, 9년 동안 통나무 톱질하기 활동에서 공동치료사로 일했다. 나는 공동치료사와 톱질하는 동안에는 거의 대화하지 않는다. 오히려 우리는 투쟁과 힘든 일 그리고 협력의 중요성을 시범적으로 보여 주기 위해 스스로 그 일에 몰두했다.

그림 10. **통나무 톱질하기**

크리스마스가 다가오자 스티브는 치료여정에서 중요한 시기를 맞이했다. 그는 치료팀으로부터 휴가 때 집에 가지 못할 거라는 말을 듣고 바로 통나무 톱질하기 활동에 왔고 그 일로 화가 나 있었다. 회기가 진행되면서 그는 점점 동요하기 시작했다. 갑자기 나무를 쪼개는 망치를 집어 들고 주변 사람들의 안전은 아랑곳하지 않고 통나무를 마구 패기 시작했다. 이야기할 겨를이 없었다. 거친 휘두르기가 끝날 때쯤 나는 다가가 그의 손아귀에서 강제로 망치를 빼내고 그를 청소년 숙소로 돌려보내기 위해 씨름하기 시작했다.

청소년 숙소 입구에 다다르자 스티브가 울기 시작했다. 발버둥치던 그가 진정되자 통제하려고 움켜잡았던 나의 손도 돌보며 붙잡아 주는 손으로 되었다. 다음날 그는 말이 없었고 당황한 기색이 역력했다. 그는 공동치료사나 나의 눈을 피했다. 그는 전날의 감정폭발에 대해 미안한 듯했지만 사과는 하지 않았다. 집단원들이 모두 작업을 시작하자 스티브가 나에게 다가와 함께 일할 수 있는지 물었다. 나는 동의했고 그에게 나무를 선택하라고 했다. 그가 고른 통나무는 지름이 4피트(약 1.2m)에 가까운 매우 큰 참나무였다. 그 오래 된 나무를 자르는 데는 녹초가 될 정도로 힘든 회기가 세 번이나 필요했다. 우리의 마지막 톱질에 드디어 나무가 쪼개지자 스티브의 동료들은 환호했다. 나는 그의 사과가 받아들여졌다고 생각했다.

폭발 직전이라는 스티브의 은유적 메시지는 그에게 파괴적인 에너지를 사회적으로 허용된 방식으로 분출할 수 있는 기회를 줬다. 나는 그의 폭발성에 분명한 한계를 주었고 그에게 통제권을 주었다. 마지막으로 통나무 톱질하기 활동이 갖는 은유는 스티브의 아버지가 할 수 없었던 다양한 수준에서 내가 스티브와 연결되도록 해 주었기 때문에 도움이 되었다.

스티브는 입원 기간 중 마지막 두 달 동안 내가 그림을 가르치던 창조적 예술 스튜디오에 참석하겠다고 신청했다. 거기서도 우리는 치료에 대해 직접적으로 이야기하는 일은 거의 없었다. 대신에 우리는 치료를 했다. 병원에 있는 동안 스티브는 경험을 통해서 자신의 분노가 동력으로 활용될 수 있고 어른들도 그의 우군이 될 수 있다는 것을 배웠다. 퇴원할 즈음에 그는 이미 자신을 치유하기 시작했다.

멜리사의 세탁실

멜리사(Melissa)가 집단미술치료에 참여한 것은 단 한 번뿐이었다. 그 집단은 하딩병원의 단기치료시설에서 온 청소년 네 명과 나로 구성되었다. 이런 집단은 보통 다루기가 어려운데, 대체로 이들은 치료과정에 저항하기 때문이다. 집단의 전반적인 정서 색조는 적대감이었다.

그날 나는 그리기 연습으로 '나의 감정 거울'을 하기로 결정했다. 나는 다음과 같이 지시했다.

브루스: 여러분! 마법의 거울을 들여다본다고 상상해 보세요. 이 거울은 놀랍게도 외모가 아니라 여러분의 감정을 비춥니다. 거울에서 본 것을 그려 보세요.

앨런(Alan)은 제일 부정적이고 적대적인 집단원이었다. 그와 나는 이전에 여러 번 충돌했었다. 그는 가운데 손가락을 세운 커다란 손을 그렸다. 손가락 옆에는 흰수염이 난 대머리 막대기 인물상을 그렸다. 막대기 인물상은 한 손에 분필을 쥐고 있었다. 앨런의 메시지는 의심할 여지없이 "F-you, 브루스."였다.

멜리사와 다른 집단원들도 앨런의 그림을 이해했다. 그들은 나의 반응을 예측하고 웃으며 속삭였다. 나는 화가 났다. 내 안의 목소리는 '어떻게 감히 그럴 수 있지!'라고 소리쳤다. 또 다른 목소리는 할 수 있는 한 가장 가혹한 직면으로 응수하라고 했다. 하지만 또 다른 목소리가 속삭였다. '앞으로 몇 분간 네가 하는 행동이 이 집단에 영향을 미칠 거야. 브루스, 대답하지 마!'

그림을 완성한 후 나는 조용히 앉아서 주위의 이미지들을 보았다. 각각의 감정 거울에서 나온 사납고 분노한 이미지가 나를 응시하고 있었다. 멜리사는 천장에서 2피트(약 0.6m) 정도 아래에 매달린 채 다리를 벌리고 있는 건조기 겸용 세탁기를 정면에 그렸다. 거친 검은색과 빨간색 선들이 세탁기를 둘러싸고 있다. 세탁기 뒤에서는 빨간색 액체가 조금 흘러나왔다. 그녀는 자기 이미지에 대해 '지하 세탁실'이라고 말했다.

그래도 앨런의 그림에 모두의 관심이 집중되어서 나는 그 이미지를 가지고 집단토론을 시작했다.

브루스: 앨런, 네 그림이 우리 집단의 상상력을 자극한 것 같아.

앨런: (결백한 척하면서) 뭐라구요?

브루스: 그것은 강렬한 이미지야. 앨런, 그것에 대해 말해 주겠니?

앨런: 이봐요, 나한테 허튼 치료놀이 같은 거 하지 마요. 그럴 기분 아니니까.

브루스: 앨런, 나는 놀이를 하려는 게 아니야. 내 말은 그것이 강력한 이미지라는 거지. 이 집단에 참여하는 목적은 너 자신을 표현하는 거야. 너는 그것을 했어.

이것은 앨런이나 집단의 그 누구도 예상했던 반응이 아니었다.

앨런: 그래서 이제 어떻게 되죠?

브루스: 아무 일도 일어나지 않을 거야. 나는 단지 네 그림을 보면서 잠시 함께 있어 보자는 거야.

앨런: 뭐라구요?

브루스: 앨런, 나는 우리가 창조하는 모든 것은 일종의 자화상이라고 생각해. 그래서 네 그림과 네가 쓴 단어들을 보면 네가 자신의 인생에 대해 어떻게 생각하는지 알 수 있어. 정말 힘들었겠구나.

앨런: 대체 무슨 소리예요?

브루스: 앨런, 집단과 함께 나눠 주어서 정말 고마워. 네가 자신과 세상에 대해 어떻게 생각하는지 사람들에게 알리는 것은 정말 훌륭한 일이야. 고마워.

그런 다음 나는 앨런에게 대답할 시간을 주지 않고 바로 다음에 누가 자기 그림에 대해 이야기고 싶은지 물었다.

멜리사: 내가 할래요. (조용히 말하고는 잠시 자신의 이미지를 응시함) 내가 왜 이걸 그렸는지 모르겠어요. 앨런이 하는 걸 보았을 때 난 재미있을 거라고 생각했어요.

브루스: 그래?

멜리사: 그런데, 아니요, 그렇지가 않아요.

브루스: 나도 그건 재미있어 보이지 않아, 멜리사.

소녀집단원: (신경질적으로 웃으며) 이상한 방법으로 빨래하는 것처럼 보여요.

브루스: 그래, 그건 재미있어 보이지 않아. 밖을 둘러싼 선들을 봐. 그것들은 화가 난 것처럼 보여. 그리고 세탁기 밖으로는 피가 흐르는 것 같고. 전혀 재미있어 보이지 않아, 멜리사.

나는 시선을 돌려 멜리사를 보았다. 그녀의 얼굴에서 눈물이 흘러내려 블라우스를 적시고 있었다. 방은 고요했다.

멜리사: (울음을 터뜨리며) 그래요, 그건 피예요. 나는 작년에 강간당했어요. 나는 겨우 열두 살이었어요. 그때부터 나를 원하는 남자면 누구에게든 다리를 벌렸어요. 맙소사! 그 ×××를 죽여 버리고 싶어요! 그놈이 우리 지하실에서 그랬어요.

앨런: (맞은편에 앉아서) 진짜 짜증 나! 너는 너무나 좋은 아이야, 멜리사. 그래서는 안 돼. 어느 누구도 너를 그런 식으로 대하면 안 돼!

멜리사: 앨런, 그건 그들이 아니라 나예요! 그것이 내가 나를 대하는 방식이에요.

집단은 멜리사와 함께 하면서 그녀가 울도록 해 주었다.

브루스: (잠시 후에) 멜리사, 그 그림을 어떻게 하고 싶니?

멜리사: 무슨 뜻이에요?

브루스: 그것을 어떻게 하고 싶어? (반복해서 말함) 그 남자가 바로 저 벽에서 너를 해치고 있다고 상상해 봐. 너는 뭘 하고 싶니?

멜리사: 그 놈을 갈기갈기 찢고 싶어요.

브루스: 그럼 그렇게 하자. (강력하게 권하자 그녀가 미심쩍다는 듯이 나를 바라보았다.)

브루스: 해 봐. (반복해서 말함) 그걸 벽에서 떼어 내서 찢고 짓밟고 네가 하고 싶은 대로 다 해 봐.

멜리사는 일어서서 그림을 향해 반쯤 걸어가다가 이내 달려갔다. 그녀는 벽에서 그림을 뜯어내 찢었다. 그 과정에서 그녀의 팔과 얼굴은 빨간색과 검은색 분필가루로 뒤덮였다. 그녀는 마치 전쟁을 치른 사람처럼 보였다.

브루스: 있잖아, 아무도 다치지 않고 분노를 표출할 수 있단다. (집단원들에게 손짓을 하며) 모두 살아 있지?

* * * * *

나의 멘토인 돈 존스(Don Jones)는 "감정을 표현해야 한다. 그렇지 않으면 감정이 당신을 표현할 것이다."라고 말하곤 했다. 멜리사나 그녀와 같은 사람들은 종종 힘든 감정을 무시하거나 억누르려고 한다. 강렬한 감정을 억누른 결과는 정서적으로 치명적이다. 멜리사는 유머나 비웃음으로 위장하지 않고 자신의 분노에 접촉하여 직접적으로 그것을 분출할 필요가 있었다.

미술치료사는 내담자와 자신의 가장 깊숙한 곳—이상하고, 고통스럽고, 화나고, 상처 입은 장소들—에서 나오는 이미지를 가지고 작업한다. 이 작업을 사랑보다 못한 행위라고 정의한다면 과소평가일 것이다. 미술을 창조하고 치료를 제공하는 일은 많은 노력을 필요로 한다. 이 두 가지 모두 용기와 자아초월을 필요로 한다. 내담자와 자신을 위해서 이러한 도전에 직면하는 것은 용기 있고 수련된 행동이다. 분필로 얼룩진 종이 앞에 서서 내담자가 표현한 것을 보면서 나는 그녀의 이야기에 주의를 기울인다. 내담자와 치료사, 예술가와 작품을 둘러싼 그 작업과 격노, 고통과 사랑은 나로 하여금 경외심을 갖게 한다.

당신이 나를 버릴까 봐 두렵다

지금까지 청소년기의 은유적 메시지들이 각각 드러났는데 나에게는 이 세 번째 메시지가 가장 크게 들린다. 부모나 보호자가 자녀를 치료 직원들에게 맡기고 가는 것은 사실상 유기행위다. 외래환자로 치료를 받거나 거주치료시설에 입원하는 것은 비록 외상적이지 않다 해도 사춘기 청소년에게는 극적인 일이다. 이 사건은 과거의 더 미묘한 유기 사건들을 상징할 것이다. 사춘기 청소년의 인생과업도 어린 시절을 버리고 성인기를 맞이하는 것이다.

나는 바비(Bobby)와 함께 2년 넘게 작업을 했다. 그는 청소년인데, 다섯 살 때 부모가 교통사고로 사망했다. 부모의 사망 이후 그는 여러 위탁가정에서 살았지만 반사회적인 행동으로 인해 매번 쫓겨났다. 그는 몇몇 거주치료시설에도 배치되었지만 행동화(acting out)와 말을 하지 않는 문제 때문에 번번이 쫓겨났다. 그는 또한 많은 입원환자가 있는 정신과 병원에도 입원했었다. 현재 그가 거주하는 치료그룹홈의 사회복지사가 그를 나의 개인치료실에 의뢰했다.

바비의 뿌리 없는 나무

나는 스튜디오의 문을 열고 불을 켰다. 어제 작업 후에 남긴 분필, 점토, 물감의 흔적들을 보면서 심호흡을 했다. 나는 방 한가운데로 가서 바비의 겁에 질린 눈을 통해 이 장소를 바라보는 상상을 해 보았다. 벽에는 그림들이 걸려 있었고 카운터 주변에는 조소 작품들이 있었다. 그 작품들은 다른 아이들의 삶에 관한 시각적인 회고록이었다. 나는 그것들이 바비에게 무엇을 의미할지 궁금했다. 나는 그가 스튜디오에 머물지도 궁금했다. 그는 문간에 서서 걸을지 도망갈지 아니면 안으로 들어올지 결정하려고 했다.

바비는 머뭇거리다가 의자로 갔다. 나는 문을 닫았고 우리는 안전했다. 오후의 태양이 창문을 통해 비치고 먼지가 공기 중에 부드럽게 떠올랐다. 내가 말했다.

브루스: 바비, 너는 미술치료를 받으러 이곳에 왔어. 그게 뭔지 아니? (그는 나를 쳐다보지도 않음) 사람들은 자신을 다양한 방식으로 표현한단다. 예를 들어, 어떤 사람은 말을 잘하고, 어떤 사람은 춤을 추고, 어떤 사람은 스포츠로 자신을 표현하고, 또 어떤 사람은 시를 쓴단다. 나는 미술을 좋아해. 내 직업은 사람들이 미술작업을 하면서 자신을 표현하도록 돕는 거야.

바비: (주머니에서 손을 빼면서) 나는 말하는 것을 좋아하지 않아요.

브루스: 괜찮아, 어떤 사람은 말은 많이 하지만 들을 만한 말은 절대 안 하기도 해. 너는

예술을 좋아하니?

바비: (스튜디오를 둘러보고 고개를 끄덕이며) 나는 그림을 그리고 색칠하는 것도 좋아해요. 그런데 물감이 하나도 없어요.

브루스: 우리 한번 둘러보자. 무엇이 있는지 보여 줄게.

우리는 함께 방을 둘러보았다. 색연필, 크레용, 크레파스, 분필, 템페라 물감, 아크릴, 붓, 점토, 담배상자, 물건들로 가득한 서랍, 리본, 도화지, 판지, 캔버스 천 한 두루마리 등. 그는 나를 따라다녔지만 말은 하지 않았다.

브루스: 이제, 무엇을 하고 싶니?

바비: (템페라가 가득 들어 있는 캐비닛으로 가서 물감통 쪽으로 손을 뻗음)

브루스: 그림을 그려 볼래?

바비: 네.

그는 선반에 있는 템페라 병을 모두 꺼내고, 여러 종류의 붓을 모은 후 큰 검은색 보드를 움켜잡고 40분 동안 그림을 그렸다. 물감이 테이블, 바닥, 그의 손, 얼굴, 싱크대, 창틀, 보드지 전체 등 여기저기 튀었다. 회기가 끝날 무렵 스튜디오는 색 토네이도가 강타한 것—잭슨 폴락(Jackson Pollock, 1912~1956, 역주: 미국의 추상적 표현주의 화가)의 재해석—처럼 보였다.

바비와 사회복지사와 나는 다음 주에 다시 만나기로 합의했다. 나는 바비와 사회복지사가 가는 것을 보고 스튜디오로 돌아왔다. 나는 스폰지와 비눗물을 챙겨서 여기저기 튄 물감을 닦으며 말로는 표현되지 않은 바비의 파편들을 씻어 냈다.

그날 밤 나는 침대에 누워 천장에 난 채광창을 통해 먹구름을 보는 꿈을 꿨다. 갑자기 우리 고양이가 그 유리를 할퀴는 것을 보았다. 고양이는 발판을 찾으려고 애썼지만 지붕은 너무 가파르고 유리창이 매우 미끄러웠다. 나는 고양이가 지붕에서 떨어질 것을 알고 있었다. 나는 떨어진 고양이가 살았는지 보기 위해 밖에 나가보기로 마음먹었다. 문을 열자 눈이 펑펑 쏟아져 들어와서 한동안 나는 아무것도 볼 수 없었다. 잠시 후 떨고 있던 새끼고양이가 추운 곳에서 안으로 들어왔다. 새끼고양이에 뒤이어 또 한 마리, 또 한 마리, 또 한 마리가 따라왔다. 우리 집에 그 새끼고양이들을 모두 다 들여놓을 수 없다는 것을 알았기 때문에 나는 그들을 밖으로 돌려보내기 시작했다. 하지만 고양이 몇 마리를 내보내면 더 많은 새끼고양이가 계속 들어왔다. 계속해서 나는 새끼고양이들을 들어 올리고, 새끼고양이들은 울부짖으며 내 손을 긁고, 나는 그들을 눈 속으로 던져서 돌려보내기를 반복했다. 나는 도저히 그 속도를 따라갈 수가 없었다!

눈을 뜨니 나는 땀으로 흠뻑 젖어 있었다. 밖에는 눈이 내리지 않고 문 앞에는 새끼고양이도 없는 화창한 가을 아침이었다. 나중에 아내에게 그 꿈에 대해 말했더니 그녀는 고개를 저으면서 길을 찾아 내 삶으로 들어온 모든 연약한 생명체에 관한 것일지도 모르겠다고 말했다.

12월 어느 날 오후, 바비는 관자놀이의 보라색 멍과 눈 밑에 난 1인치(약 2.5cm) 정도의 베인 상처를 숨기려고 애쓰면서 치료회기에 왔다. 그의 코는 빨갛게 부어 있었다. 사회복지사는 바비가 힘든 하루를 보냈다고 말했다. 나는 상대 남자가 어떻게 했는지 궁금했다. 나는 "밥, 우리 미술 하자!"라고 했다.

그는 대답 없이 고개를 숙이고 나와 함께 복도로 향했다. 스튜디오에 들어서자 문고리가 내 손에서 미끄러져 문이 '쾅!' 닫혔다. 바비는 화들짝 놀라 주먹을 쥐고 싸울 준비를 했다. 나는 그의 충혈된 눈에서 불안과 고통을 볼 수 있었다. 그는 떨고 있었다. 그의 손가락에는 베인 상처들이 있었다. 잠시 동안 나는 그가 나를 보고 있는지 내가 그의 적이 되었는지 알 수 없었고 그 순간 나 역시 두려웠다.

브루스: 오늘은 문을 열어 둘까?

바비: (다친 코를 비비며) 아니, 닫는 게 좋겠어요.

가을은 겨울이 되었고 겨울은 봄으로 녹았다. 바비와 나는 불과 눈물, 파란색 사람과 한 그루 겨울나무(그림 11), 진(역주: 토닉 워터 등을 섞어 마시는 독한 술) 한 병과 레몬, 책과 콩나무(그림 12), 한 줄로 늘어선 자물통(그림 13), 검은 눈물방울(그림 14), 단검을 그린 후 그것에 대해 이야기했다.

그림 11. **겨울나무,** 아크릴

그림 12. **잭과 콩나무,** 아크릴

그림 13. **한 줄로 늘어선 자물통,** 마커

내가 물감과 붓을 챙기면서 방을 돌아다닐 때 바비는 창문 밖을 응시하고 있었다. 따뜻하고 바람이 부는 인디언 썸머(역주: 가을에 한동안 비가 오지 않고 날씨가 따스한 기간)였다. 잠시 후에 그가 내게 돌아서며 물었다.

바비: 우리 나무를 하나 그릴까요?

브루스: 무슨 나무지?

바비: (밖을 다시 내다보며) 내 나무요.

회기가 끝날 때쯤 바비가 말했다.

바비: 어렸을 때 우리 집 뒤뜰에 나무 한 그루가 있었어요.

그리고 그는 침묵했다.

몇 회기에 걸쳐서 바비의 나무는 도화지 맨 아래쪽에서 맨 위까지 자라기 시작했다. 그는 예전의 어머니와 아버지에 대해서 그리고 자신이 잘못한 일들에 대해서 이야기했다. 그는 나에게 부모님이 떠난 이유를 아는지 물었고, 그들이 지금 어디에 있는지 매우 궁금하다고 큰 소리로 말했다.

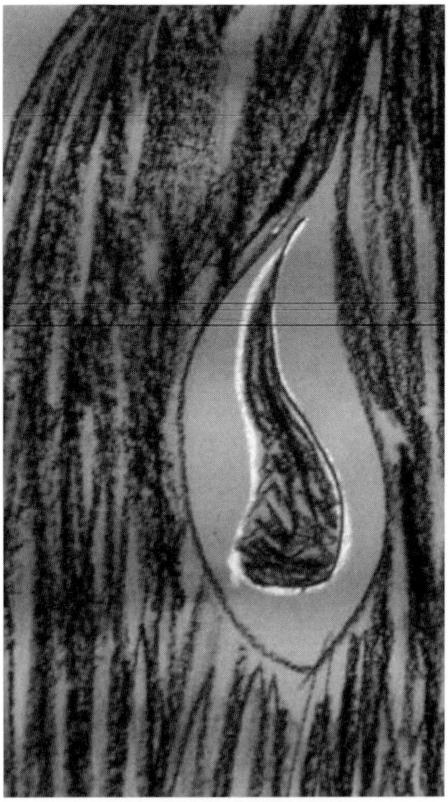

그림 14. **검은 눈물방울**, 목탄

바비: 내가 왜 이런 일을 겪어야 해요? 나는 그냥 어린 아이예요.

그는 진흙투성이 부츠 때문에 어머니가 자신을 어떻게 혼냈는지 그리고 왜 자기가 그리는 나무에 뿌리가 없었는지에 대한 이야기를 들려주었다. 매 회기가 끝날 때마다 그는 그림 그리기를 멈추고 싶지 않다고 내게 말했다. 프로젝트가 거의 끝나갈 무렵에 바비가 물었다.

바비: 당신은 떠날 건가요?

브루스: 아니, 난 계속 있을 거야.

여러 회기가 진행되면서 바비의 삶은 색깔과 신뢰에 의해 밝혀지고 물감 속에서 덜어내어지고 먼지로 기록되었다.

* * * * *

바비와 그러한 사람들에게 상실과 유기의 트라우마는 깊고 근본적인 소외를 초래했다. 아무리 가까운 사람이라도 결국 그들 사이에는 여전히 좁힐 수 없는 거리가 있다. 모든 사람은 홀로 이 세상에 들어와 결국 홀로 떠나게 된다. 미술치료사는 버려질 것에 대한 두려움을 가라앉히고 혼자라는 고통을 덜어 주기 위해 내담자가 미술작품을 만들고 그것들과 함께 하도록 해야 한다. "우정은 시간과 공간을 초월한다."(Bach, 1970)

마리와 나

마리(Marie)는 다른 시설에서 거의 1년 그리고 우리 병원에서 5개월동안 치료를 받은 후에 집단미술치료에 들어왔다. 그래도 그녀는 심리치료사나 직원들에게 별 애착을 보이지 않았다. 그녀는 냉담하고 혼자였다.

타인과 거리를 유지하거나 상호작용을 하기 위해 그녀가 사용했던 유일한 행동은 칼로 베는 자해였다. 동료들은 그녀를 '커터의 여왕'이라고 불렀고, 그녀의 팔뚝 안쪽에는 별명에 걸맞는 섬뜩한 증거들이 있었다.

몇 주 동안 그녀는 그림을 그렸지만 그림에 대해서는 아무 말도 하지 않았다. 이 집단에서는 이례적이었던 그녀의 행동을 보면서 나는 맞서기보다는 매번 간단히 언급하고 넘어가는 방법을 선택했다. 나는 '마리, 날 믿어.'라고 말하고 싶었다. 다른 사람들의 작업을 관찰하게 하자 그녀는 점차 집단에 애착을 갖기 시작했다. 그녀가 최소한으로만 참여하면서 두세 달이 지난 어느 날, 나는 다음 이야기로 회기를 시작했다.

옛날에 애완동물을 간절하게 원하는 한 남자가 있었다. 그는 개와 고양이 그리고 심지어 작은 하얀 쥐에 대해서도 생각해 봤지만 그가 원하는 것은 이들 중에 없었다. 어느 날 그는 공원을 거닐다가

덤불 옆에 있는 작은 회색 토끼를 보았다. "아하," 하고 그가 혼잣말을 했다. "토끼! 바로 내가 애완동물로 기르고 싶은 거야." 그러나 그가 가까이 다가가자 토끼는 도망쳐 버렸다. 이것은 그 남자를 슬프게 만들었고 그는 전보다 더 외로워졌다.

그는 한 가지 생각을 해냈다. 스포츠용품 가게로 가서 고기잡이 그물을 샀다. 다음 날 그는 덤불 근처에서 토끼를 발견하자 새로 산 그물을 가지고 그 쪽으로 돌진했다. 토끼는 잽싸게 도망쳤다.

그날 밤 그는 판지 상자와 끈 그리고 막대기를 이용해 덫을 만들었다. 다음날 아침 그는 덤불 옆에 덫을 놓고 상자 밑에는 당근을 미끼로 놓았다. 하지만 토끼는 그 남자의 냄새를 맡을 수 있었기 때문에 당근에 다가가지 않았다. 그는 낙담했다.

그 후 며칠 동안 그는 공원 잔디밭에 앉아 토끼를 지켜보았다. 토끼는 매일 조금씩 더 가까이 그에게 다가왔다. 마침내 어느 멋진 날, 토끼가 살금살금 다가와 그 남자의 손을 코로 비볐다.

나는 집단원들에게 이 이야기에 대한 각자의 반응을 그림으로 그려 보라고 제안했다. 마리는 그녀와 내가 나무 밑에 앉아 있는 그림을 캐리커처로 그렸다. 그림에 대해 이야기할 차례가 되자 그녀는 나를 보며 말했다. "브루스, 나는 당신을 신뢰하는 것 같아요."

이후 7개월 동안 마리와 함께 한 집단미술치료 회기는 체스 게임과 같았다. 그녀의 동작 하나하나는 나의 신뢰를 시험했고 나의 동작들 하나하나는 그녀의 의심과 두려움에 맞섰다. 마리가 하는 무언의 질문은 바로 '내 인생의 많은 사람처럼 당신도 나를 버릴 건가요?'였다.

이 질문에 대한 내 대답은 창조적 예술 스튜디오에서 그녀와 함께 하면서 다른 집단원들의 주제에 일관되게 관여하고 마리의 행동에 대해 '나를 믿어.'라고 반응하는 것이었다.

그녀가 퇴원한 지 몇 달 후에 나는 마리로부터 시가 담긴 편지를 받았다.

브루스에게,

이 모든 것을 말한다

떠나면서 생각했다, 내면의 너무 많은 아픔은 끝났다고

당신은 우정이 지속된다고 말했지
거짓말인 줄 알았는데
하지만 난 그곳에 있을 필요가 없어
우리가 했던 말을 기억하기 위해
날 믿어, 날 믿어, 날 믿어
당신이 늘 이끌던 좋은 길
이제 알 것 같다
어디에 있든 상관없다
내면의 사랑과 믿음이다
그것이 친구들을 그곳에 있게 한다

고마워요,

마리

마이클의 사막

마이클(Michael)은 14세이고, 부드럽게 말하며 수줍어하고 우울해했다. 그는 평가와 정밀진단을 위해 3일간 병원에 입원했다. 외래병동 치료사는 집과 학교에서 그의 행동이 점점 더 예측할 수 없게 되었다고 걱정했다. 그는 최근에 충동적이고 폭력적인 감정폭발을 보였고 성적도 떨어지고 신입생 축구팀도 그만두었다. 병원에 입원한 날 저녁에 그의 아버지는 세탁기 안에 있던 그의 청바지에서 유서를 발견했다. 나는 마이클의 개인미술치료 평가회기를 요청받았다. 그는 우리가 함께 스튜디오로 걸어갈 때 거의 말을 하지 않았다. 내가 물었다.

브루스: 어디에서 왔니?

마이클: 여기저기에 조금씩.

브루스: 어떻게 그럴 수가 있지?

마이클: 아빠와 나는 콜로라도에서 오하이오로 이사 와서 2년 정도 살았어요. 그 전에는 투손(역주: 미국 애리조나주 남부에 있는 도시)에서 살았고 또 그 전에는 버지

니아비치.

브루스: 와우, 너는 정말 여러 곳에서 살았구나.

마이클: (한숨을 내쉬며) 아니면 아무 곳도 아니거나.

브루스: (스튜디오에 들어서자 설명함) 우리가 하려는 것은 감정을 표현하는 방법으로 그림을 사용하는 거야. 훌륭한 예술가가 될 필요는 없고 무엇이든 그려도 좋아. 이건 감정을 나누는 또 다른 방법이란다.

마이클: (말없이 주위를 둘러봄)

브루스: 네 자신을 풍경이라고 상상해 보렴. 선택할 수 있는 것이 엄청나게 많아. 해안, 도시 풍경, 농지, 숲, 들판, 산 등등. 네 특성과 네가 살아 온 삶을 생각해 보면 너 자신을 어떤 풍경으로 표현할 수 있을까?

그는 즉시 색연필로 거대한 사와로 선인장(역주: 미국 남부와 멕시코에서 자라는 키가 아주 큰 선인장)을 그리기 시작했다. 선인장 오른쪽에는 거의 죽어 가는 듯한 나무 한 그루가 있고 선인장 왼쪽에는 작은 바위언덕이 있다. 사막의 나머지는 텅 비어 있었다. 배경에는 붉은 태양이 비치고 있었다. 그가 작품을 마무리 지었을 때 내가 말했다.

브루스: 마이클, 잘 그리는구나.

마이클: 고마워요.

브루스: 이곳에 대해 말해 주겠니?

마이클: 풍경을 그리라고 했을 때 마음속에 떠오른 그림이에요.

브루스: (재촉하듯이 제안함) 나를 그곳으로 데려다주렴, 마이클.

마이클: 나는 선인장 같아요. 나는 성장하려고 노력하는데 주변은 모두 메말라서 죽어 가는 것 같아요.

브루스: 그래, 선인장은 매우 거친 환경에서 자라지.

마이클: 사와로에 대해 아는 게 있나요?

브루스: 키가 매우 큰 것 아닌가?

마이클: 네, 어릴 때는 보통 그들을 보호해 주는 베르데 나무가 주변에 있어요. 그렇지

만 결국 그것들은 베르데 나무보다 커지고 베르데 나무는 죽게 돼요.

브루스: 우리 인간세대처럼 들리는구나.

마이클: (나를 바라보며) 우리 아빠는 이 그림의 베르데 나무 같아요. 우리 뿌리는 땅 밑에서 연결되어 있지만 내가 너무 커져서 그를 죽이고 있어요.

브루스: 그 사람도 힘들겠다.

마이클: 엄마가 돌아가신 후로 우린 둘뿐이었어요.

브루스: 엄마가 돌아가셨니?

마이클: (눈에 눈물이 맺힘) 내가 아기였을 때 암에 걸렸어요. 하지만 나는 아무 것도 몰랐기 때문에 그 일로 힘들지는 않아요. (얼굴을 돌리며 셔츠 소매로 눈물을 닦음)

브루스: 바위 왼쪽에 빈 공간이 있는 것 같은데.

마이클: (손으로 그림 속 바위 윤곽을 부드럽게 따라가면서 잠시 자신의 그림을 바라봄) 사막에서 선인장은 거칠고 조심하지 않으면 다치게 할 수 있어요. 하지만 속에는 수분이 있고 달콤해요.

브루스: (조용히 앉아서 지켜봄)

마이클: 아마도 여기에 우리 엄마가 있어야 했어요. (울음)

그것이 마이클과 내가 함께 했던 유일한 회기였다. 잠시 동안의 만남과 사막 그림과 우리의 상호작용은 어머니의 죽음을 겪어 내야 하는 힘든 정서적 과제를 위한 토대를 마련해 주었다. 나는 마이클과 그의 아버지를 식료품점이나 주유소에서 가끔 보곤 했다. 그들은 행복하고 건강해 보였다. 사와로의 뿌리는 분명 선인장이 생존하는 데 필요한 것을 얻었을 것이다.

나와 함께 작업해 온 성인 내담자들의 근본적인 은유적 주제들은 행동으로는 보통 덜 나타하지만 청소년 내담자들보다 훨씬 섬세하다. 성인들은 일반적으로 청소년들과 같은 극적인 직접성을 보이지는 않는다. 하지만 성인 내담자의 메시지는 미술치료사에게 드러나지 않는 불길한 예감을 줄 수 있다. 성인들에게서 반복되는 은유적 주제—① 나는 길을 잃었다, 그리고 ② 어딘가에 있는 누군가는 그 답을 안다—는 어느 순간 모든 사람을 괴롭힌다.

나는 길을 잃었다

레노어의 상자

레노어(Lenore)는 31세로 매력적인 아내이자 12세와 9세인 두 아이의 어머니였다. 그녀는 고등학교 졸업 몇 주 후에 결혼했는데 1년도 채 안 되어 첫 번째 아들이 태어났다. 레노어는 결혼 후 처음 몇 년 동안은 자신과 남편 모두 행복했다고 말했다.

레노어: 그 때 마음 깊은 곳에서는 무언가 잘못되고 있다는 것을 알았지만 나는 너무 두려워서 아무 말도 못했어요. 두 번째 임신했을 때는 마음이 놓였어요. 아들이 태어났을 때 우리가 얼마나 행복했는지 기억해요. 다시 행복해질 수 있기를 바랐어요.

남편은 직장에서 만난 여자와 함께 살기 위해 레노어가 입원하기 두 달 전에 집을 나갔다.

레노어: 둘째 아들이 두 살이나 세 살 쯤 되었을 때, 어느 날 아침 잠에서 깨어나 남편을 쳐다봤는데 내가 이 남자를 잘 알지 못한다는 것을 깨달았어요. 더구나 나는 더 이상 나 자신도 몰랐어요.

남편이 그녀를 떠났을 때 레노어는 모든 것을 그만두었다. 집안일과 자녀들 돌보기, 그리고 아침에 침대에서 일어나는 것까지 모두. 내가 흔한 판지 상자 하나를 건넸을 때 레노어는 당황한 눈으로 나를 쳐다봤다.

브루스: 이 상자가 당신 자신이라고 상상해 봐요, 레노어. 바깥에는 당신의 취미나 관심사나 당신에 대한 이미지로 색칠하거나 콜라주해 보세요.

레노어: (비웃으며) 아무것도 없어요.

브루스: 그리고 안에는 당신의 신념이나 가치를 생각해 보고 그 이미지들을 그리세요.

레노어: 아무것도 없어요.

브루스: 뭐라고요?

레노어: 아무런 흥미나 취미도 없고 더 이상 아무것도 믿지 않아요!

브루스: 아무것도요?

레노어: 네.

브루스: 분명히 뭔가 있을 겁니다.

레노어: 아무것도 없다고 말했어요. 아무것도 아니라는 뜻이에요. 실수를 했네요. 여기 오지 말았어야 해요. 직원에게 전화해서 나를 숙소로 데려가라고 해 주세요. (더 강한 어조로) 내가 당신 시간을 낭비하고 있어요.

브루스: 음, 우리, 당신은 여기에 한 시간 동안 있어야 해요. 누군가 여기까지 오려면 시간이 좀 걸릴 겁니다. 기다리는 동안 뭐라도 하는 건 어때요?

레노어: 이건 무의미해요.

브루스: 잠시 후에 직원을 부를게요. 그런데 시작해 보는 게 어때요?

레노어: (한숨을 쉬며) 내가 뭘 하기 바라세요?

브루스: 음, 당신은 하고 싶은 것도 없고 믿을 만한 것도 없다고 말했어요. 없다는 것은 무슨 색이라고 할 수 있나요?

레노어: 모르겠어요, 아마도, 흰색.

브루스: 좋아요, 상자를 안팎으로 하얗게 칠해 보면 좋겠어요.

그녀가 작품을 마무리했을 때 나는 여전히 상자 바깥에는 인쇄된 글자들이 보이고 상자 바닥은 색칠하지 않았다고 말했다.

레노어: (짜증을 내며) 다 젖어 있어서 바닥은 할 수 없었어요.

브루스: 무슨 상관이지요? 어쨌든 아무 의미도 없는 것인데. 생각해 봐요, 당신은 아무것도 없는 것을 그리고 있었어요. 그런데 그것은 다른 덮개가 필요해요. 내가 상자에 있는 글자를 읽을 수 있다면 그것은 아무것도 없는 것이 아니지요.

레노어: (중얼거리며) 빌어먹을!

브루스: 그리고 이번에는 바닥 칠하는 것을 잊지 마세요.

레노어는 글자를 모두 덮기 위해 흰색 물감을 네 번이나 칠해야 했다. 그녀가 앉아서 흰색 물감이 마르기를 기다리고 있을 때 나는 그녀에게 아무것도 없음을 상징하는 방법을 생각해 보라고 제안했다. 나는 직원을 부르는 것을 깜빡했다. 그녀도 그랬다.

두 번째 회기에서도 레노어는 "나는 여기 있고 싶지 않아요."라고 탄식하면서 시작했다.

브루스: 누구나 그래요. 정신병원은 휴양지처럼 재미있는 곳이 아니예요.

레노어: (목소리를 높여) 잘난 체하는군요.

브루스: 농담이 아니예요, 레노어. 당신이 여기 있기 싫어한다는 건 알아요. 내 생각에 문제는 아무 데도 있고 싶지 않다는 거지요.

레노어: 그래서 오늘 뭘 할까요, 흰색 칠을 더 할까요?

브루스: (그녀에게 그 상자를 건네며) 아니요, 이 상자를 보면 어떤 생각이 나는지 말해 주면 돼요.

레노어: (주저하지 않고) 화가 났어요.

브루스: (오래된『내셔널지오그래픽』잡지를 건네며) 이 잡지에서 화가 난 사진을 찾아 보세요.

레노어: [건물을 부수고 있는 건물 철거 쇠공(wrecking)을 고름]

브루스: 그건 당신이 느끼는 건가요 아니면 취미인가요?

레노어: 물론 느끼는 거지요!

브루스: 좋아요, 상자 안에 그것을 붙여요.

레노어: 아무 데나요?

브루스: 어디든 적당하다고 생각하는 곳에요.

레노어: (사진을 붙임)

브루스: 자, 이제 상자를 보세요. 지금 기분이 어떤가요?

레노어: 슬퍼요.

브루스: 슬픔은 무슨 색인가요?

레노어: 짙은 파란색이요.

브루스: 상자 안 어디에 슬픔이 있어야 하는지 생각해 보세요. 짙은 파란색을 만들어 줄게요. 슬픈 곳을 칠할 수 있을 거예요.

그 후 몇 번의 회기 동안 하루에 한 시간 그녀와 나는 그녀의 '없음(nothingness)과 상실(lostness)'에 대해 대화를 나누고 자유연상을 하였고, 그 상자는 계속해서 채워지고 칠해졌다. 고통과 괴로움의 이미지 조각들이 향수(鄕愁)를 암시하는 조각들과 함께 겹겹이 층을 이루었다. 그녀가 두 아들을 상징하려고 하자 사랑이라는 주제가 떠올랐다. 상자 위에 그들의 표상이 나타나자 리틀리그 축구경기들과 바느질과 가르치기 그리고 무수히 많은 다른 흥미로운 것에 대한 생각들이 다시 떠올랐다. 레노어는 작은 수 장식을 만들어 상자 바깥쪽에 고정시켰다. 이것이 퀼트 디자인에 대한 예전의 열정을 다시 불러 일으켰다. 도서관 방문 때 그녀는 아미시(Amish) 퀼트, 패턴 한 권을 빌렸다. 내가 마지막으로 그녀의 소식을 들었을 때 그녀는 '인생 퀼트'작업을 하고 있었다. 그녀는 집으로 가서 두 아들의 엄마로 돌아갔다. 나는 그녀가 서서히 자신의 정체성을 재발견했다고 믿는다. 그녀는 더 이상 길을 잃지 않았다. 미술을 통해 그녀는 자신을 찾고 발견할 수 있었다.

에드워드의 내려놓기

나는 종종 미술치료사 자격을 준비하는 학생들과 졸업생들에게 미술치료 슈퍼비전을 제공해 왔다. 그런데 얼마 전 임상현장에서 25년이나 일해 온 에드워드(Edward)라는 미술치료사가 나에게 슈퍼비전을 해 줄 수 있는지 물으면서 말했다.

에드워드: 나는 조율이 필요해요.

브루스: 특별히 힘든 일이 있나요?

에드워드: 결정을 내려야 하는 상황에서 스스로 결정을 내리지 못해요.

첫 회기를 위해 그가 내 스튜디오에 왔을 때 우리는 잠시 농담을 주고받았다. 그러고 나서 그는 자신이 하고 있는 여러 가지 치료 프로그램의 다양한 파트타임 계약서들과 그가 맡은 지역사회 스튜디오와 미술관에 대해서 그리고 늘 얼마나 바쁜지 말했다. 내가 물었다.

브루스: 슈퍼비전에서 원하는 게 뭔가요?

에드워드: 전에 말한 것처럼 결정해야 할 일이 있는데 양가감정을 느끼고 있어요. 게다가 나를 괴롭히는 꿈을 반복적으로 꾸고 있어요.

브루스: 당신이 하고 싶은 결정에 대해서 좀 더 얘기해 주겠어요?

에드워드: (잠시 주저하면서) 다음 달에 내가 예순세 살이 돼요. 몸은 괜찮은데 에너지가 떨어지는 걸 느껴요. 내가 하는 일들에 대해 이야기했고 그것들을 모두 즐기고 있지만 보조를 맞추지 못할까 봐 걱정되기 시작했어요.

브루스: 당신이 하는 일들 중에서 당신이 내려놓고 싶은 것이 있나요?

에드워드: 그게 문제예요. 아무것도 멈추고 싶지 않아요.

우리는 말없이 앉아 있었다. 나는 에드워드가 업무량을 줄일 생각은 있는데 결정을 못하는 것이 아닌가 생각했다. 슈퍼비전을 시작하면서 그는 분명 어떤 변화를 원했다. 하지만 그는 감정적으로는 아직 일을 줄일 준비가 되어 있지 않았다. 나는 직감에 따라 제안했다.

브루스: 우리, 그 꿈에서 시작해야겠지요?

그는 나의 제안에 안심한 듯했고 재빨리 동의했다. 그에게 꿈에서 본 장면을 미술작품으로 만들어 보라고 하자 그가 바로 시작했다. 그는 거의 한 시간 동안 열심히 그림을 그렸다. 회기가 끝날 무렵 내가 말했다.

브루스: 에드워드, 시간이 별로 없어요. 그림에 대해 얘기하고 싶은지요?

에드워드: 아직 안 끝났어요. 계속 그릴 거예요. 다음 주에 이야기해요.

브루스: 그럽시다. 한 가지 제안이 있는데 그 꿈의 대본을 써서 다음 주에 가져오면 좋겠어요.

두 번째 회기는 에드워드와 그의 대본을 나누는 것으로 시작했다.

꿈은 나와 아내가 몇 년 전에 지은 집의 토대를 향해 걸어가면서 시작된다. 청명한 가을 아침이다. 앞쪽으로 1층의 합판이 보이지만 벽은 없다. 현관문만 홀로 서 있고 버팀목이 잡고 있다. 사다리와 큰 보온병이 있다. 이 장면들은 잘 기억난다. 나는 집에서 일할 때 이 나무 냄새를 좋아했다. 그러자 꿈속에서 형의 목소리가 내 뒤에서 들려온다. 그는 "더 이상 비가 오지 않을 거야, 더 이상 비가 오지 않을 거야."라고 노래한다. 나는 그를 향해 돌아서서 웃기 시작한다. 그러다가 갑자기 슬픔이 밀려온다. 나는 그가 이미 죽었고 이것은 단지 꿈일 뿐이라는 것을 안다. 나는 그를 다시 보게 되어 얼마나 기쁜지 그에게 말하려고 한다. 그는 무시하면서 말한다. "나 없이 이 집을 짓게 내가 놔두지 않을 거라고 생각했지?" 대답을 하려는데 그가 말을 가로막았다. "자, 우리는 해야 할 일이 있어. 나는 오래 있을 수 없어." 그때 나는 무겁고 따뜻하고 아린 기쁨의 느낌을 갖고 잠에서 깼다.

내가 꿈 이미지를 가지고 작업하는 방법은 무스타카스(Moustakas, 1994)가 발달시킨 실존적-현상학적 접근을 예술로 확장한 것이다. 그것은 꿈꾼 사람이 꿈에서 두드러진 초점들을 연결하도록 돕기 위해 다섯 단계를 거치면서 꿈 분석에 체계적으로 접근한다. 자유연상과 통합과정을 거치면서 꿈의 주제가 꿈 꾼 사람의 실제 삶에서 중요한 문제들로 이어지는 경우가 많다.

에드워드는 따뜻한 빛을 받으며 혼자 서 있는 그 꿈에 나오는 발판 사다리를 클로즈업해서 그렸다(그림 15). 그가 우리 앞의 탁자 위에 그림을 놓았다. 내가 말했다.

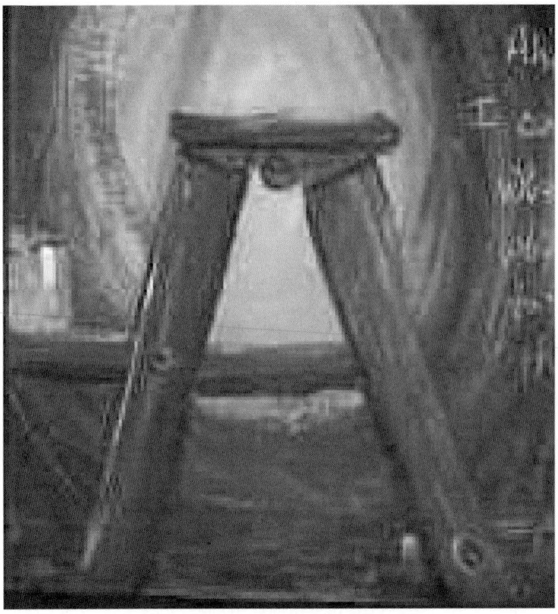

그림 15. **발판 사다리,** 템페라

브루스: 이 그림의 특별한 면에 대해 생각해 보세요. 그리고 특히 중요해 보이는 단어나 문장들에 대해서도요.

에드워드: (몇 분 동안 생각한 후) 중요한 것들이 많아요. 이유는 잘 모르겠지만 발판 사다리와 빛, 내가 기초를 향해 걸어가는 모습과 함께 꿈이 시작되고, 형의 목소리가 노래하고, 나는 얼마나 행복했는지, 그리고 얼마나 빨리 슬픔을 느꼈는지 모두 의미심장한 것 같아요. (말을 멈춤)

브루스: 이것들이 모두 중요한가요?

에드워드: 아니요, 형이 말한 '나 없이 이 집을 짓게 내가 놔두지 않을 거라고 생각했지?' 그리고 내가 잠에서 깼을 때 느낌도 중요한 것 같아요.

브루스: (그의 그림을 보며) 에드워드, 발판 사다리를 바라보면서 꿈의 이런 요소들에 대해 생각해 볼 때 어떤 다른 생각이나 연상들이 떠오르나요?

에드워드: 그 집을 지은 경험을 생각하면 아직도 가슴이 설레요. 내가 가장 좋아했던 시간 중 하나는 거기 가서 길을 걷는 거였어요. 되돌아보면 우리가 그 집을 지을 수 있었다는 사실에 계속 놀라게 돼요. 너무 많거나 어려운 일들에 대해 불평이 생길 때마다 나는 이것을 생각해요. 또한 이것은 나와 아내 그리고 우리

가 함께할 수 있는 것에 대한 은유라고 생각해요.

브루스: (그림을 가리키며) 그 사다리는 혼자 서 있나요?

에드워드: (눈을 감으며) 토대와 바닥을 끝낸 후에 가장 먼저 올린 것이 현관문이었어요. 환영하고 들어가는 장소. 나는 보는 사람이고, 나는 여전히 그 문과 버팀목과 발판 사다리를 볼 수 있어요. 나는 내가 (다른 사람들도) 어떻게 그 상황에 들어가는지 주의를 기울이려고 해요. 또한 이것이 내가 자주 느끼는 외로움에 관한 것일지도 모른다고 생각해요. 나는 몇몇 깊고 친밀한 관계를 가질 수 있는 축복을 받았지만 여전히 외로움을 느끼곤 해요. 하지만 역시 나를 지원해 준 나의 버팀목인 내 인생의 그 사람들에 대해서도 알고 있어요.

브루스: 사다리는 우리가 닿을 수 없는 곳에 도달하도록 도와주지요.

에드워드: (대답하지 않음)

브루스: (잠시 기다린 후) 또 어떤 생각이나 연상들이 떠오르나요?

에드워드: 형이 노래해요. '이제 더 이상 비가 오지 않을 거야. 더 이상 안 올 거야.' 나는 그가 이 노래를 부르는 것을 들을 수 있어요. 특히 어린 시절에 우리 가족 전체가 캠핑 갔을 때 일이 기억나요. 그는 언제나 나를 웃게 만들었고, 비 오는 날도 재미있었어요. 내가 십 대였을 때는 그가 나를 괴롭혀서 난 그가 전혀 멋지지 않다고 생각하곤 했어요. 우리가 집을 짓고 있을 때 그가 실제로 노래를 불렀는지는 기억이 안 나요. 아마도 더 단호하고 낙관적이고 헌신적인 태도였을 거예요. 나는 그런 면들을 닮고자 했어요.

브루스: 슬픔으로 압도당한 느낌이라고 말했어요.

에드워드: 네, 그 꿈에서 나는 그게 꿈일 뿐이고 형은 실제 떠났다는 것을 알고 있어요. 물론 이것은 그의 부재에 대한 나의 감정과 관련이 있지만 아마도 그것은 나의 죽음과도 관련이 있을지도 모르겠어요. 지금까지 내 인생에서 해 온 모든 일에 대해 이야기했어요. 나는 따라가지 못할까 봐 걱정이 돼요. 삼십 대일 때는 쉬웠던 것들이 이제는 어려워 보여요. 어떤 날은 그것들을 기꺼이 우아하게 받아들이는데 어떤 날은 끝없이 좌절해요.

브루스: 당신은 따뜻하지만 슬픈 느낌을 갖고 꿈에서 깨어났다고 말했어요.

에드워드: 그래요. 얼마나 모순이에요. 무거움과 따뜻함, 아픔, 즐거움. 그래도 이 말들

은 내 삶에 잘 어울리는 것 같아요.

브루스: 긴장되어 보이네요. 당신의 몸이 무엇을 하고 싶어 하나요.

에드워드: (주저하지 않고) 긴장을 풀고 내려놓고 싶어요.

나는 에드워드에게 그림을 보면서 꿈에서의 순서와 상관없이 주제와 관련된 연상들을 분류해 보고 그 연상들의 주요 요소들을 통합하는 문장을 만들 수 있는지 생각해 보라고 제안했다.

에드워드: (몇 분 후) 나이가 들면서 생기는 변화에 대해서 나는 어쩔 줄 모르며 상실감을 느끼고 슬퍼하네요. 어떤 것들은 내려놓아야 한다는 것을 알아요. 모든 것을 할 수는 없어요. 하지만 앞으로 어떤 일이 일어날지도 모른다는 생각에 신이 납니다.

세 번째 슈퍼비전 회기에서 에드워드는 꿈의 메시지에 대해 생각해 봤다고 하면서 말했다.

에드워드: 나는 아내에게 꿈과 그 꿈이 무엇을 느끼게 했는지 말했고 아내는 자기 은퇴에 대해 생각해 왔다고 말했어요. 물론 우리는 가끔 은퇴 후의 경제문제에 대해 이야기했지만 한 번도 진지하게 그 시기를 정하지는 않았어요.

브루스: 아내와 그런 이야기를 나눈 기분이 어때요?

에드워드: 아직도 혼란스럽고 양가적인 느낌이지만 우리가 이 문제를 이야기하고 있다는 사실에 안심이 되기도 해요. 대화를 더 나누다 보면 앞길이 더 분명해질 거예요.

어딘가, 누군가는 답을 알고 있다

카프카(Kafka)는 실존주의 소설 『성(城)』(1969)에서 오직 K로만 알려진 한 남자의 괴상한 초상화를 그려 냈다. K의 가장 큰 소망은 성에 들어가 성의 일원으로 환영받는 것이다. K는 문을 찾을 수 없고 당국이 준 길 안내는 애매하고 모호하다. 그는 어딘가에 누군가가 그 답을 알고 있다고 확신하고 있다. 거듭된 실패로 인한 좌절과 괴로움으로 그는 극심하게 고통스럽다. 독자는 어떤 것도 전혀 확실하지 않은 세상에서 자기 삶에 대한 그림자와 잊혀지지 않는 메아리에 휩싸여 있다.

이 시점에서 내가 만난 몇몇 성인 내담자의 사례를 보여 주고자 한다. 많은 내담자도 K와 같이 내가 그들의 질문에 대한 답을 알고 있고 그들에게 무엇을 해야 할지 말해 줄 수 있다고 믿는다. 나는 내 자신의 여정에 대해 이야기하려 한다.

나의 아버지는 1953년 1월에 심장마비로 돌아가셨다. 나는 겨우 18개월이었고 아버지는 44세였다. 그는 제2차 세계대전에서 부상을 입었고, 어머니는 전쟁 이후에 아버지는 결코 예전 같지 않았다고 했다. 아버지는 새해 첫날 엄마와 나 그리고 세 명의 누나를 남겨두고 돌아가셨다. 아버지에 대해서 내가 스스로 주장할 수 있는 기억은 없고 단지 나의 가족사일 뿐이다. 결과적으로 나는 친척, 교사, 운동 코치 그리고 다른 권위 있는 사람들 속에서 대리 아버지를 찾는 데 인생의 많은 시간을 보냈다. 내가 무의식적으로 만들어 놓은 아버지상에게 간접적으로 묻는 질문은 '그것을 하려면 내가 무엇을 해야 하는지 그리고 나의 가능성을 보장하는지 말해 주세요.'였다.

1973년에 내가 미술치료 인턴과정을 시작하면서 나는 마침내 나의 수퍼바이저인 돈 존스에게서 나의 완벽한 대리 아버지를 찾았다고 확신했다. 이 놀라운 남자는 나에게 마술사이자 구루(Guru,역주: 힌두교 · 시크교의 스승이나 지도자)이자 살아 있는 전설이었다. 마침내 나는 누군가 나에게 무엇을 할지 말해 줄 거라고 생각하게 되었다. 이것은 무의식적인 과정이었고 수년 간의 고군분투와 슈퍼비전 그리고 치료를 통해서 나는 이제야 비로소 이러한 것들을 말할 수 있게 되었다.

돈의 주장에 따라 인턴십 중반에 나는 다시 그림을 시작했다. 나는 미술치료 교육 프로그램에 들어가기 전에 설명할 수 없는 이유로 1~2년 동안 미술 관련 일을 하지 않았다. 몇 주에 걸쳐 전개된 그림(그림 16)이 나를 괴롭혔다. 어느 날은 그것을 자랑스럽게 바라보고 다음날에는 그것을 불쾌하게 느꼈다. 그 작품이 거의 끝나 갈 무렵 나는 그것에 대한 양가감정을 돈과 함께 나누었다. 그는 그림을 완성하면 학생과정집단(process group)으로 가져오라고 제안했다. 당연히 나는 그 작품을 동료들과 공유하기를 고대하면서도 한편으로는 그것을 피하고도 싶었다.

그 그림은 커다란 수직 눈을 중심으로 수많은 이미지를 짜깁기한 것이었다. 나는 개인적으로 세부 묘사에 흥미를 가졌다. 하지만 한 가지 예외는 이전에 내가 수십 번 그렸던 정물화를 다시 그린 것이다. 학생 집단이 내 그림 주위에 모였을 때 나는 중요하다고 생각하는 것을 간략하게 설명했다.

브루스: (정물화 부분을 언급하면서) 이것은 내가 자주 그리던 그림이에요. 그것은 정말 아무 의미도 없어요

돈: 우리 정물화에 초점을 두고 시작합시다.

브루스: [짜증이 남. 그 이미지들은 과일 그릇과 와인 병 그리고 더러운 미국 국기가 벽에 못으로 고정된 그림(그림 17)임]

돈: 이 이미지들에 대해 자유연상을 해 보세요.

브루스: (돈과 동료들에게) 이 부분은 내가 베트남 전쟁을 반대했던 것과 관련이 있어요. 좀 더 흥미로운 부분으로 넘어가지요.

돈: (인내심을 갖고 정물화에 주의를 기울이며) 브루스, 미국 국기에 목소리를 주고 그것의 관점에서 말할 수 있겠나?

브루스: (무슨 말을 해야 할지 몰라서 망설임)

돈: 깃발아, 이 더러운 벽에 못 박혀 있는 기분이 어떠니?

브루스: (땀이 나기 시작했고, 깃발은 그렇게 더럽힌 ×××에 대해 화가 치밀어 오름. 말을 하려고 할수록 더욱 화가 치밀어서 결국 떨기 시작했고, 전혀 말을 하지 못함)

돈: (부드러운 목소리로) 브루스, 전에 그 깃발을 본 적이 있나요?

그림 16. **인턴십 그림,** 아크릴

그림 17. **상세한 그림,** 아크릴

나는 놀랐다. 나의 그림들에서뿐만 아니라 실제로 나는 어머니의 삼나무 장농 위에 반듯하게 접혀서 놓여 있던 그것을 본 적이 있다. 아버지의 관을 덮었던 깃발이었다. 나는 눈물을 흘렸다. 24년간의 상실감과 실망과 분노가 밖으로 솟구쳤다. 갑자기 내가 불렀던 시위 노래와 참여했던 행진과 외쳤던 구호들이 베트남 전쟁에 대한 의식적이고 도덕적인 분개와 아무런 관계가 없는 듯 보였고, 모든 것이 아버지 없이 자라면서 숨겨 왔던 감정들과 관련 있어 보였다.

그 그림은 내 인생을 바꿔 놓았다. 나는 더 이상 상상 속의 아버지들에게 내 가치에 대한 대답이나 입증을 기대하지 않게 되었다. 나는 스스로 나 자신에게 아버지가 되기 시작했다. 내 인생에서 아기를 얻게 된 것은 내가 직접 아버지로서 경험하는 것을 도와주었다.

우리는 아버지 이름을 따서 아들 이름을 제시(Jesse)라고 지었다. 아들이 네다섯 살이었을 때 나는 미술작품 만드는 것에 대해 어떻게 생각하는지 물었다. 아들은 이렇게 말했다. "좋고 재미있어요, 아빠." 나는 미술작품을 만드는 것이 좋다는 것에 동의한다. 하지만 그것이 항상 즐거운 것만은 아니다.

4장

혼돈의 구조화

구조와 의도, 자발성, 자유와 관련된 문제들은 내가 학생들을 만나는 임상현장과 교육현장에서 자주 등장한다. 내가 가르쳤던 모든 곳에서 학생들은 그들 자신과 내담자의 창조적인 자유를 소중히 여긴다. 때로는 병원 환경이나 거주치료시설, 기타 기관의 구조와 제도들이 억압적으로 제한적이고 독단적인 것으로 보인다. 학생들은 각자 자신의 발달적 이슈를 가지고 미술치료 교육과정에 들어오지만 그들은 필수적으로 임상환경의 규칙과 기대를 이해하려고 노력해야 한다. 모든 예술가가 새로운 작품을 준비할 때 이런 딜레마에 직면한다. 그런 면에서 창조하는 일을 하는 사람들은 모두 이를 경험한다. 재료의 혼돈에 질서를 가져오고 많은 잠재력에 형태를 부여하는 것이 창조적 행위의 핵심이다. 그러므로 자유와 구조 사이에는 끊임없는 밀고 당김이 있다.

몇 년 전 나는 웨스트버지니아주 뉴리버(New River)에서 급류타기 모험을 했다. 첫 번째 급류 구간은 '서프라이즈'라고 불린다. 뗏목이 서프라이즈 구간에 다가가자 강은 급격하게 휘어지고 갑자기 10피트(약 3m) 정도 아래로 낙하했다. 그다음 30초간은 완전히 혼돈이었다.

급류를 만나기 5분 전쯤 우리는 점점 커지는 굉음을 들었다. 잠시 후 급격하게 방향이 꺾이고 낙하하고 혼란이 왔다. 정말 뜻밖이었다. 잠시 나는 이런 '즐거운 여행'에서 우리가 살아남을 수 있을까 걱정되었다. 두 번째 급류 구간에 들어갔을 때 나는 뗏목에서 튕겨져 나왔다. 다행히 구명조끼 덕분에 상처 하나 없이 급류를 통과했지만 나는 내면적으로 떨고 있었다. 나는 수영을 아주 잘했지만 급류가 너무 세서 수영으로는 대처할 수 없었다. 내가 할 수 있는 것은 오로지 물살을 따르는 것이었다.

나중에 수석가이드가 8대의 뗏목들을 향해 강둑에 배를 세우고 점심 먹을 준비를 하라고 지시할 때까지 나는 여전히 내면적으로 떨고 있었다. 너무 오래전 일이어서 지금은 그 가이드의 이름을 잊었지만 당시에는 그가 타잔이나 슈퍼맨처럼 보였던 것으로 기억한다. 그는 강둑에 있는 큰 바위에 올라서서 지시를 내렸다. "화장실에 가시려면 남자들은 상류로 올라가고 여자들은 하류로 내려가세요. 우리는 점심으로 땅콩버터와 젤리 샌드위치[peanut butter & Jelly(PB&J) sandwich, 역주: 어린이용 점심 메뉴]를 먹을 겁니다." 그는 우리에게 PB&J 샌드위치 만드는 법을 자세히 알려 주었다. 바보같이 들리겠지만 심리적인 효과는 놀라웠다. 여기에 통제하고 있는 사람이 있었던 것이다. 그는 물에 빠지지도 않고 겁을 내지도 않았다. 나는 샌드위치 만드는 법과 소변을 어디서 볼 수 있는지 듣고 안심했다.

그날 아침 그는 강물 위에서 소용돌이치는 혼돈에 질서를 제공했던 것이다.

어떤 종류든 치료를 시작한다는 것은 종종 고통스럽고 힘들다. 일반적으로 사람들은 삶에서 고통을 찾기 위해 길을 떠나지는 않는다. 미술치료를 받으러 온다는 것은 개인이 경험한 혼란의 정도를 나타낸다. 치료의 시작은 치료여정의 괴로움과 불편함이 필요하다는 것을 인정하는 것이다. 어떤 면에서 이 여정을 시작하는 내담자는 정서적 급류의 혼돈에 압도되어 급류 속에서 허둥대고 있는 것과 같다.

만일 뉴리버의 그 가이드가 우리에게 사전 안내만 해 주고 우리를 물에 풀어놓았다면 이야기가 달라졌을 것이다. 그가 그 위험한 협곡을 우리와 함께 통과했다는 것이 핵심이다. 그래도 그는 오직 자기 역할만 할 수 있었고, 우리 각자는 강을 건너기 위해 자기 몫의 노를 저어야 했다.

미술치료에 찾아오는 내담자도 마찬가지라고 생각한다. 만약 내가 그들에게 길을 알려 주거나 나의 진실을 말해 주고 뒤로 물러서서 지켜보기만 했다면 그들의 고통을 덜어 주는 데 필요한 일은 일어나지 않을 것이다. 어떤 여정도 시작되지 않는다. 대신에 나는 내담자가 깊은 곳에서 떠오르는 미술작품들을 탐구할 때 경청하고 함께 할 수 있어야 한다. 나는 이 여정이나 이 여정에서 일어날 수밖에 없는 감정들을 두려워하지 않는다. 그것은 나의 내면에 있는 같은 주제들이 변형된 것에 불과하기 때문이다.

하나의 미술작품을 시작하는 것은 거울을 들여다보는 것과 같다. 미술매체는 사람들이 누구인지 비추어 주는 거울이 된다. 예전의 동료이자 미술치료사인 데이비드 옴(David Ohm)은 다음과 같이 말했다. "화지(역주: 그림을 그리는 종이)는 언제나 진실하다. 나는 화지를 보면서 나 자신을 본다. 그것은 배출하고 영양을 공급한다."

새로운 것을 시작하는 것은 언제나 어렵다. 거기에는 가능성이 수없이 많다. 피상적인 수준에서 예술가의 매체 선택은 가능성과의 씨름에 반향을 불러일으킨다. 예를 들어, 그림의 경우 화가는 다음과 같은 여러 가지 질문에 직면한다. 캔버스의 모양과 크기는? 표면을 젯소(gesso, 역주: 석고와 아교를 혼합한 회화 재료. 헌 캔버스를 갱생하거나 새 캔버스의 애벌 처리로 바르는 흰 물감)로 칠해야 하나 아니면 토끼 가죽 아교(rabbitskin glue)로 칠해야 하나? 오일, 아크릴, 수채 물감 중 어느 것을 쓸까? 단색으로 할까 아니면 다색(多色)으로 할까? 하나의 주제를 가지고 작업할까, 아니면 그냥 움직여서 물감이 흐르게 할까? 하나의 주제로 한다면 나의 영감은 무엇일까? 예비 스케치를 해야 하나? 먼저 배경에 초점을 맞출까? 어떤 기법을 사용할까? 어디서부터 시작할까?

예술가가 크기, 매체, 기법에 대해 결정을 내리면 병행하여 내용과 주제도 떠오른다. 매체의 다양성까지 고려하면 예술가가 해야 하는 선택의 수는 더욱 많아진다. 예술가가 내리는 모든 결정은 가능성의 혼돈을 구조화하는 데 도움이 된다. 예를 들어, 화가가 캔버스의 크기와 모양을 결정하자마자 무수히 많은 다른 선택의 문이 닫힌다. 예술가가 아크릴을 선택하면 다른 선택들은 사라진다. 예술가는 미묘하고 명시적인 수많은 결정을 통해 무한한 가능성의 혼돈에 형태를 부여한다. 원재료나 매체뿐만 아니라 주제와 관련해서도 관심의 범위를 좁히고 혼란을 구조화한다.

깔때기 모양의 필터를 상상해 보자(그림 18).

깔때기의 가장 넓은 부분에는 무한한 수의 가능한 시각 이미지들이 있다. 예술가가 창작 준비를 할 때 잠재적인 이미지들은 매체 선택과 예술가의 생활환경을 통해 여과(filtering)된다. 선택하고 여과하는 과정은 내면의 갈등과 불안 그리고 다른 정서들에 의해 움직이는 예술가의 정신(psyche)에서 동력을 얻는다. 보통 주제와 관련된 매체는 예술가에게 특별한 의미가 있고 표현하기에 충분히 안전하다.

이러한 선택과 여과 과정이 어떻게 일어나는지는 미스터리다. 나는 '바닷물 한 솥 끓이기'라는 은유를 통해 그것을 개념화하곤 한다. 물이 끓어 수증기로 변하면 결국 소금 결정만 남는다. 소금은 항상 그 속에 있지만 그것을 볼 수 있게 하려면 끓이고 젓고 증발시켜야 한다. 나는 예술가의 영혼 속에서도 같은 일이 일어난다고 믿는다. 감정과 이미지, 주제, 갈등 그리고 강력한 힘들이 부글부글 끓고 마침내 예술품이 완성되면서 예술가의 '소금'이 드러난다.

예술가가 흰 종이나 손대지 않은 점토 앞에 앉아 있을 때 가능성은 무한하다. 울먼(Ulman, 1975)에 따르면, 미술작품을 만드는 것은 혼돈에 구조를 가져온다.

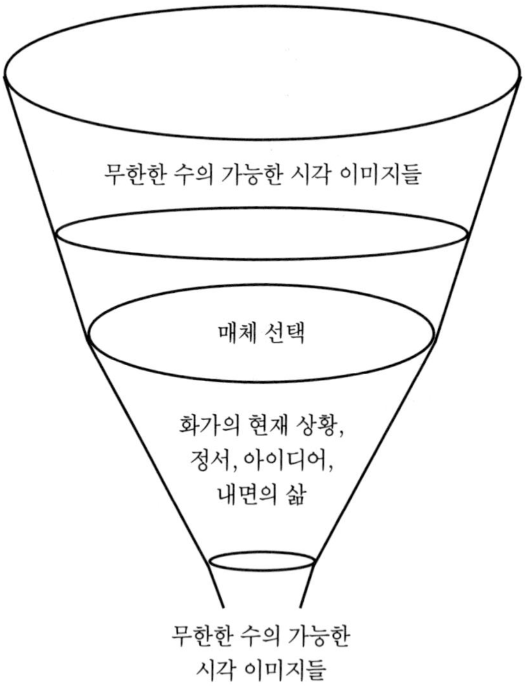

그림 18. **주제의 깔대기**

> 그 원동력은 성격 내부로부터 온다. 이것은 혼란스러운 감정과 내적 충동, 외부로부터의 어리둥절한 느낌들에 질서를 가져오는 하나의 방법이다. 그것은 자기와 세상을 모두 발견하고 자기와 세상의 관계를 구축하는 수단이다. 완전한 창조적 과정에서는 내적 현실과 외적 현실이 융합되어 하나의 새로운 독립체가 된다(p. 13).

예술가에게 혼돈이란 과정을 자극하고 구조화로 이어져 결국 예술품을 낳는다. 내담자에게 혼돈이란 과정을 필요로 하며 이는 구조로 이어져 마침내 삶에 대한 진정한 참여를 낳는다.

빌리의 혼돈

빌리(Billy)는 주의력결핍 과잉행동 장애와 재발성 우울증을 가진 11세 소년이었다. 그는 두 번 자살을 기도했다. 친부모는 태어난 지 한 달 되었을 때 그를 버렸다. 그들은 빌리를 동물원에 데려가서 그곳에 남겨두고는 다시 돌아오지 않았다. 이후로 그는 몇몇 양부모 가정과 보육원에서 지냈다. 입양된 적도 한 번 있었지만 아무것도 효과가 없었다.

그는 주치의에게 취미도 없고 활동치료 프로그램에도 관심이 없다고 말했다. 부서 담당 치료사는 빌리를 체육과 음악치료 그리고 사회화 집단에 넣었다. 모든 활동마다 첫 날 몇 시간 만에 빌리는 소속 부서로 되돌려 보내졌다. 체육시간에 그의 충동적인 행동은 또래 친구들과의 공격적인 언쟁으로 이어졌다. 음악치료에서는 치료사와 상호작용하지 않고 자기 마음대로 하거나 아무것도 하지 않았다. 사회화 집단에서는 또래 친구들과 다른 여러 가지 이상행동을 했다. 또래 친구들은 그에 대해 부정적인 반응을 보였고 이는 그의 부정적인 자아감을 더욱 악화시켰을 것이다.

치료팀은 빌리에게 좀 더 유익하게 치료환경을 만들고 빌리와 좀 더 긍정적인 관계를 맺는 방법을 찾기 위해 나에게 자문을 요청했다. 그의 의료기록과 생활기록(social history)을 검토하면서 나는 빌리의 혼란스러운 생활에서 일관된 패턴을 발견했다. 그는 여러 학교를 다녔고 여러 집과 치료시설에서 살았다. 나는 세상이 그를 어떻게 바라보는지 상상해 보았는데, 예측할 수 없고 외롭고 무섭고 실망스러운이라는 단어들이 마음속에 떠올랐다.

나는 빌리의 활동들과 관계를 제한할 것을 제안했다. 나는 빌리에게 필요한 것은 좀 더 제한된 수의 예측 가능한 관계가 주는 안정성과 일관성이 아닌가 생각했고, 팀은 이에 동의하여 빌리의 활동을 중단하고 몇몇 직원을 그의 주된 돌보미로 선정했다. 나에게는 개인미술치료를 해 달라고 요청했다.

처음에 빌리는 스튜디오에 있는 것을 힘들어했다. 첫 번째 회기에서 그는 서랍과 찬장과 문을 열었다가 꽝하고 닫고, 싱크대 물을 틀어서 여기저기 튀기고, 팔꿈치까지 물감을 바르고, 디스펜서에서 종이타월들을 마구 꺼냈다. 나는 그를 로드러너(Roadrunner) 만화 캐릭터의 사람 버전이라고 비유했다. 한계를 정하기 위해서 나는 10분짜리 회기 여러 개를 계획했고 그에게 어떤 것을 만지기 전에 나에게 먼저 물어보라고 했다. 만약 규칙을 어기면 그에게 주의를 주었다. 그가 또 다시 규칙을 어기면 그를 숙소로 데려다 주었다. 몇몇 회기는 불과 2~3분 만에 끝났다. 하지만 시간이 흐르면서 빌리는 전날 자신이 얼마나 나쁜 행동을 했던지 간에 내가 다음 날 어김없이 우리의 약속을 지킨다는 사실을 깨닫고 규칙적인 일상으로 자리를 잡아갔다.

그는 매 회기마다 불평으로 시작했다.

빌리: 나는 아무 그림도 못 그려. (그런 다음 물음) 오늘 우리 뭐 해요?

브루스: 빌리, 뭔가 만들자.

빌리: 뭘 만들어요?

브루스: 모르겠구나, 빌리. 뭘 만들고 싶니? (되물음)

이러한 대화는 우리의 회기 시작 의식이 되었다. 빌리의 창작물이 나온 것은 이런 단순한 시작에서 비롯되었다. 몇 회기를 만났을 때 빌리가 점토로 무엇을 만들 수 있는지 물었다. 나는 스튜디오에 있는 것 중에서 유일하게 가마에 넣고 불을 붙여야 하는 것이라고 말해 주었다. 빌리는 "그것이 내가 원하는 거예요."라고 말했다.

나는 큰 점토 상자를 방으로 가져왔고 그는 두 손을 점토에 쑥 집어넣었다. 내가 보기에 그는 어떤 계획도 없이 그가 말한 대로 '동물원의 동물들'을 만들었다. 그는 쉬지 않고 20분 동안 열중했다. 처음에는 사자를 만들고 다음에는 기린과 원숭이를 만들었다. 코끼리, 팬더, 타조, 동물 우리 그리고 사육사까지.

그 때부터 나는 그가 선택한 점토가 그의 자아상(self), 즉 성인들의 세계에 의해 형태가 만들어지고 불에 태워진 누군가를 나타내는 것은 아닌지 생각했다. (하지만 빌리에게 이런 해석을 말로 표현하는 것은 의미가 없을 거라고 생각해서 묻지 않았다.)

회기가 거듭되면서 빌리는 창조적 예술 스튜디오에서 더 긴 시간 작업할 수 있게 되었고, 학교와 거주시설에서 논쟁도 줄어들었다. 그가 점토로 동물원을 창조한 것이 상징적으로 그의 어린 시절 정글의 혼돈에 구조를 가져다주었다고 나는 믿는다. 점토에 형태를 부여하면서 그는 자신의 내적 혼돈에 구조를 주었다. 감정과 주제, 갈등 그리고 강력한 힘들은 정신적 소금인 빌리의 점토 이미지를 통해서 형태를 갖게 되었다.

미술작품에 담긴 '소금'은 결코 예술가에 의해서 말로 표현되지 않을 수도 있다. 이는 종종 언어지향적 훈련을 받은 동료들을 불편하게 만든다. 많은 사람은 미술이 언어를 넘어서는 표현의 형태라는 개념을 받아들이기보다는 내담자 작품의 본질을 언어로 설명하라고 강요하고 싶어 한다. 예술적인 표현을 억지로 언어 구조에 집어넣는 사람들은 '이미지 죽이기', 즉 이미지를 치명적으로 파괴하는 잘못을 저지를 수 있다(Moon, 1990). 예술적인 표현은 언어보다 더 '상위언어(metaverbal)'다. 심지어 미술 이미지가 언어로 정의되기 때문에 언어와 동등하거나 언어보다 더 가치 있다는 뜻인 상위언어라는 용어조차도 언어에 의존한다. 나는 두 가지 표현 방식이 본질적으로 다르기 때문에 예술표현의 본질을 말로는 설명할 수 없다고 생각한다. 단어들은 논리적이고 합리적인 연결과 관련이 있는 반면, 미술 이미지는 논리적이거나 합리적이지 않을 수도 있는 정신의 소금과 관련이 있다.

이는 둘 중 하나가 더 가치 있다고 말하는 것이 아니다. 오히려 나는 그들이 동등한 가치를 갖는다고 믿는다. 전문 예술가의 것이든 아마추어의 것이든 미술작품은 다양한 수준에서 혼돈의 구조화를 포함한다. 예술가가 재료와 매체 그리고 크기를 결정하는 데 주의를 기울이듯이, 작업에서도 매우 유사한 과정이 일어난다. 동시에 정신은 가장 잘 준비되어 있고 드러낼 필요가 있는 주제를 여과하고 끓이고 선택한다.

5장

실존적 공허와 미술

미술치료 여정은 내담자에게 힘들고 위험할 수 있다. 그것은 종종 고통스럽고 무섭고, 거의 대부분 불편하고 불안을 일으킨다. 이 여정을 하도록 안내하고 밀어붙이고 끌어당기는 사건과 상황은 사람에 따라 각각 다르지만 반복적으로 나타나는 주제는 실존적 공허함이다.

실존적 공허는 서구 문화에서 만연한 현상인데 그렇게 된 데는 여러 가지 요소가 있다. 사회적인 이동성은 대가족제도에 극적인 영향을 미쳤다. 요즘은 부모나 조부모의 고향에서 성장하는 아이들이 거의 없다. 이혼이 일반적이고 한부모 가정은 더 이상 비정상이 아니다. 지난 50년간 종교계에도 큰 변화가 일어났다. 이라크와 아프가니스탄에서 진행 중인 전쟁뿐만 아니라 베트남 전쟁의 추악하고 끔찍한 현실은 많은 사람으로 하여금 정부의 통치체제에 의문을 품게 했고 정치지도자의 진실성과 동기에 회의감을 갖게 했다.

확대가족과의 관계가 지속되지 않고 종교적인 실천이 쇠퇴하고 권위에 대한 불신이 커지면서 사람들은 근거의식(sense of groundedness)을 상실했다. 근거와 전통은 그 의미를 상실하고 비역사성을 낳았다. 가족의 전통은 더 이상 개인의 행동을 안내하거나 어떤 행동에 특별한 의미를 부여하거나 삶에서 의미 있는 본보기가 되지 않는다. 이러한 상실은 결과적으로 쾌락주의와 자기중심성과 삶과 세상에 대한 얄팍한 관점을 정당화시킨다. 이는 유명 잡지 제목에도 반영되어 있는데, 『삶(LIFE)』, 『사람(People)』 그리고 『우리(US)』, 『자신(Self)』도 있다. 이제 '이드(Id)'나 '충동(Impulse)'이라는 제목을 가진 미래의 잡지도 상상해 볼 수 있겠다. 조지 해리슨(George Harrison, 1970, 역주: 영국의 작곡가이자 기타리스트로 비틀스의 전 멤버)은 근시안적인 이기주의 경향에 대해 말했다. 비틀즈의 마지막 공동 작품 중 하나의 후렴구는 "나는, 나를, 나를, 나의 것(I, me, me, mine)"이다.

실존적 공허는 보통 모호한 권태감 속에서 모습을 드러낸다. 나의 임상작업들은 대부분 정서적으로 힘든 청소년들에게 집중되어 왔다. 정신병원이나 거주치료시설에 들어갈 정도로 문제행동을 보인 청소년들은 대부분 여러 진단명을 가지고 오는데, 내가 그들로부터 가장 자주 듣는 불평은 지루함이다. 경계선 성격, 중증의 적응문제, 행동장애 그리고 우울증과 같은 진단적 명칭들은 치료진이 내담자의 삶에서 무슨 일이 일어났는지 이해하는 데 도움을 주지만 내담자가 자주 경험하고 내면적으로 느끼는 버림받은 느낌과 의미 상실은 알려 주지 못한다.

실존적 공허는 인간을 괴롭히는 많은 장애의 근원일 수도 있다. 약물이나 알코올 남용, 청소년 범죄, 우울증, 중년의 위기, 그 외의 다른 병리들도 근거의 부재에서 비롯될 수 있다. 실존주의 미술치료사는 이런 문제들과 씨름하는 내담자와 일하기 때문에 세 가지 점—① 사람은 삶의 의미와 목적을 필요로 하고 갈망한다, ② 절대적인 것은 없다, 그리고 ③ 개인은 다른 사람과의 관계 맥락에서만 의미를 창조할 수 있다—을 명심해야 한다.

얄롬(Yalom, 1980년)은 다음과 같이 언급했다.

> 실존주의는 세상이 불확실하다(contingent)는 입장을 견지한다. 즉, 모든 것이 그럴 수도 그렇지 않을 수도 있다. 인간은 그들 자신과 그들의 세계 그리고 그 세계 안에서 그들의 상황을 구성한다. 거기에는 어떤 '의미'도, 우주의 위대한 계획도, 개인이 창조하는 것 외에는 어떤 삶의 지침도 없다(p. 423).

역설적으로, 이 세 번째 제안에 따르면서 미술치료사가 내담자의 수많은 장애의 중심에 실존적 공허가 있다는 사실을 받아들인다면, 자신들이 어떻게 내담자를 가장 잘 도울 수 있는가 하는 딜레마에 빠지게 된다.

맥니프(McNiff)는 오하이오주 클리블랜드 소재 우르술린 대학(Ursuline College)에서 열린 발표에서 치료라는 단어의 그리스 어원인 'therapeuticus'는 '어떤 것에 주의를 기울이는 것'으로 해석된다고 강조했다. 그렇다면 실존주의 미술치료사에게 중요한 것은 어떻게 하면 내담자의 공허함과 갈망에 주의를 잘 기울일 수 있는가다. 분명한 것은 미술치료사가 내담자를 위해 존재의 공허함을 채워 주거나 삶의 의미 목록을 나눠(hand out) 줄 수는 없다. 오직 각자가 스스로 의미를 발견하고 창조할 수 있으며 그들의 목적은 시간이 지나면 변할 수도 있다.

일반적으로 삶의 의미에 대해 묻는 것은 예전에 내가 돈 존스에게 했던 질문을 생각나게 한다. 그의 사무실에 앉아서 내가 물었다. "지금까지 그린 그림 중에서 가장 중요한 그림은 무엇입니까?"

그는 잠시 생각한 후 대답했다. "다음 것이지." 그때 나는 그가 진지한 질문에 재빨리 대답하는 것을 보고 짜증이 났다. 왜냐하면 나는 내 그림 중에서 어떤 것이 가장 중요한지 확실하게 알고 있었기 때문이다. 이때 나는 모든 작품의 중요성은 작품이 나온 시간 그리고 상황과 관련이 있기 때문에 예술가의 작품 중에서 '가장' 중요한 작품이란 없다는 것을 배웠다. 아마도 사람에 대해서도 같은 말을 할 수 있을 것이다. 모든 개인은 상황에 따라 달라지는 독특한 목적들을 가지고 있고 이것이 사람을 구별(identifies)해 준다.

인생의 우여곡절이 있을 때마다 사람은 문제를 해결하고 의미를 정의하기 위해 도전한다. 프랭클(Frankl, 1959)이 주장했듯이, "모든 사람은 삶으로부터 질문을 받는다. 그리고 그는 자신의 삶에 책임짐으로써 삶에 답할 수 있을 뿐이다. 그는 오직 책임짐으로써 그의 삶에 응답할 수 있을 뿐이다."(p. 131) 실존주의 미술치료는 예술적인 표현을 사용하여 내면의 삶을 탐구함으로써 내담자가 책임지는 능력을 발견하도록 돌본다. 여기에서 내담자와 미술치료사 모두에게 가장 어려운 점은 오직 그 개인만이 무엇에 대해 누가 책임지는가를 결정할 수 있다는 점이다.

때때로 나는 내 가치관과 관점과 의미를 내담자의 투쟁에 적용하고 싶은 유혹을 느끼곤 했다. 나는 이런 유혹을 이겨 내려고 노력하는데, 그것이 내담자에게서 스스로 의미를 발견하는 기쁨과 힘을 빼앗을 수 있다는 것을 알기 때문이다. 이러한 나의 억제는 자신의 작업에 대해 내가 의미를 부여해 주기를 원하는 내담자를 좌절시킬 수도 있다. 내가 그들의 이런 바람에 굴복하지 않으면 내담자는 가끔 내 의도를 오해하고 화를 내기도 한다. 내가 이런 오해에 대응할 수 있는 유일한 길은 그들이 내게 화를 내더라도 계속해서 그들 자신의 작업을 가치 있게 평가하는 것뿐이다.

실존주의 미술치료의 핵심은 예술표현 과정이며, 이는 개인적인 의미 만들기 체계를 창조하도록 격려한다. 실존주의 미술치료는 의미 창조를 위한 특별한 공식을 지지하지 않는다. 또한 마을 원주민들을 '가르치려' 했던 앞 장에서 이야기한 비행기 조종사의 실수를 저지르지 않는다. 사진작가는 한 번에 하나의 관점에서 세상의 모습을 보여 줄 수 있는 반면, 미술치료사는 내담자와 협력하여 세상에 대한 다양한 해석들을 동시에 탐색할 수 있다.

비록 나는 사람은 자신의 삶에 책임이 있고 자신의 삶에서 의미를 찾기 위해 고군분투해야 한다고 주장하지만 이것이 순수하게 내면의 현상만은 아니라는 것을 아는 것도 중요하다고 생각한다. 의미는 개인의 정신적 고립 속에서 발견될 수 없다. 오히려 의미는 다른 사람들과의 관계 안에 존재한다. '나, 나를, 나를, 나의 것'과 같은 삶에 대한 접근은 결국 개인을 항상 공허하게 만들 것이다. 개인적인 의미가 반드시 객관적이거나 영구적이지는 않다. 의미는 사람마다 다르며 각 개인 내에서도 때에 따라 다르다. 하지만 의미에 대한 갈망은 항상 존재한다.

정신과 병원과 거주치료시설 그리고 개인 치료실에서 마주친 실존적 공허의 증상들은 지루함, 의미 부재, 만성적인 절망, 삶에 대한 두려움, 친밀감에 대한 공포 등이다. 이러한 증상들은 관찰가능하고 측정가능한 성과에 의존하는 치료 체계에 적합하지 않기 때문에 치료가 어려울 수 있다. 오늘날의 정신건강관리 문화는 내담자의 문제와 목표 그리고 그에 맞는 치료 행위로 깔끔하게 표현되는 공식적인 개입들로 가득하지만 지루함의 단위나 의미 부재의 표준적 정의를 정량화하는 것은 거의 불가능하다. 그렇기 때문에 내담자 경험에 대한 그러한 이해는 보험회사나 다른 제3의 지불인에게 인기가 없다. 더 어려운 점은 최상의 의학이 제공되는 상태에서도 이러한 증상의 회복이 문제다. 불행하게도 실존적 공허로 인한 허탈감이나 지루함의 불편감은 어떤 약으로도 치료할 수 없다.

실존적 공허에 대한 불안에 대처하기 위해 미술치료는 치료사와 내담자 모두에게 상상력과 행위에 대한 새로운 관심을 요구한다. 상상력이 풍부한 행위라는 약은 실존적 공허를 가진 내담자에게 가장 효과적인 치료일 것이다. 상상력은 삶의 메마른 강바닥으로 초대받아서 다시 흘러들어오는 것이 아니라, 오히려 그것은 공들여 만들어지고, 가지고 작업하고, 가지고 놀고, 살기 위해서 그것을 가지고 고군분투해야만 한다. 나는 이러한 증상들에 동반되는 정서적 불안의 치료법을 제안하는 것이 아니라, 반대로 그것을 포용하는 방법을 제안하고 있다.

1970년대 중반에 한 내담자가 나에게 이렇게 말했다. "내 그림은 내 영혼의 창이에요." 그 당시 나는 그녀가 시적이라고 생각했다. 수십 년이 지난 지금에서야 나는 그 말에 담긴 지혜를 이해한다. 내가 오랜 시간 걸려서 배운 것을 그녀는 그때 이미 알고 있었다. 나는 그녀가 왜 집단치료에 참여하는 대신 병원의 창조적 예술 스튜디오에 정기적으로 참여했는지 이제는 이해한다. 그녀가 겪은 권태와 외로움은 메마른 상상력과 의미 상실이 낳은 직접적인 결과였다. 그녀는 스튜디오에서 영혼을 회복시킬 방법을 찾았다. 상상력과 행위의 역할에 관심을 두지 않는 치료전략들은 이러한 질병들에는 충분하지 못해서 종종 내담자는 그 어느 때보다도 더 많이 잃게 된다.

만약 꿈이 끝나지 않는다면
길이 구부러지지 않는다면
나는 지금 이런 느낌을 갖지 못할 것이다

하지만 아침 해가 타오를 것이고
고속도로는 방향을 틀어야 한다
나는 어쨌든 그것을 바꾸고 싶지 않을 것이다

지루함, 공허함, 의미 부재, 절망, 삶과 친밀감에 대한 공포는 상상력 없이 살아가는 사람들을 괴롭히는 고통이다. 내담자와 함께 작업하는 동안 이러한 증상들은 그들에게 강렬한 정서적 고통과 혼란을 주는 미술작품 속에서 뚜렷이 드러난다. 그러나 그런 이미지들은 충격을 주고 각성시키고 불안하게 만들 수는 있으나 해가 되지는 않는다. 그것들은 경각심을 갖게 하고 경고하지만 다치게 하지는 않는다. 그것이 주는 메시지는 보통 "일어나, 뭔가 잘못 되었어. 뭔가 없어졌어."다.

실존주의 미술치료에서 증상은 병리의 징후가 아니라 비애(pathos)의 징후라고 본다. 증상이란 경험이나 예술적 표현에서 연민이나 공감을 불러일으키는 요소들이다. 미술치료사는 실존적 공허의 증상에 동반되는 고통을 완화하기 위해 내담자가 불편함을 창조적으로 수용하는 법을 배우도록 도와야 한다. 미술과정은 삶의 혼란을 토로하는 건강한 방법을 제공한다.

지루함

데이비드의 문

30대 중반의 사회복지사인 데이비드(David)는 내 개인 치료실에 찾아와 인생에서 모든 열정을 잃었다고 불평했다. 그는 더 이상 일과 취미에 관심이 없었고 아내와 자녀들을 사랑하지만 그 관계조차도 지루한 일상에 빠져 있는 것 같다고 했다. 공동작업자와 바람을 피우는 공상을 즐겼지만 그 환상조차도 진정한 흥분을 일으키지는 못했다. 그는 의자에 털썩 주저앉아 나에게 말했다.

데이비드: 너무나 지루해요.

브루스: (그가 왜 내게 오기로 결정했는지 궁금해서 물음) 왜 정신과 의사나 카운슬러나 다른 사회복지사에게 가지 않았나요?

데이비드: (한숨을 쉬며) 그들이 뭐라고 할지 알 것 같아요. 이미 난 나에게 적절한 말들을 다 알고 있어요. (우리는 잠시 침묵함)

데이비드: 음, 당신은 뭔가 하겠지요?

브루스: 무슨 말을 해야 할지 모르겠어요. 데이비드. 이것은 미스터리네요.

데이비드: (긴장된 모습으로 의자에 앉아서 머리카락을 뒤로 넘기며 나를 노려봄)

음, 이건 지금까지 내가 받아 본 것 중 제일 이상한 치료법이에요! 내가 당신에게 돈을 지불할 거라고 생각한다면, 농담이겠지요.

브루스: (미소 지으며) 당신은 물건(things)에 더 관심을 보이는 것 같군요, 데이비드.

데이비드: (얼굴을 찡그리며) 뭐라고요?

브루스: 데이비드, 지금 당신의 얼굴을 볼 수 있다면 전혀 지루해 보이지 않다는 것을 알 수 있을 겁니다. 알다시피 나는 당신의 지루함에 대한 심상(mental image)을 얻기 위해 여기 앉아 있었어요. 처음에 내가 볼 수 있는 것은 텅 빈 갈색 페이지뿐이었어요.

데이비드: 말도 안 돼요! (비웃으며) 이게 당신이 미술치료에서 하는 겁니까? 내담자를 색이나 어떤 걸로 묘사하는 방법을 생각해 내는 일이요?

브루스: 지금 기분이 어때요, 데이비드?

데이비드: 나는…. (그가 말하기 시작함)

브루스: (말을 중단시키며) 머리를 끄세요, 데이비드. 느낌이 어떠세요?

데이비드: (아무런 대답도 하지 않음)

브루스: 무슨 색이 보여요?

데이비드: (주저 없이) 빨강!

브루스: 빨간색은 어떤 느낌이지요?

데이비드: (소리치며) 더워요!

브루스: 좋아요. 데이비드, 우리 잘할 수 있을 것 같아요. 여기 들어올 때 당신은 지치고 창백해 보였어요. 우리는 벌써 약간 빨갛게 되었어요.

데이비드: 그게 무슨 뜻이죠?

브루스: 확실히는 모르겠어요. 하지만 그것은 당신의 열정과 흥미 그리고 매력의 문(door)이 빨간색이라는 것을 의미할 수도 있어요. 어쨌든 거기에서 시작해야 할 것 같아요.

나는 선반에서 스케치북을 꺼내고 색연필 바구니를 뒤져서 세 가지 색조의 빨간색을 찾아서 데이비드에게 건넸다.

데이비드: 난 정말 아무것도 못 그려요.

브루스: 상관없어요. 그런데 데이비드, 우리가 함께 작업하려면 내게 거짓말은 하지 말아 달라고 부탁해야겠어요.

데이비드: (의심스러운 눈초리로) 무슨 말이에요?

브루스: 당신은 방금 아무것도 그릴 수 없다고 했어요. 난 그것을 믿지 않아요. 나는 당신이 그릴 수 있다고 믿어요. 하지만 당신은 자신에게 할 수 없다고 말하는 것을 중단해야 할 겁니다.

데이비드: 하지만, 나는…. (그가 항의함)

브루스: (그의 말을 끊으며) 한번 해 봅시다. 내가 몇 분 전에 당신의 열정의 문에 대해 말했어요. 만약 그 문을 그릴 수 있다면 어떤 모습일지 상상이 되나요?

데이비드: 아무것도 안 떠올라요.

브루스: 좋은 생각이 있어요, 데이비드. 상상한 것을 내게 보여 주세요. 그 문을 그려 보세요. 무엇이든지 좋아요.

잠시 주저한 후에 데이비드는 그리기 시작했다. 붉은 색조로 나타난 이미지는 언덕 위에 한쪽에는 낡은 문이 달린 무너져 가는 벽돌담이었다(그림 19). 그는 그림을 그리면서 점점 더 집중했다.

브루스: 데이비드, 나는 5분 후에 다른 예약이 잡혀 있어요.

데이비드: (스케치북에서 고개를 들면서) 이걸 내가 가져가도 되나요?

브루스: 물론이죠.

데이비드: 다음 시간에 다시 가져올게요.

브루스: 멋진 그림이군요.

데이비드: 네, 그런대로. 이런 연필들은 어디서 구할 수 있죠?

브루스: 어떤 화방에나 원하는 건 모두 있을 겁니다.

데이비드: (돌아가기 위해 자기 물건을 챙기면서) 우리 다음 약속은 언제죠?

그림 19. **데이비드의 문,** 아크릴

지루함은 오늘날 사람들이 직면하는 가장 흔하고도 미묘한 유해한 고통 중 하나다. 이것은 인류 역사상 비교적 새로운 현상이다. 대부분의 인류 역사에서 사람들은 너무 바빠서 지루할 틈이 없었다. 산업혁명 이전에 사람들은 생존을 위해 매일 매일 창조성을 발휘해야 했다. 그들은 자신의 쉼터와 옷, 음식, 오락을 만들었다. 적자생존(survival of the fittest) 이론에 가장 적절한 각주인 '적합함(being fit)'은 창조적임(being creative)을 의미한다.

근육이나 장기들과 마찬가지로 상상력(imagination)도 방치하면 위축될 것이다. 미국 문화권에 있는 많은 사람은 초등학교 때부터 자신이 상상했던 것보다 훨씬 더 큰 세계의 기대와 요구에 직면하면서 상상력을 방치하기 시작한다. 또 다른 사람들은 연애나 또래와의 경쟁, 가족과의 이별 트라우마와 긴장에 주목해야 하는 시기에 사춘기의 호르몬 폭발과 씨름하면서 상상력은 배경으로 밀려나고 상상력은 유치하고 '별로인(uncool)' 것으로 간주된다.

방치된 시기나 이유와 상관없이 상상력은 많은 사람에게 미숙한 상태로 남겨진다. 지루함은 악성 스모그처럼 한가한 시간으로 스며든다. 처음에는 모호하고 희미하다가 결국에는 밀도가 높고 포착하기 어려운 감각을 마비시키는 베일을 형성한다. 이 스모그를 뚫을 만큼 강력하고 유일한 빛은 상상력의 형태로 개인 내면에서 나온다.

의미의 부재

많은 사람이 자신들의 기초와 근거를 상실하는 경험을 했다. 전통은 그 의미를 잃었고 비역사적인(ahistorical) 개인의 시대를 초래했다. 비역사성은 결과적으로 피상적인 인생관과 세계관을 낳고 자기중심적인 쾌락주의의 특성을 갖는다.

나는 정서적으로 장애가 있는 청소년들에게 그들의 삶에 의미를 주는 것이 무엇인지 물었다. 내가 마치 그리스어로 말한 것처럼 그들은 너무나 자주 멍한 반응을 보여서 나는 매우 당황스러웠다. 이들은 경계선 성격, 자기애적 성격, 행동장애, 심각한 적응 장애 및 주요 우울증과 같은 임상적 진단명을 가지고 있었다.

진단적 명칭(label)과 묘사는 치료진이 내담자의 삶에서 일어난 일들을 이해하는 데 도움이 될 수 있지만 내담자가 경험하는 내면적 공허감을 다루는 데는 거의 도움이 되지 않는다.

카라의 신발

카라(Cara)는 발을 끌며 느릿느릿 걸어서 정신병원의 창조적 예술 스튜디오 문을 열고 들어와 테이블 위에 엎드렸다. 의뢰서에 따르면 그녀는 17세로 맥주와 수면제를 과다 복용해서 응급실에서 위세척을 받은 후 바로 이 병원으로 왔다. 부모는 "걔는 통제불능이에요. 우리는 정말로 이 아이를 모르겠어요."라고 했고, 카라는 "인생이 짜증난다."라고 했다.

브루스: 카라, 나는 브루스야. 창조적 예술 스튜디오에 온 걸 환영해. (카라는 전혀 미동도 없음) 여기 스튜디오에서 우리는 감정을 표현하기 위해 예술을 사용한단다. 내가 둘러보면서 보여 줄게.

카라: (나를 보려고 머리를 돌리며) 일부러 구경시키려고 애쓸 필요 없어요. 어쨌든 난 아무것도 안 할 거예요. 그냥 내버려 둬요.

브루스: 그래, 카라. 첫날은 여기 있는 게 힘들다는 걸 알아. 내가 할 것을 가지고 왔어.

하지만 잠시 중단할게, 알았지?

카라: (아무 말도 하지 않음)

브루스: (그녀가 엎드려 있던 테이블로 다가가서) 카라, 여행할 준비가 되었니?

그녀는 아무 말 없이 코를 고는 척했다. 내가 아무리 애를 써도 그녀를 참여시킬 수가 없었다. 그 다음 두 번째 회기도 세 번째 회기도 처음과 비슷했다. 카라는 수동적이었고 유리되어(disengaged) 있었다. 마치 그녀는 '빈방 없음'이나 '부재중' 표시를 켜 놓고 문을 잠근 채 인생에 빛가리개를 쳐 놓은 것 같았다.

그 당시 나는 내가 자란 집, 즉 어머니 집의 지하실 그림을 그리고 있었다(그림 20). 내가 어렸을 때 어머니는 가족을 부양하기 위해 다른 사람들의 빨래를 해 주었다. 유년기 때 나는 구식 세탁기가 있는 그 지하실에서 어머니와 함께 많은 시간을 보냈다. 어머니는 일을 하고 나는 농구를 했다.

그림 20. **지하실,** 아크릴

카라: (처음으로 주변 일에 관심을 보이며) 그 부셸(역주: 곡물이나 과일의 중량 단위로 8갤런에 해당하는 양) 바구니가 왜 문에 걸려 있죠?

브루스: (망설이다가 내 캔버스에서 떨어지면서) 서너 살 때 어머니가 내 생일 선물로 농구공을 주셨어. 어머니는 바구니를 문에 걸어 놓고 공을 던져 넣게 하셨지. 나는 이 지하실에서 드리블과 슈팅을 하면서 어린 시절을 보냈어.

카라: 슬프게 들리네요.

브루스: 어머니는 작년 여름에 뇌졸중으로 돌아가셨어. 어머니가 그리워. 이 그림을 그리기가 힘들어.

카라: (눈살을 찌푸리며) 그럼 왜 그림을 그려요?

브루스: 음, 그래야 할 것 같아, 카라.

카라: 무슨 말이에요?

브루스: 가끔 이미지가 머릿속에 그냥 떠올라서 내가 그것들과 뭔가를 할 때까지 사라지지 않아.

카라: (여전히 걱정스러운 듯) 하지만 그것은 선생님을 슬프게 하잖아요?

브루스: 맞아, 하지만 모두 다 전적으로 나를 위한 미술이야. 때로는 크고 때로는 작은 중요한 것을 취해서 그것들과 함께 작업하는 거지. 그것은 슬프고 화나거나 상처를 입히는 경우도 있어. 하지만 그 느낌이 무엇이든 간에 그림은 내 인생의 일들을 다루는 데 도움이 돼.

카라: (의자에 등을 기대고 앉아서) 멋지네요.

다음날 카라는 스튜디오에 들어와서 내 이젤 옆에 섰다.

카라: 브루스, 그림 그리는 법을 가르쳐 주세요. (눈을 가린 머리카락을 쓸어올리며) 내 머릿속에는 나를 엄청 괴롭히는 그림이 있어요. 선생님이 하는 방식이 옳은지 알고 싶어요.

브루스: 좋아, 카라. 그림 크기는 어느 정도면 좋겠니?

카라: 내가 선택해야 하나요?

브루스: 물론이지 우리는 먼저 캔버스를 만들어야 해. 그 말은 네가 원하는 대로 만들

수 있다는 거지. 물론 가능한 범위에서.

카라: (얼굴을 찡그리며) 하지만 나는 오늘 그림을 그릴 수 있을 거라 생각했어요. 만들어진 캔버스를 그냥 쓰면 안 되나요?

브루스: 기성품 캔버스를 사는 사람도 있지만. 그런데 카라, 나는 그건 실수라고 생각해.

카라: 하지만 그게 훨씬 더 빠를 걸요.

브루스: (내 붓을 내려놓으며) 맞아, 더 빠를 거야. 그런데 때로는 가능한 한 빨리 하지 않는 것도 중요해. 시간을 갖고 진정으로 그 전체 과정의 일부가 되는 것이 더 좋다고 생각해. 어떤 면에서는 직접 물감 만드는 방법도 알았으면 좋겠어.

카라: (신음소리를 내며) 맙소사! 우리 할아버지처럼 말하네요. 할아버지는 항상 달리는 것보다 걷는 것이 더 낫다고 말했어요. 기차를 타는 것보다 운전하는 것이 좋고, 비행기보다 기차를 타는 것이 낫다고요.

브루스: (껄껄 웃으며) 맞아, 카라. 내 말이 그 말이야. 자, 네 캔버스 크기가 어느 정도이기를 원하니?

카라: (잠시 생각한 후) 나는 가로 3피트 세로 2피트(약0.9×0.6m) 정도 되는 직사각형을 원해요.

나는 톱으로 45도 각도로 2×2인치(약 5×5cm)를 자르는 방법을 카라에서 가르쳤다(그림 21). 카라가 모든 조각을 자르는 데 한 시간이 걸렸지만 나는 용기를 얻었다.

카라의 볼에 땀이 흘러내리는 것을 보는 것은 자는 척하면서 테이블에 엎드려 있는 그녀를 보는 것과 비교되는 신선한 변화였다. 다음날 나는 그녀가 프레임에 못질하는 것을 도왔다.

카라: 이제 우리 캔버스를 씌울까요?

브루스: 아니, 이제 프레임에 넣을 죔쇠(버팀쇠)를 만들어야 해. 아마도 두 개가 필요할 거야.

카라: (신음소리를 내며) 톱질은 그만.

브루스: (웃으며) 톱질을 더.

다음날 카라는 자신이 만든 프레임 위에다 캔버스를 씌우기 시작했다. 나는 팀 회의가 늦게 끝나서 몇 분 늦게 스튜디오에 도착했다. 그녀가 무엇을 하는지 보았더니 그녀는 거의 반쯤 끝내고 있었다. 하지만 캔버스를 충분히 잡아당기지 않아서 주름이 잡혀 있었다.

브루스: 카라, 서두르는 것 같아.

카라: 나는 오늘 그림을 그리고 싶어서 최대로 빨리 하고 있어요.

브루스: 우리에게 문제가 있어. 여기 잔주름이 보이니? 이건 네가 충분히 캔버스를 당기지 않았다는 거야. 스테이플을 뽑아내고 다시 해야 할 것 같다.

카라: (반쯤은 분노하고 반신반의하는 표정으로 나를 노려보며) 선생님은 분명 날 골탕 먹이고 있어요.

브루스: 아니, 나는 솔직하게 말하고 있어. 자, 내가 도와줄게.

(내가 스테이플을 뽑아내기 시작하자 카라가 마지못해 도움)

브루스: 자, 이렇게 하면 충분히 당길 수 있어. (캔버스 작업을 끝내고 카라에게 젯소 바르는 법을 가르쳐 줌) 내일은 그림을 시작할 수 있어.

그림 21. **마이터 소우(Mitre Saw)** 역주: 테이블에 고정시켜서 쓰는 원형톱, 브루스가 찍음.

다음 날 그녀는 낡고 닳은 테니스화를 들고 스튜디오에 도착했다.

브루스: 그 신발은 뭐니?

카라: 이게 내가 그리고 싶은 거예요. 음, 어쨌든. 요즘 이런 신발 꿈을 꿔요.

브루스: 그 그림 속에 또 무슨 일이 벌어질까?

카라: (한숨을 쉬며) 별로요. 그냥 이 신발이 탁자 한쪽에 놓여 있어요. 꿈속에서는 밑창 구멍에서 거미 한 마리가 기어 나오고 있어요. 어떻게 시작하지?

브루스: 배경에는 뭐가 보이니?

카라: 녹색 벽.

브루스: 그러면 녹색을 만들어 봐. 후커 그린(Hooker Green), 옐로우 오커(Yellow Ochre), 로 엄버(Raw Umber)를 사용하는 것도 괜찮을 거야. 가지고 놀면서 원하는 색이 있는지 찾아봐.

여러 회기에 걸쳐서 등장한 이미지는 낡은 나이키 신발을 연상시키는 삭막한 초상화였다(그림 22).

날이 갈수록 카라가 먼저 대화를 시작하는 일이 잦아졌다. 보통 그녀는 그리기 기

그림 22. **카라의 신발,** 아크릴

법에 대해 물어보는 것으로 시작하지만 점차 자신의 삶에 대해 더 많이 이야기하고 나에 대해서도 관심을 갖게 되었다. 어느 날 오후, 그림이 완성되어 가자 카라가 말했다.

카라: 선생님 엄마 일은 정말 유감이에요(sorry).

브루스: (카라를 쳐다보며) 내가 그 이야기를 할 때 네가 듣고 있는지 확신할 수 없었는데.

카라: 듣고 있었어요. (바닥을 내려다보며) 내가 사랑하는 사람이 죽는 것을 본 적은 없지만 그건 마치 내가 농구팀에서 잘렸을 때와 같을 거라 생각해요. 좀 더 나쁠 뿐이죠.

브루스: (그녀의 신발을 보며) 그래, 그건 그런 것 같아. 잘린다는 건 정말 힘든 일이었을 거야.

카라: (눈물을 흘리며) 뱃속이 계속해서 걷어차이는 것 같은 느낌이었어요.

브루스: 그때 문제가 시작된 거니, 카라?

카라: 아니요, 하지만 그것이 결정타였어요. 나는 그때 모든 것에 관심을 끊었어요.

그 회기에서는 더 이상의 대화가 없었다. 어떤 면에서 신발의 이미지는 카라의 영혼을 묘사한 것일지도 모른다. 신발에 상처가 났다. 카라는 상처를 안고 계속 걷기보다는 멈춰 서서 노력을 중단했다.

카라는 낡은 농구화를 보고 "머릿속에서 나를 정말 괴롭히는 그림"이라고 표현했다. 이 그림은 거부와 상처에도 불구하고 삶은 계속된다는 메시지를 전했다. 우리 관계의 맥락 안에서 이 이미지들을 상상하고 작업하는 카라의 능력은 활력을 회복하는 데 도움이 되었다.

만성적인 절망

실존적 공허의 이러한 측면은 오랫동안 인류와 함께 해 왔다. 플라톤은 음악이란 절망으로 고통받는 사람의 정신을 고양시킬 수 있는 영혼의 약이라고 묘사했다.

유럽의 르네상스 시대 작가들은 우울증(melancholia)을 극도의 우울감으로 특징지어지는 정신적 고통이라고 묘사했다. 『정신장애 진단 및 통계 편람(Diagnostic and Statistical Manual of Mental Disorders: DSM)』(APA, 2000)은 기분부전장애(Dysthymic Disorder)를 "하루 중 대부분 우울한 기분이 드는 날이 그렇지 않은 날보다 더 많은 것"이라고 묘사하고 있다. 어떻게 묘사되거나 무엇이라고 불리든 간에 만성적인 절망이 있을 때 완전한 희망 상실이 나타난다.

찰리의 눈

사회복지사로 일하는 나의 친구가 찰리(Charlie)를 내 개인 치료실에 의뢰했다. 찰리는 성공한 중개인이자 유명한 부동산회사의 경영 파트너였다. 나는 친구에게 의뢰 사유를 물었다.

사회복지사: 브루스, 나는 거의 2년 동안 개인치료와 가족치료에서 이 사람을 봐 왔어. 그는 짧은 기간 입원했었고, 4년 동안 AA(Alcoholics Anonymous, 역주: 알코올의존 환자를 위한 자조모임)에 참여했고, 약물처방을 위해 정신과 의사도 만나고 있어. 이걸 다 해 봤는데도 그는 2년 전과 조금도 달라진 것 같지 않아.

브루스: 그의 불만이 뭐지?

사회복지사: 아무것도 없어.

브루스: 이해할 수 없군.

사회복지사: 그는 잘 기능하는 것 같아. 작년에는 부동산을 수백만 달러나 팔았고 그의 아내는 진심으로 그를 아끼고 아이들도 괜찮아.

브루스: 그런데 뭐가 문제지?

사회복지사: 그는 자기 인생이 '똥'이라고 말해. 내 표현이 좀 그런데 그가 말한 그대로야.

브루스: 내가 거기에 대해 무엇을 할 수 있다고 생각해?

사회복지사: 나도 잘 모르겠어. 그냥 아무 생각이 안 나. 그를 만나 줄 수 있겠어?

브루스: 그래.

다음날 오후 찰리가 스튜디오에 도착했다. 그는 6피트 4인치(약 193cm) 키에 강인한 외모에 짙은 갈색 눈 그리고 검은 머리카락은 관자놀이 부분이 희끗희끗했다. 그의 목소리는 흡연자들처럼 거칠고 깊었다. 그는 잘 생겼지만 눈은 무기력하고 불안한 듯했다. 그는 자신을 소개하고 내 맞은편에 있는 작은 소파에 앉아서 말했다.

찰리: 여기에 있으니 바보 같이 느껴져요.

브루스: 왜요?

찰리: (몸을 고쳐 앉으며) 이건 아이들이 하는 거 아닌가요? 그러니까 미술치료는 애들을 위한 것 아닌가요?

브루스: 찰리, 우리 서로에 대해 가정하지 않는 것에서부터 시작합시다.

찰리: (깜짝 놀라며) 기분을 상하게 할 의도는 없었어요.

브루스: 나는 모든 부동산 판매인이 사기꾼이라고 생각하지는 않아요. 그렇지만 일부는 그렇다고 확신해요.

찰리: (고개를 끄덕임)

브루스: 당신은 바보 같다는 느낌을 좋아하나요?

찰리: 당연히 아니지요.

브루스: 그렇다면 지금 그것을 버리시지요. 이 스튜디오에서는 자신을 질책하는 건 도움이 되지 않을 거예요.

찰리: (찡그린 표정으로) 이건 말도 안 돼. 도대체 그들은 내가 여기서 뭘 얻을 거라고 기대하는지 모르겠네.

브루스: 찰리, 나는 내 일을 진지하게 받아들여요. 장담하는데 나는 내 일에서 어떤 우스운 점도 발견하지 못했어요. 그래서 만약 뭔가 웃기는 말도 안 되는 것이 있다면 그것은 틀림없이 당신이 가지고 온 거예요. 이 스튜디오에서 자신을 질책하는 것은 당신에게 도움이 되지 않을 거예요.

찰리: (몇 초 동안 말없이 있다가) 좋아요, 처음부터 다시 시작해요. 이 치료법은 다 뭐죠? 문 선생님?

브루스: 브루스라고 불러도 돼요. 어떨 거라고 상상했나요?

찰리: 아무것도 상상하지 않았어요.

브루스: 그래요, 찰리. 분명히 당신은 내가 어떻게 생겼는지, 방이 어떻게 생겼는지, 오늘 우리가 무엇을 할지에 대한 어떤 마음의 그림을 가지고 있었을 겁니다. 당신은 어떤 것을 상상했나요?

찰리: (손가락으로 머리카락을 넘기며) 글쎄요. 당신이 30분 동안 그림을 그리면서 미술수업을 하는 TV에 나오는 그런 사람일 거라고 생각했어요. (우리 둘 다 웃음)

브루스: 자 그럼, 벽은 무슨 색이라고 생각했나요?

찰리: 아마도 회색. 그게 무슨 차이가 있죠?

브루스: 잠시 눈을 감아요, 찰리. 오늘 여기 올 생각을 하면서 방에 창문이 있을 거라고 상상했나요? 가구는 어떤 색일 거라고 생각했나요?

찰리: 예, 창문이 있을 거라 생각했어요. 오래되고 큰 나무틀 창문이요. 가구는 짙은 빨강일 거라고 생각했는데 왜 그런지는 모르겠어요.

브루스: 좋아요, 찰리. 나는 우리 모두가 어렸을 때는 이미지로 생각하기 시작했다고 믿어요. 하지만 언제부터인가 우리는 그것을 잊고 마음속 그림을 말로 대체해요.

찰리: 그게 무슨 차이가 있나요?

브루스: 한 장의 사진이 천 마디 말보다 가치 있다는 옛말을 분명 들어봤을 텐데요.

찰리: 물론이죠.

브루스: 음, 그림의 무엇이 천 마디 말의 가치를 갖게 하는 걸까요?

찰리: (잠시 생각하더니) 그림이 말보다 더 많은 말을 할 수 있기 때문인가 봐요.

브루스: 정확해요. 말로 표현할 수 없는 그림도 있어요. 우리 삶에서 가장 의미 있는 것들은 말로 표현할 수 없다고 생각해요.

찰리: 그래서 이미지를 사용하는 겁니까?

브루스: 나는 이미지를 사용하지 않고 이미지와 관련을 맺는다고 생각해요.

찰리: 어떻게 시작할까요?

브루스: 아이들을 위한 것이라고 생각하는 이 치료법을 시도해 보고 싶은 건가요?

찰리: (한숨을 쉬며) 내가 느끼는 방식에 질렸어요.

브루스: 좋아요. 꿈을 꾸나요?

찰리: 보통 꿈을 기억하지 못해요.

브루스: 마지막으로 기억나는 게 뭔가요?

찰리: (소파에 앉아 눈을 감았다) 별거 없어요. 옛날 학교의 복도를 걷고 있고, 나를 보는 눈이 사방에 있다는 느낌이 기억나요. 그게 전부예요.

브루스: (스케치북과 마커를 건네며) 당신을 보고 있다고 상상했던 그 눈들을 그려 보세요.

찰리: 나는 실제로 보진 못했고 그것들을 느꼈어요.

브루스: 그러면 그들이 어땠을 거라고 생각하는지 그려 보세요.

그는 20분 동안 그림을 그렸다. 마침내 나타난 이미지는 한 쌍의 크고 위협적인 갈색 눈 이미지로 그 앞에 서 있는 인간의 모습을 왜소하게 만들었다. 내게 그림을 보여 주기 위해 스케치북을 들고 있을 때 그의 손이 떨렸다.

브루스: (외치듯이) 와우, 여러 쌍의 눈이군요!

찰리: 별로 잘 그리지 못했어요.

브루스: 만약 당신이 거대하고 무섭게 보이는 것을 그리려고 했다면 난 당신에게 잘 그렸다고 하겠어요. 만약 그 눈들에 목소리를 줄 수 있다면 그들이 뭐라고 말할 것 같아요?

찰리: 아마도 그들은….

브루스: (끼어들며) 아니요. 내 말은 그들에게 목소리를 주라는 거예요. 마치 당신이 그 눈인 것처럼 말해 보세요. 당신 자신과 당신의 눈에 대해 말해 보세요.

찰리: 그들은….

브루스: 아니요, 1인칭으로요. 나는 이 갈색 눈들이다(시연을 함).

찰리: 좋아요, 나는 커다란 눈들이다. 나는 이 작은 사람을 보고 있다. 나는 그가 아무것도 아닌 것 같다. 정말로 아무것도 아니다.

브루스: 눈! 이 사람을 전에 본 적 있나요?

찰리: 네, 평생 그를 봤어요. (으르렁거리듯이) 별 볼 일 없어요.

브루스: 눈! 이 사람에 대해 어떻게 생각하나요?

찰리: (비웃으며) 보잘 것 없는 사람이에요. 패자에다가 불명예.

(잠시 침묵이 흐름. 찰리와 나 사이에 그가 한 말들이 떠 또는 느낌임)

브루스: 찰리, 이제 이 사람에게 목소리를 부여해 보겠어요?

찰리: (감정이 섞인 목소리로) 나는 아주 작아요. 왜 나를 그런 식으로 보죠?

브루스: 눈이 당신에게 말할 때, 누구의 목소리처럼 들렸나요, 찰리?

찰리: (나지막하게) 나의 아버지.

다음 몇 회기가 진행되면서 찰리의 그림은 그가 평생 아버지를 기쁘게 해 줄 수 없었던 이야기를 들려주었다. 그의 아버지는 고등학교 때 축구 스타였고 장학금을 받고 명문 대학에 들어갔다. 그런데 아버지는 신입생 시절에 무릎을 다쳐서 이전처럼 경기를 뛸 수 없었다. 결과적으로 아버지는 어린 찰리에게 자신의 미완성 꿈을 실현하도록 강요했다. 찰리는 아버지의 기대에 부응할 수 없었고 아버지는 끊임없이 비판했다. 찰리는 절대로 그를 기쁘게 할 수가 없었다.

찰리의 꿈에 나오는 눈은 그의 공허함과 황량함에 대해 말해 주었다. 시간이 지남에 따라 작품의 주제는 오래전에 죽은 아버지로부터 인정받을 수 없었던 고통스러운 문제에서 희망의 이미지로 옮겨 갔다. 동시에 그는 자녀와의 관계 그리고 아내와의 관계에서 새로운 의미를 발견했다. 가정생활에 대한 감정이 변하면서 자신의 일에서 더 많은 창조적인 에너지를 발견했고, 그것은 더 이상 힘들고 단조로운 일이 아니었다. 찰리는 창조성과 상상력이 자신의 삶에 다시 들어오도록 허용함으로써 새로운 의미를 발견했다.

삶에 대한 두려움

앞뒤가 맞지 않는

정신의학과의 조지(George)가 창조적 예술 스튜디오로 가는 경사진 인도 위로 휠체어를 밀었다. 따뜻한 9월 날씨인데도 셰릴(Cheryl)은 코트와 담요에 싸여 있었다. 그녀는 며칠 전 병원에 입원했는데 그녀의 기력을 아끼기 위해서 처음에는 침대에만, 그 다음에는 숙소에만 있도록 활동이 제한되었다. 거식증을 앓고 있는 이 젊은 여성의 몸무게는 80파운드(약 36kg) 미만이었다. 조지가 스튜디오에 가까이 왔을 때 나는 파란 담요에 싸여 있는 셰릴의 얼굴을 볼 수 있었다. 피부는 창백하고 얼굴은 뼈만 앙상했다. 눈은 지나치게 커 보였고 겁에 질린 듯했다. 그녀를 보면서 나는 이전에 봤던 포로수용소 생존자들의 끔찍한 사진들이 떠올랐다.

브루스: (문을 열며) 안녕, 조지. 아름다운 날이지?

조지: 물론, 브루스. 당장 골프 치러 나가야 하는데. (둘 다 웃음)

브루스: (셰릴에게 관심을 돌리며) 안녕하세요. 셰릴이죠? 브루스예요. 오늘 오후에 창조적 예술 스튜디오에 합류할 거라고 들었어요. 환영해요.

셰릴: 고마워요.

브루스: (그녀가 건물 안으로 들어서자 내가 휠체어를 인계받아서 밀면서) 조지, 1시간쯤 지나면 끝날 것 같은데, 당신이 데리러 올 거죠?

조지: 그럼요. 잠시 후에 봐요, 셰릴.

브루스: (셰릴에게 창조적 예술 스튜디오를 잠깐 둘러보게 했고, 그녀는 조용했다.) 자, 모두 다 봤는데. 무엇을 하고 싶으세요?

셰릴: 나는 정말 관심이 없어요.

브루스: 혼자서 미술작업을 많이 했나요, 셰릴?

셰릴: 아니요. 나는 책을 더 좋아해요. 미술은 항상 좀 경박해 보였어요. 게다가 나는 잘 그리지도 못하고 색칠하는 것도 좋아하지 않아요.

브루스: (의연하게) 그래도 나는 당신이 뭔가 시도해 봤으면 좋겠어요. 좋은 생각이 하나 있어요. 당신은 많이 움직이면 안 되고 나는 작업 중인 그림의 모델이 필요해요. 내가 당신을 그려도 될까요?

셰릴은 고개를 끄덕였지만 아무 말도 하지 않았다. 나는 그녀가 진행 중인 그림을 볼 수 없도록 이젤을 돌렸다. 그 회기 내내 그리고 다음 두 회기 동안 셰릴은 가만히 앉아 있기만 했다. 그녀는 나나 스튜디오의 다른 누군가와도 이야기하지 않았지만 나는 그녀에게 계속 말을 걸면서 내 그림이나 좋아하는 예술가나 라디오 음악 등에 대해 이야기했다. 나는 말하고 그녀는 앉아 있었다. 넷째 날 그녀는 스튜디오에 도착하자 접힌 종이를 나에게 건네며 말했다.

셰릴: 나는 정말로 미술을 싫어하지만 글을 쓰곤 해요. 이건 숙소에서 내가 다시 시작한 시예요. 읽어 볼래요?

브루스: 그래요, 좋아요.

셰릴은 다음과 같이 썼다.

내가 기억하는 곳 중에 변하지 않은 곳은 없다
내 과거에는 낯설지 않은 얼굴은 없다
나는 나를 안아 주는 사람들을 찾지만 거기엔 정말로 아무도 없다
나는 그들을 부르고 속삭인다
거울 속을 응시하면서
내 마음 속에는 사랑이 살던 동굴이 있다
공허한 메아리
내가 주는 대로 남겨두고
그리고 어둠 속에서….

브루스: 셰릴, 당신이 쓴 이미지가 마음에 들어요. 외로움과 절망감을 주네요.

셰릴: (고개를 끄덕이며 미소 짓고) 오늘은 당신이 그림 그리는 동안 내가 시를 써도 될까요?

브루스: 물론이지요.

더 이상의 대화는 없었지만 남은 시간 동안 내가 그림을 그릴 때 그녀는 시를 썼다. 다음 날 그녀는 스튜디오에 들어서면서 말했다.

셰릴: 안녕하세요, 브루스.

나는 검지손가락을 입술에 대고 '쉿!' 하면서 커다란 편지지 한 장을 그녀에게 건넸다. 첫 페이지 상단에 내가 썼다.

브루스(글) : 길에 그림자가 드리워져 있다.

셰릴: (나를 신기하게 바라보며) 이게 뭐예요?

나는 다시 '쉿!' 하는 제스처를 보냈다. 그러고 나서 파란색 마커를 주면서 두 번째 줄을 쓰도록 초대했다. 그녀는 미소 지으며 썼다.

셰릴(글): 해가 지기 시작할 때. (그녀가 편지지를 내게 건넴)

브루스(글): (검은색 마커로 덧붙임) 추억은 먼지처럼 내려앉는다.

셰릴(글): 뭔가 숨겨진 암호가 있을 거야.

브루스(글): 그 동안 있었던 일에 대한 몇 가지 규칙.

셰릴(글): 빛나는 곳들은 왜 녹스는 걸까?

브루스(글): 누구 아는 사람 있나요?

셰릴(글): 누구 기도해 본 사람이 있나요?

브루스(글): 누구 내가 믿을 만한 사람 있나요?

셰릴(글): 그림자가 사라지면서.

브루스(글): 어둠 속에서 나는 두렵다.

셰릴(글): 내가 해야 할 모든 완벽한 것들과 함께.

마지막 줄을 끝냈을 때 눈물이 그녀의 뺨을 타고 흘러내렸다. 편지지를 내려놓으며 그녀가 말했다.

셰릴: 숙소로 돌아가는 게 좋겠어요, 브루스. 직원을 불러 주시겠어요?

브루스: 좋아요, 셰릴. 하지만 그러지 않았으면 좋겠어요. 오늘 아침에 당신에게 무슨 일이 일어났는지 잘 모르겠지만 좋은 일일 거라고 믿어요.

셰릴: (노려보며) 거식증 환자가 우는 걸 보니 기분이 좋은가요?

브루스: 아니, 그건 아니에요. 그건 당신이 만들어 낸 이미지에요, 셰릴. 그들은 아름다움과 힘을 가지고 있어요. 눈물은 당신을 훨씬 더 살아 있는 것처럼 보이게 해요.

셰릴: 무슨 이미지요? 도대체 무슨 소리를 하는 거예요?

나는 편지지를 집어 들고 내가 쓴 글들은 빼고 그녀가 쓴 글들만 다시 읽어 주었다.

해가 지기 시작하면서

뭔가 숨겨진 암호가 있을 거야

빛나는 곳들은 왜 녹스는 걸까?

누구 기도해 본 사람이 있나요?

그림자가 사라지면서

내가 해야 할 모든 완벽한 것들과 함께

셰릴: (더 많은 눈물을 흘리며) 내 방으로 돌아가고 싶어요.

브루스: 하지만 내 그림을 위해서 난 당신이 필요해요.

셰릴: (한숨을 쉬며) 좋아요.

(그녀는 남은 시간 동안 셔츠 후드를 얼굴까지 내리고 휠체어에 웅크리고 앉아 있었다.)

셰릴은 그 주 내내 스튜디오 미술 회기 참석을 거부했다. 그 다음 주말에 간호 직원이 체중을 잴 때마다 그녀가 납으로 된 낚시 봉돌을 입 속에 숨겼었다는 사실이 밝혀지면서 그녀는 일반병원으로 옮겨졌다. 직원은 그녀가 꾸준히 체중이 늘고 있다고 만족했었지만, 사실 그녀는 체중이 계속 줄었었다. 그녀가 이송되었을 때 그녀의 몸무게는 77파운드(약 35kg)에 불과했다.

마지막 시적인 만남 이후 나는 셰릴을 보지 못했다. 그녀의 낙담한 모습과 자신의 삶에서 다른 가능성은 상상하지 않으려고 하던 모습이 나의 뇌리에서 떠나지 않는다. 또한 나는 그녀의 희미한 빛, 숨겨진 암호, 녹슨 장소들, 그림자 버리기, 그리고 완벽하게 해야 하는 것들과 관련된 전지전능함에 대한 나의 소망으로 괴로움에 시달린다.

친밀감에 대한 두려움

창조적인 예술은 회피할 수 있는 모호하고 신비한 감정과 생각을 상징하는 구체적인 대상을 만들 수 있는 기회를 제공한다. 미술작품은 미술치료사와 내담자에게 이야기 거리를 제공한다. 사람들은 정서적인 문제나 관계의 어려움을 직접적으로 말하기보다는, 자신의 미술작품에 나타난 요소들에 대해 이야기하는 것이 덜 위협적이라는 것을 알게 된다.

미술치료를 원하는 대부분의 내담자는 아마도 이미 여러 다른 방법으로 정서적인 고통을 완화시키려고 노력해 왔을 것이다. 그들은 충분한 안도감 없이 전통적인 언어적 심리치료를 시도해 왔다. 물론 언어적인 심리치료가 실패하는 이유는 매우 많고 내담자에 따라 각각 다르다.

대상을 창조하는 행위는 실존주의 미술치료와 언어적 심리상담사가 하는 일을 구별해 준다. 미술치료에서는 미술과정과 미술작품이 초점이다. 미술치료사와 내담자의 관계는 미술작품 창작을 통해 형성된다. 미술작품은 사람들이 함께하도록 주제와 맥락을 제공한다. 때로는 작품에 대해 언어로 이야기하고 때로는 작품에 목소리를 주고 그 관점에서 이야기하도록 요청하기도 있다. 나머지 시간에는 전혀 이야기할 필요가 없다.

존의 닻

존(John)은 외래환자로서 창조적 예술 스튜디오에 왔다. 그를 의뢰한 치료사는 표현력을 키우는 데 도움이 될 것 같다고 했다. 그는 22세이며 적대적이고 거칠었다. 그는 원래 변호사의 권고에 따라 치료를 받게 되었는데 폭행과 기물파손 혐의로 기소되어서 변호사는 상담이 그의 변호에 도움이 된다고 생각했다.

존은 6피트 2인치(약 188cm)의 키에 몸무게가 245파운드(약 111kg)였다. 그는 자발적으로 치료계약서에 서명했지만 치료받는 것을 달갑지 않게 여겼다. 우리 관계가 시작된 지 몇 분만에 그는 관계 패턴을 확립했다. 그는 위협적이고 시끄럽고 그리고 거만했다. 그는 창조적 예술 스튜디오에 와서 곧바로 불쾌하게 평가절하하기 시작하면서 목소리를 높여 말했다.

존: 이건 아이들용 물건이야. 도대체 내가 왜 이따위 것들을 다루어야 하지?

브루스: 존, 어떤 사람들은 여기에 와서 오랫동안 미술을 하지 않기도 하지만 난 이것이 건강에 도움이 된다고 생각해요. 그것은 내가 당신을 좀 더 잘 이해하는 데 도움이 될 거예요.

존의 허세는 나에게 자기혐오감과 부적절감을 은폐하기 위한 행동처럼 보였다. 그의 목소리 크기는 마치 관심과 돌봄을 요구하는 듯했고 거의 제정신이 아닌 것처럼 보였다.

존: (코웃음을 치며) 이런 걸 하는 사람은 아무도 없어요.

브루스: 존, 그건 흔한 일이에요. 근데 그게 무슨 상관이죠?

존: (중얼거리며) 그래서, 내가 뭘 해야 하지?

브루스: [약 20×28인치(약 51×71cm) 정도의 목판(masonite)을 주며] 닻(anchor)에 대해 생각해 보면 좋겠어요.

존: 왜요?

브루스: 글쎄, 당신은 강하고 탄탄한 남자인 것 같아요. 만약 자신을 닻으로 그려본다면 내가 당신 마음을 이해하는 데 도움이 될 것 같아요.

존: (방어적으로) 아무 감정이 없어요.

브루스: 공허하거나 무감각하거나 죽었다는 뜻인가요?

존: 무슨 말을 하는지 모르겠네요.

브루스: 존, 감정이 없어지려면 죽거나 무감각해져야 해요. 당신은 어느 쪽인가요?

존: (주먹으로 탁자를 내리치며) 그 어느 것도 아니에요!

브루스: 좋아요, 다시 돌아갑시다. 당신은 어떤 닻이 되고 싶은가요?

존: (잠시 생각하고) '타이타닉'처럼 거대한!

브루스: 좋아요. 이 목판을 파란색으로 칠하는 것으로 시작합시다.

존: (어리둥절한 눈으로 나를 쳐다보며) 왜 파란색이죠?

브루스 : 글쎄요, 당신의 물은 다른 색일지도 모르겠군요. 어떻게 생각해요?

존: (투덜대며) 전혀 모르겠어요. (잠시 말을 멈춘 후) 에리호(Lake Erie)처럼 불타는 듯한 녹색빛이 도는 갈색이어야 한다고 생각해요.

브루스: 불타는 호수, 정말 강렬한 이미지군요!

존: 어떻게 시작하지요? 불을 어떻게 그릴지 모르겠어요.

나는 존에게 초록색, 오렌지색, 갈색 물감 덩어리를 목판 위에 무작위로 놓으라고 제안했다. 그렇게 한 후에 나는 그에게 큰 붓으로 보드 위를 가로질러 물감으로 긴 선을 그리면서 연속적으로 그리는 방법을 보여 주었다. 그는 붓으로 보드를 가로지르면서 초록색과 따뜻한 색들이 섞이자 곧바로 흡족해했다.

존: (놀란 목소리로) 야, 이거 괜찮네요.

다음날 나는 존에게 그리고 싶은 닻의 모양을 상상해 보라고 했다.

존: 모르겠어요. 그냥 크고 녹슨 닻이에요.

브루스: 분필을 하나 잡고 보드 위에 그것을 그려 보세요.

(존이 작업을 마쳤을 때 나는 그의 노력을 칭찬했다)

존: 이제 뭘 하죠?

브루스: 닻을 갈색으로 칠하면 좋겠어요.

존: (색칠을 끝내고) 녹과 산호를 보여 주려면 다른 색이나 다른 것이 있어야 해요.

존은 그림을 완성했을 때 동료들로부터 긍정적인 평가를 많이 받았고 그것이 존을 기쁘게 한 것 같았다. 그날 오전에 그는 맨 마지막으로 스튜디오에서 나갔다. 그가 다가왔을 때 나는 작업대를 청소하고 있었다.

존: 있잖아요, 살면서 한 번도 그림을 그린 적이 없어요. 부모님 집 말고는 아무것도 그

린 적 없어요.

브루스: (고개를 들며) 잘했어요, 존. 나는 이 그림이 좋아요.

존: 물어보고 싶은 게 있어요. 웃긴 말 같지만, 그걸 보았을 때 나는….

브루스: 뭔가 느껴지나요?

존: 네, 정말 이상하지 않아요? 더 이상한 것은 닻을 생각하면 당신이 생각난다는 거죠.

브루스: 나에 대해 무슨 생각을 해요, 존?

존: 글쎄, 당신이 나와 저 문으로 들어온 모든 사람을 어떻게 대하는지 생각해요.

브루스: (손을 닦으며) 가끔 나는 그림들이 우리에 대해 우리 자신보다 더 많이 알고 있다는 생각을 해요. 늘 그런 일이 일어나요, 존.

존: (믿기지 않는다는 듯 나를 보며) 뭐라고요?

브루스: 아니에요, 만약 당신의 닻이 목소리를 낸다면 무슨 말을 할지 궁금해요.

(존은 웃고나서 손가락으로 조리대를 긁으며 신음소리를 냈다)

브루스: 내가 예상했던 것과 다르네요.

존: 강이 불타고 있어요. 그건 마음을 아프게 할 거예요.

이것은 존이 세상에 보여 준 분노보다 더 많은 것을 갖고 있음을 명백하게 보여주는 첫 번째 표시였다. 다른 작품들이 그 뒤를 이었다. 이 무례하고 거친 남자에게서 외로움과 자기혐오의 이미지들이 나왔다. 그는 자기 작품에 대해 길게 말하지 않았지만 그 작품들은 그를 위해 웅변적으로 말했다. 때때로 존은 자신의 작품에 대해 말할 수 있었지만, 자신의 작품과 관련된 감정이 자신의 것일지도 모른다는 직접적인 제안을 받을 때마다 그는 재빨리 자신의 거친 상호작용 패턴으로 빠져들었다. 그는 대화의 주제가 미술일 때에만 토론에 응했다. 존에게 초점이 맞추어지자 바로 그의 허세가 되살아났다. 미술작품을 통해서 존은 공허함과 분노 그리고 슬픔에 대한 감정을 나눌 수 있었다. 그의 미술이 없었다면 친밀감에 대한 두려움 때문에 자아의 이러한 측면들은 결코 알려지지 못했을 것이다.

한 개인의 삶에서 일어나는 사건과 관련된 중요한 감정들은 예술적인 표현 속으로 강력하게 끼어든다. 모든 예술가가 이러한 현상을 증명할 수 있다. 얼마나 오래 전에 일어났는가와 상관없이 어떤 사물은 어떤 사건을 대표하므로 그 사건과 관련된 감정들은 사건이 일어났을 때와 똑같은 강도로 회상된다.

나는 스튜디오의 선반들을 정리할 때마다 우연히 발견한 미술작품들이 불러일으키는 이미지 기억들에 휩싸인다. 각각의 작품은 정서적으로 충전되어 있다. 나는 그 장면의 감각들을 같은 수준에서 기억해 낸다. 냄새를 맡고, 소리를 듣는다. 나는 그 작품의 창조과정을 기억해 낸다. 나는 그 작품을 창조해 낸 내 인생의 순간—즐거움과 고군분투의 시간—을 기억한다. 이것은 친밀감이다. 그것은 가능한 가장 깊은 수준에서 자신을 아는 한 방법이기 때문이다.

6장

실존주의 미술치료의 신조

나는 실존주의 미술치료사들이 진정으로 주의를 기울이는 세 개의 길—① 함께하기(doing with), ② 개방하기(being open), 그리고 ③ 고통을 존중하기(honoring pain)—이 있다고 생각한다. 이러한 실존주의 미술치료 신조는 내가 내담자를 만날 때 이론적 토대가 된다.

함께하기

미술치료는 내담자가 치료실에 들어올 때 시작된다. 처음에 그들은 불안하고 겁을 먹을지도 모른다. 입원 중이거나 거주시설에서 치료를 받던 내담자가 최근 이 치료 프로그램에 의뢰되었을 수도 있다. 이런 경우 그들은 많은 자유를 빼앗겼고 세상은 너무나 혼란스럽고 고통스러워서 입원이 최선의 방법이라고 생각했다. 그들은 입원 과정에서 통제 불능이나 선택권 없음을 느꼈을 것이다. 외래 환자들도 역시 한계에 다다른 느낌을 자주 받는다. 요컨대 좋은 시간을 보내고 있거나 삶이 잘 돌아가는데 미술치료를 받으러 오는 사람은 아무도 없다. 사람들은 치료실에 들어올 때 저마다의 짐을 가지고 온다. 그것은 일반적으로 분노와 불안과 취약성으로 가득 차 있다.

내담자가 치료실 문을 들어설 때 나는 미술작업을 하고 있으려고 늘 노력한다. 우리 관계의 첫 순간부터 내 자신이 미술작업에 진실하고 집중적으로 참여하는 모델링이 되기를 바란다. 그들이 이 공간에 들어왔을 때 내가 미술작업을 하고 있다는 것은 여기에서 중점을 두는 것은 미술창작임을 말해 주는 상위언어적(metaverbal)인 메시지다. 무언의 방식으로 분위기가 조성되고 내담자는 내가 그들과 함께 작업할 것임을 알게 된다. 우리가 예술적인 자기탐색 여정을 함께할 것이라는 은유가 바로 소개되는 것이다. 나는 내 작품에 대한 좌절감을 초기 만남에서 보여 줄 수도 있는데, 나와 매체와의 투쟁은 내담자와 내가 함께할 작업과정을 보여 주기 때문이다. 미술작품을 만들 때 나는 내 개인적인 여정을 재현하는 의식에 전념한다. 그 의식에 대한 나의 의지와 열정은 전염성이 있다. 그것들은 내담자에게 고통과 긍정과 도전을 주고 예술적 자기탐색이 가치 있다고 확신시킨다.

사라의 투쟁

사라(Sara) 부모의 설명에 따르면, 그녀는 알코올과 약물남용 문제가 있고 집에서 제멋대로 굴고 신경질적이며 두 번의 자살 시도를 했다. 사라는 아무도 자신을 이해하지 못했기 때문에 문제가 발생한 거라고 말했다. 그녀는 "모든 것이 무의미해요." 라고 단조로운 목소리로 말했다.

최근까지 사라는 학교에서 모범적이었고 17세까지는 스포츠와 다른 사회활동에 적극적으로 참여했다. 어머니는 "남편과 이혼했을 때 사라의 문제가 시작되었어요, 하지만 이혼은 우호적이었고 우리 사이에 공적인 거리가 만들어진 정도였어요."라고 했다. 사라의 어머니는 이혼한 지 2년 만에 재혼했다. 사라의 어머니는 새 남편과 사라가 잘 지내지 못했다고 했다.

입원 초기에 사라는 소극적이고 무기력했다. 그녀는 "모든 것이 지루하다."라고 자주 불평했다. 그녀가 창조적 예술 스튜디오에서 처음으로 한 프로젝트는 매우 평범했다. 그 당시 나는 들판 그림을 그리고 있었는데 그림 한 가운데에는 약간 열린 나무문이 있는 허물어진 벽돌담이 있었다(그림 23).

우리의 중요한 첫 만남은 사라가 테이블에 엎드려 잠든 척하다가 고개를 들며 질문을 했을 때였다.

사라: 그 문은 어디로 통하죠?

브루스: (잠시 멈추고 캔버스에서 물러서며) 잘 모르겠는데, 좀 두렵네.

사라: 그런데 왜 그걸 그렸어요?

브루스: 왜냐하면 그래야 했기 때문에.

사라: (하품을 하며) 무슨 말이에요?

브루스: 그냥 해야만 했어. 이 이미지가 계속 떠오르고 사라지지 않았어. 마음에서 이 이미지를 떨쳐버릴 수 있는 유일한 방법은 그것을 그리는 거라고 결정했어.

사라: (빙긋 웃으며) 그래도 여전히 당신을 괴롭히죠?

브루스: 맞아, 그것은 여전히 나를 괴롭혀.

그림 23. **허물어진 담,** 아크릴

다음 날 사라는 다음과 같이 말하며 회기를 시작했다.

사라: 지금까지 내가 해 온 모든 멍청한 짓들에 질렸어요. 그림을 그리고 싶어요.

나는 중단하지 않고 계속해서 그려야 한다는 조건을 제시하면서 그녀를 돕게 되어 기쁘다고 말했다. 사라가 이에 동의했고 우리는 그녀의 첫 번째 캔버스를 잡아당기기 시작했다. 나는 작업하면서 말했다.

브루스: 사라, 네가 해야 할 또 다른 일은 앞으로 몇 달 동안 나와 함께하면서 나를 믿는 거야.

사라: (흠칫 놀라며) 나는 아무도 믿지 않아요. 직원들 누구도요.

브루스: 넌 노력해야 할 거야. 그림 그리기를 배우는 건 어려워. 네가 너의 선생님을 믿지 않으면 거의 불가능해.

사라: (소리치며) 글쎄 난 당신을 믿지 않을 거예요. 그렇다고 말하지 않을 거예요.

브루스: (침착하게) 왼쪽을 더 단단히 잡아야 해. 더 세게 당겨. 그건 그렇고 그 말은 좋은 징조야. 내게 거짓말하는 게 아니니까. 관계는 정직과 신뢰에 기초해. 우리는 이미 시작했어.

(사라가 얼굴을 찡그렸다. 캔버스를 조이면서 그녀의 손가락 관절은 하얗게 되었다. 나는 캔버스를 단단하게 고정시켰다.)

사라: 어떤 관계도 원하지 않아요. 그리고 당신을 믿지도 않아요. 이제 뭘 그려요?

브루스: 사라, 이제 캔버스에 젯소를 바르고 말리도록 해. 우리는 내일부터 그림을 시작할 거야.

사라: (칭얼거리며) 오늘 시작하고 싶어요.

브루스: [롤링 스톤즈(Rolling Stones, 역주: 1962년 결성된 영국의 록밴드)를 인용하며] 음, 네가 원하는 것을 항상 얻을 수는 없어. 아니 네가 원하는 것을 항상 얻을 수는 없지만 가끔 시도한다면 바로 그 순간에 찾을 것이고 네가 필요한 것을 얻을 수 있을 거야(Jagger Richards, 1969).

사라는 다음날 대충 스케치한 것을 들고 스튜디오에 들어와서 내 앞에서 흔들었다.

사라: 이게 내가 그리려는 거예요, 그건 깊어요.

브루스: 아니, 생각해 봤는데 정물화를 그리는 것부터 시작하면 좋겠어. (내 기억에 오래 전부터 스튜디오에 있었던 못생기고 찌그러진 청회색 꽃병을 들면서) 사실 이 꽃병을 그렸으면 해.

사라: (신음하며) 오, 맙소사! 끔찍해.

브루스: 그럴지도 모르지만, 이게 너의 첫 번째 그림 주제야. 나를 믿어.

사라: (몇 분간 항의하다가 투덜거리며) 어디에서 시작할까요?

브루스: 배경을 무슨 색으로 하고 싶니?

사라: (으르렁거리며) 완전 검은색.

브루스: 그러면 캔버스 전체를 검게 칠하는 것으로 시작해라.

사라: 그건 멍청한 짓이에요. (투덜거리며) 어제 흰색으로 칠하게 했잖아요!

브루스: 나를 믿으렴.

다음 여러 회기 동안 사라는 덧칠을 했고, 그 못생긴 꽃병 그림을 재작업해서 그렸다. 그녀는 하이라이트와 그림자 기법을 배우고 덧씌우기나 붓을 씻고 말리기와 같은 기술들을 배웠다. 그녀는 몇 번이나 붓을 던지고 발을 동동 구르며 물러났지만 언제나 다시 돌아왔다. 한번은 그녀가 "끝났다."라고 선언했다.

나는 그 말에 대해 언급하지 않고 하이라이트를 더 강조하고 그림자를 더 어둡게 하라고 제안했다. 수정을 완성하고 나서 그녀는 꽃병이 어둠 속에 떠 있는 것보다 공간에 고정된 것처럼 보이도록 지평선을 그려 넣겠다고 했다. 그녀는 결국 테이블 하나를 추가로 그렸다(그림 24).

그림 24. **사라의 꽃병,** 아크릴

그녀의 그림이 주는 전반적인 인상이 잊혀지지 않는다. 나는 내담자가 내용 면에서 표현해야 할 것은 외적인 주제와 상관없이 표현될 것이라고 믿는다. 나는 그녀에게 꽃병 자체에 집중하라는 것 외에는 아무런 제한을 두지 않았다. 그녀가 창조한 것은 빈 회색 벽 앞에 있는 빈 탁자 위에 놓인 검고 하얀 얼룩덜룩한 청회색의 빈 꽃병 그림이었다. 이 작품은 정서적으로 소외되고 지루한 느낌을 주었다. 그것은 사라가 자신의 삶에 대해 어떻게 느꼈는지 웅변적으로 보여 주는 간결하고 가슴 아픈 표현이었다. 무엇보다 중요한 것은 그녀가 그림 그리기와 그녀 자신 그리고 나와 씨름할 수 있는 능력을 상위언어 수준에서 경험했다는 점이다.

그 후 몇 달간 집중적 입원치료를 받는 동안 사라는 스물 다섯점의 그림을 완성했고 나는 대여섯점을 완성했다. 우리는 기술적인 세부 사항에 대해 논쟁했고 때론 심한 갈등을 겪기도 했다. 그녀는 내가 너무 요구가 많다고 비난했고 나는 뭘 피하려는지 궁금하다며 큰소리로 대답하곤 했다. 몇 달 동안 우리는 모든 감정을 담아낼 수 있는 진정한 관계를 발전시켰다.

마지막 회기에서 사라가 '작별인사'라는 제목의 그림을 완성했을 때 나는 그녀에게 치료과정에서 무엇을 배웠는지 물었다. 주저 없이 그녀가 말했다.

사라: 고군분투하는 법을 배웠어요.

브루스: (빙그레 웃으며) 정말?

사라: 날 믿어요, 브루스. 날 믿어요.

태거(Tagger, 역주 : 공공장소에 그라피티를 하는 사람) 대쿠안

내가 대쿠안(Daequan)을 만났을 때 그는 19세였다. 그는 1년 이상 거주치료시설에서 지냈고 그 전에는 여러 위탁가정에서 살았다. 아무도 그의 부모에 대해 잘 알고 있지 못한 것 같았다. 대쿠안은 시설에서 잘 지내고 있는 것처럼 보였다. 그는 최고의 책임감을 보였으며 동료들과 한 번도 문제를 일으키지 않았고 직원들과도 소동을 일으키지 않았다. 마치 그는 테플론(Teflon, 역주: 음식이 들러붙지 않도록 프라이팬 등에 칠하는 물질)으로 코팅한 것처럼 손이 닿지 않고 닿을 수 없게 미끄러지듯이 치료를 빠져나갔다. 치료팀은 그가 진정한 관계를 맺지 않는 것에 대해 염려하면서 미술에 대한 그의 재능과 관심을 고려해 나에게 개인미술치료를 의뢰했다.

그와 집단미술치료를 했었던 내 동료에 따르면, 그는 집단미술치료에서 보통 한 회기에 두세 개의 큰 그림을 완성했다. 또한 그는 한 회기의 작업을 다음 회기로 넘긴 적이 없다. 그의 그림들은 늘 비디오 게임인 'Mortal Combat' (사투, 死鬪)에서 거의 제거된 캐릭터들, 관능적이고 위험한 무장한 여성들, 해독할 수 없는 편지 콜라주 같은 흥미로운 주제들이었다. 대쿠안은 그의 미술작업에 대해 집단과 이야기 나누는 데는 전혀 관심이 없었고 그림을 그리고 바로 다음 그림으로 넘어갔다.

그가 첫 날 스튜디오에 들어왔을 때 나는 암청색으로 캔버스를 거의 다 칠하는 그림작업을 하고 있었다. 직원이 우리를 인사시키고 떠나자 대쿠안은 내 테이블의 맞은편 의자에 앉았다.

브루스: 네가 미술을 좋아한다고 들었어.

대쿠안: (고개를 끄덕이며) 나는 태거예요.

(나는 흰색 젯소를 덮는 작업을 계속했고, 몇 분이 지났다.)

대쿠안: 뭘 하는 겁니까?

브루스: 대학에 다닐 때 한 미술 교수님이 있었는데 그 분은 흰색을 가능한 빨리 없애는 것이 가장 중요하다고 늘 말씀하셨어.

대쿠안: (웃으며) 나도 그런 식으로 느끼는 형제를 몇몇 알고 있어요!

브루스: 일대일 미술치료나 다른 것에 대해 궁금한 점이 있니?

대쿠안: (머리를 가로 저으며) 아니요, 그건 D 선생님이 말해 줬어요. 다른 친구들이 아무도 없는 미술실에서 하게 될 거라고요.

브루스: 무엇을 하고 싶니?

대쿠안: 큰 종이에 페인트 마커로 작업하고 싶어요. 그래도 괜찮아요?

브루스: 물론이지. 필요한 걸 챙겨 봐.

대쿠안은 3×4피트(약 0.9×1.2m) 크기의 흰색 종이 한 장과 마커를 가지고 작업을 시작했다. 그는 몇 분 후에 잠시 멈추고 카세트 플레이어에 CD를 넣어도 되는지 물었다. 그는 대화하기 힘들 정도로 크게 음악을 틀었다. 그는 그림을 그렸고 나도 그림을 그렸다.

어린 시절에 나는 〈Gunsmoke〉〈Wyatt Earp〉〈The Rifleman〉〈Bat Maseterson〉〈Sugarfoot〉〈Cheyenne〉〈Have Gun Will Travel〉과 같은 TV 서부영화를 좋아했다. 이 프로그램들의 공통점은 피할 수 없는 총격전 장면이었다. 영웅은 먼지 나는 텅 빈 거리 한 가운데를 걸었고 악당은 술집에서 나와 거리에 서곤 했다. 그들은 마주서서 20피트(약 6m) 정도 떨어져 있었다.

대쿠안도 나도 총을 갖고 있지 않았고 나는 우리의 만남이 둘 모두에게 해가 되지 않기를 바랐다. 하지만 첫 번째 회기는 그와 비슷한 느낌을 주었다. 우리는 분명 4피트 정도의 테이블과 종이 그리고 캔버스를 두고 떨어져서 서로를 체크하고 있었다.

나는 길 위에서 마주친 나와 대쿠안을 그려야겠다고 마음먹었다. 그는 '성난 소녀(Angry Girl)'라는 제목의 그림을 끝내고 다른 것을 시작했다. 저음의 요란한 소리가 방안에 가득했다. 내가 그의 테스트를 통과했는지 궁금했다. 그는 노래에 맞추어 가사를 읊었다.

시간이 거의 끝나가고 우리가 정리를 하고 있을 때 대쿠안은 자신의 CD를 꺼냈다. 그는 나를 돌아보며 진지하게 물었다.

대쿠안: 부수는 거 좋아해요?

브루스: (재치 있게 대답함) 응?

대쿠안: (분명하게) 브레이크댄스.

브루스: 아니, 대쿠안. 난 리듬감이 없어. (결혼 피로연에서 나는 우리 아이들이 소위 "아빠 춤"이라고 부르는 것을 했는데 제대로 했는지 알 수 없었다.)

대쿠안: 언제 한번 보여 줄게요.

다음 몇 회기는 처음과 매우 비슷했다. 내가 그림을 계속하는 동안 대쿠안은 2~3개의 큰 그림을 완성했다. 대화가 많지 않았고 치료적 문제에 대한 이야기도 분명 없었다. 네 번째 회기에서 몇 가지 흥미로운 진전이 있었다. 첫째, 대쿠안은 'Plain White T's라는 CD를 가져왔다. 이것은 그가 종종 가져오던 랩 음악과는 다른 것이었다. 둘째, 그는 중간 정도 크기로 소리를 조절했다. 셋째, 그가 질문을 했다.

대쿠안: 선생님 그림은 뭐에 관한 거예요?

브루스: 너와 나에 대한 거야.

대쿠안: (불쑥 끼어들며) 우리가 어떤 길 위에서 마주친 것처럼?

브루스: 그래, 대쿠안. 그런 거야.

대쿠안: 숲을 통과하는 긴 길처럼 보여요. 바로 이 곳 때문인가?

브루스: (그를 바라보며) 이 곳 때문에 그리고 네 인생의 힘든 시기들 때문에.

대쿠안: (고개를 끄덕임. 바로 그 때 한 직원이 작업실을 지나가자, 그를 부르며) C 씨, 와서 이것 좀 보세요 [C씨가 들어오자 내 그림(그림 25)을 가리키며] 나와 브루스 박사에요.

C 씨: 너와 브루스 박사가 모닥불 옆에서 놀고 있는 것이 보이네. 춥겠다.

대쿠안: 네, 바깥은 날씨가 추워요. 잘 보세요. 나는 코트를 입고 CD 케이스를 갖고 있어요.

그림 25. **길 위의 만남,** 아크릴

나중에 우리가 뒷정리를 할 때 그가 나에게 말했다.

대쿠안: 내가 저런 그림을 배울 수 있을까요?

몇 회기가 지나고 그가 뜬금없이 말했다.

대쿠안: 당신에게 내 춤을 보여 줘야겠어요.

그는 음악을 크게 틀고 홀 안으로 나를 데리고 나가 몇 가지 동작을 시도했다. 34년 동안 이 일을 하면서 처음으로 누군가가 나를 위해 춤을 춘 것이다. 이후 몇 주 동안 대쿠안은 맑고 차가운 하늘과 황량한 나무, 상록수, 냉혹한 그림자 등 겨울풍경으로 자신의 삶을 그려 냈다. 나는 "밖은 추워요."라는 그의 말이 떠올랐다. 내가 모닥불 옆 우리 대결 그림을 완성하던 날, 대쿠안은 나에게 다른 그림을 하나 그려 보라고 했는데 그를 버려진 차를(그림 26) 그려 보라는 것이었다.

차의 마감은 매끄럽지 않고 빛나지 않으며 흙받이는 녹이 슬었다. 내가 이 글을 쓰는 지금 대쿠안은 몇 달 후에 퇴원할 예정이다. 그는 프로그램이 끝날 때까지 작업하기 위해 큰 그림을 하나 그리기 시작했다. 매 회기마다 그는 몇 분씩 할애해서 나에게 태거가 되는 방법을 가르쳐주었다(그림 27).

그림 26. **고물 자동차,** 아크릴

그림 27. **태거 브루스 박사,** 페인트 마커

언어적인 상담에서 치료사는 대개 치료과정의 본질에 대한 이야기에 내담자를 참여시키는 것으로 시작한다. 그들은 일반적으로 언어를 주요 소통 수단으로 사용해서 치료 분위기를 만든다. 실존주의 미술치료에서 미술치료사는 내담자와 소통하기 위해 미술과제에 참여한다. 치료관계의 첫 순간은 미술 제작에 진정으로 집중해서 참여하는 것이라고 정의된다. 이렇게 해서 내담자는 치료사가 하지 않을 것은 자신에게도 요구하지 않을 거라는 메시지를 받는다. '함께하기'라는 실존주의 미술치료의 신조는 사라나 대쿠안 같은 내담자와의 작업에서 필수적인 요소다. 함께하는 여정과 예술적 자기탐험이라는 암묵적 은유는 치료 초기 단계에서 도입되어야 하는데, 그래야만 예술적 자기탐험이 가치 있는 노력이라고 내담자를 격려하고 안심시키는 양질의 예술적 전염이 확립될 수 있다.

개방하기

실존주의 미술치료의 두 번째 신조는 내담자가 표현하는 모든 것에 미술치료사는 열려 있어야 하며 그것과 작업하고 받아들일 수 있어야 한다는 것이다.

모든 치료사가 씨름하는 반복되는 괴로운 문제는 투명성 수준과 관련된다. 예를 들어, 다음과 같은 질문들이 제기된다. 어떤 개인 정보를 내담자와 공유해야 하는가? 언제 감정을 공유하는 것이 적절한가? 어떻게 전문적인 경계를 유지하는가? 정보를 주지 않으면서도 내담자와 진정한 관계를 유지할 수 있는가? 전문적인 미술치료사로 어떻게 존중받기를 원하는가? 개인적인 감정을 드러내지 않으면서 내담자와 진정한 치료적 관계를 맺을 수 있는가? 이러한 질문들은 함께 소용돌이치며 미술치료사와 내담자 간의 개방성이라는 현상에 초점을 맞추게 한다. 치료에서의 투명성에 대해서는 몇 가지 학설이 있다.

나는 지난 35년 동안 한 번 이상 나의 입장을 바꾸었다. 초보 시절에는 카를로스 카스타네다(Carlos Castaneda, 1968, 역주: 페루 출신의 문화인류학자이자 작가로 미국 뉴에이지운동의 기수)의 마술적 사실주의(역주: 마법과 초자연적인 존재들을 활용하지만, 실제 역사나 사실을 교차시키는 작품들) 문헌에 소개된 메소아메리카(Mesoamerica, 역주: 멕시코와 중앙아메리카 북서부의 공통적인 문화를 가진 아메리카의 구역) 샤머니즘에 영향을 받았다. 그 영향으로 나는 내 개인사는 나 혼자만 간직했다. 이것은 프로이트 정신분석이론의 특징인 치료적 익명성과 불투명성의 모델과 유사하다(Corey, 2005, p. 478). 치료사는 빈 종이로 남아 신비감을 조성하여 내담자가 투사를 잘 하도록 촉진한다. 이는 내게 흥미롭긴 했지만 관계와 연결에 대한 나의 욕구와 기본 속성에는 반하는 것이었다. 나는 치료사 역할에 좀 더 익숙해지면서 점차 치료에서 불투명성을 버렸다.

나는 전문적 경계가 거의 없거나 전혀 없는 치료사들을 알고 있었고, 반대로 내담자나 동료와의 사소한 상호작용조차도 경계하고 예의주시하는 치료사들도 알고 있었다. 동료 중 한 명은 병원에서 우연히 마주쳐도 말을 하지 않으려고 해서 나를 짜증나게 하곤 했다. 그의 관점에 따르면 우리 관계는 지정된 모임과 시간 그리고 장소의 범위 내에만 존재한다. 나는 이런 치료를 좋아하지 않았지만 그가 경계를 엄격하게 지키는 데는 틀림없이 여러 근거가 있을 것이라고 생각했기 때문에 그것을 존중하는 법을 배웠다.

이런 이슈들은 때때로 내담자 또는 내담자였던 사람들과 함께 저녁식사나 사교모임에 참석하는 다른 동료들을 막지 못했다. 분명히 이 두 동료들은 전문적인 경계에 대해 서로 다른 견해를 가지고 있었지만 둘 다 치료에서 훌륭한 성과를 보였다. 미술치료사는 자신이 선택하는 내담자와의 관계양식에 관한 어려운 질문들과 씨름해야 한다.

미술치료사의 개방문제를 살펴보면 완전한 불투명성에서 투명성에 이르기까지 연속성이 있으며 중간 정도의 반투명성도 있다.

불투명	반투명	투명
미술치료사는 삶의 어떤 측면도 내담자에게 제공하지 않는다.	미술치료사는 개인정보 공유에 신중하다. 나의 공유가 내담자에게 얼마나 도움이 될까를 항상 고려해야 한다.	미술치료 관계는 내담자와 치료사가 자기발견을 상호 교환하는 것으로 여겨진다.

나 자신도 샤워부스에 사용하는 유리라는 은유적 이미지를 사용한다. 샤워부스 안에 누군가 있을 때 샤워부스 밖에 있는 사람은 실제 사람이 유리 뒤에 있다는 것을 알 수 있지만 뚜렷한 세부 사항은 볼 수 없다. 나는 내담자들이 나도 사람이고 그들이 느끼는 감정을 나도 느낀다는 것을 알기 바란다.

미술치료사는 자신의 치료방식이 앞서 설명한 연속체의 어디에 해당할지 스스로 결정해야 한다. 이는 모든 개인적 관계와 전문적 관계에 해당된다. 출생 경험을 거리두기 및 분리와의 첫 만남이라고 생각한다면, 어머니의 배 위에 놓이는 것은 재연결에서의 첫 만남이다. 공생과 분리 그리고 재연결의 과정들은 인생에서 두드러진 은유적 주제다. 태어날 때부터 사람은 지속적으로 거리와 친밀감 그리고 개인과 상호 의존성을 협상한다.

나는 사람이 다른 사람들에게 열려 있음으로써 자신의 삶에서 의미를 발견한다고 믿는다. 의미는 배타적인 과정이 아니다. 프랭클(Frankl, 1955, 역주: 실존분석을 창시한 오스트리아의 정신의학자. 독자적인 실존분석과 그 치료이론으로서의 로고테라피를 제창함)은 의미란 자아-실현이 아닌 자아-초월에서 발견된다고 지적했다. 그는 "자아-실현이 자아-초월의 부작용으로서만 가능하다."(p. 133)라고까지 주장한다. 학파나 규율을 불문하고 모든 치료사는 내담자와의 관계가 의미 있게 되기를 바란다. 분명한 것은 내담자가 가치와 중요성을 갖고 관계에 투자하지 않는다면, 관계의 결과인 성장이나 변화에 대한 어떤 희망도 불가능하다.

미술치료의 도구는 매체와 예술적 과정, 은유적 이미지 그리고 미술표현을 통해 내면의 삶을 탐구하는 내담자와 함께 하겠다는 치료사의 의지다. 내담자가 할 일은 미술을 통해 자기 이야기를 탐구하고 공유하는 것이다. 내가 할 일은 내담자가 탐구하고 공유할 때 그들에게 집중하고 반응하고 함께하는 것이다. 우리의 정체성이란 개인사와 규범, 신화, 문화적 의미들의 집합체다. 미술치료 과정은 미술제작을 통해 정체성을 공유하는 합작사업이다.

코프(Kopp, 1972)는 치료과정에 대해 다음과 같이 말했다. "찾는 사람(seeker)은 뭔가 확실하고 영구적이고 의존할 만한 무언가를 찾으리라는 희망을 갖고 온다. 하지만 그는 삶이란 단지 변화무쌍하고 모호하며 덧없는 잡동사니 같다는 반영을 받는다."(p. 6)

내담자는 미술을 통해 자기 이야기를 시작하게 되면 고통스러운 표현으로 여정을 시작한다. 이 여정의 성공 여부는 미술치료사와 함께 그 광경을 기꺼이 공유하려는 그들의 의지에 달려 있다. 내담자의 이야기는 그리기와 그림, 시, 노래 등을 통해 더 많이 보여질수록 더 많이 소유되고 이해될 수 있다. 삶의 이야기를 그리는 것은 내담자를 이야기 창작자로 만든다. 이는 내담자를 힘이 있는 위치에 놓는다. 즉, 이야기를 수용하고, 내면화하며, 외현화하고, 변경하는 힘, 덧칠하는 힘까지. 이야기를 '그림으로 드러내는(arting out)' 목적은 내담자가 그 의미를 파악할 수 있도록 하기 위해서이다. 장 폴 사르트르(Jean Paul Sartre, 역주: 현대 프랑스의 유명한 실존 철학자 · 소설가 · 극작가 · 평론가)에 따르면, 예술가는 스스로를 창조한다. 즉, 그들은 자신이 무엇이며 무엇이 되어야 하는가를 포함해 자신의 본질을 디자인한다.

예술적 과정은 내담자에게 자신의 삶에서 의미를 창조할 기회를 제공한다. 창조

행위의 일시적인 속성은 이것의 신랄함을 더욱 고조시킨다. 이러한 영속성의 결여는 의미의 일시성을 반영한다. 몇 년 전에 완성한 미술작품을 돌아보면서 지금의 나에게 그 작업이 어떤 의미인지 큰 가치를 발견할 수 있지만, 그것은 더 이상 내가 그 작품을 만들었을 때의 의미는 아닐지도 모른다.

창조 행위는 그 자체로 끝이 아니다. 그림을 그리고 춤을 추고 노래하는 것 그 자체만으로는 충분하지 않다. 청중, 즉 그림을 보거나 춤을 보거나 노래를 듣는 누군가가 있어야 한다.

입원 시설에서 나는 내담자를 선택하는 사치를 누릴 수 없었다. 대부분은 나와 협의 없이 내 집단에 배정되었다. 선택할 기회가 있었더라도 나는 요청을 거절하기 어려웠을 것이다. 대부분의 경우에 내담자에 대한 나의 초기 반응은 부정적이었지만 시간이 지나면서 나는 그들과 중요한 관계를 발전시켰다. 나는 새로운 내담자에게 다가갈 때 나의 의구심에 굴복하지 않는 법을 배웠다. 왜냐하면 나의 의구심은 보통 내담자의 성장 잠재력이 아니라 새로운 관계에 대한 나의 두려움을 반영했기 때문이다. 초기에 나는 내담자와 일하면서 나의 수련에 도움이 되는 귀한 기회에는 마음이 끌리지 않았었다. 당장은 내가 마음에 드는 내담자와만 작업하는 것이 더 쉬웠겠지만 그렇게 되면 나 자신의 성장은 망쳤을 것이다.

내담자와 함께 미술작품을 만들고 관계를 형성하면서 보내는 매 순간이 나와 그들에게 중요하다. 이것은 내 평생의 일이다. 나이가 들면서 나는 내 시간의 가치를 더 잘 알게 되었다. 성장한 내 자녀들을 보면서 그들의 어린 시절이 가 버렸다는 사실에 한탄한다. 참으로 시간은 빠르게 흘러간다.

몇 년 전에 나의 장인이 돌아가셨다. 그것은 편안한 죽음이 아니었다. 그는 수년 간 알츠하이머와 암으로 고통을 받았다. 그의 죽음은 인간이 궁극적으로 홀로임(aloneness)을 일깨워 주었다. 그의 긴 여정에 아무도 그와 동행할 수 없었다. 나의 아내와 아홉 형제자매들의 모든 사랑과 지원에도 불구하고 그 어떤 것도 나의 장모의 고통을 덜어 줄 수 없었다. 그녀는 홀로 그것을 견뎌야 했다. 나의 삶은 내가 원하지도 계획하지도 않았지만 피할 수 없는 상황들과 상실과 상처를 가지고 있다. 비록 나의 불행 중 어떤 것은 나로 인한 것일지도 모르지만 대부분은 무작위로 들이닥치는 것 같다. 이런 경험들은 인생의 덧없음과 시간의 소중함을 무자비하게 일깨워 준다.

미술치료 여정이 전개되면서 내담자와 내가 어디든 가려면 우리 둘 다 작업을 해야 한다는 것이 곧 분명해진다. 내담자는 자신의 이야기를 꺼내야 하고 나 역시 그렇게 해야 한다. 우리는 서로를 알고 신뢰할 필요가 있다. 내가 내담자에게 감정의 거울을 볼 수 있는 용기를 내라고 요청할 때 나 자신에게도 그렇게 하도록 요청해야 한다. 나는 계속해서 자신에게 진솔하려고 노력한다. 내가 나의 미술작품에서 촉발된 감정으로 분투하는 것을 목격할 때, 내담자는 자신의 분투를 개방하고 나누도록 격려받는다.

학생들은 종종 내담자와 언제 무엇을 공유할지와 어떻게 그것을 알 수 있는지에 대해 물어본다. 나의 일관된 반응은 그들이 내담자에게 주지 않고 보류했을 때는 기회를 잃은 공허함을 경험해야 할 것이고, 그들의 취약성을 선물로 받을 준비가 되지 않은 내담자에게서는 학대받는 고통을 경험해야 한다는 것이다. 학생들은 내담자에게 보여 주거나 보류하도록 경고하는 이러한 내적인 단서들을 듣는 법을 배우게 될 때까지 이런 감정을 여러 번 느껴야 한다. 나는 너무 많이 또는 너무 적게 공유하는 것과 관련하여 개인적 고통과 씨름해 온 지 여러 해가 지났다. 나는 내 감정을 받아들이고 나의 공유가 내담자에게 미치는 영향을 예상하거나 제한하려는 노력을 기울이지 않고 자연스럽게 공유하는 것을 배웠다. 나는 감정표현은 보통 다른 사람들에게 좋은 결과를 가져오는 긍정적인 것이라고 믿는다.

치료 초기의 저항 단계에 있는 내담자는 때때로 감정을 공유하려는 나의 동기에 의문을 제기한다. 대개 다음과 같은 식으로 표현한다. "당신은 돈을 받으니까 이것을 하고 있을 뿐이에요". 이런 도전은 "당신은 아내 때리는 걸 그만뒀나요?"라는 질문과 비슷하다. 그런 도전에 내가 빙그레 웃으면 내담자는 흔히 당황한다. 하지만 계속해서 내담자에게 접근하고 열려 있는 것 외에는 달리 대응할 방법이 없다.

내담자의 이야기는 실존주의 미술치료의 주된 초점이다. 결국 내담자는 의미를 찾으러 온 사람이다. 내가 주어진 회기를 위해 계획한 미술 과제와 지시, 매체, 이벤트 등과 상관없이 내담자는 궁극적으로 자신의 여정을 이끌어 간다. 하지만 일부 내담자는 너무나 혼돈 상태에 있어서 치료사가 회기의 구조나 주제를 설정할 필요가 있다. 반면 치료가 잘 진행되고 있을 때 내가 해야 할 일은 "우리 무엇을 해야 하죠?"라고 묻는 일이 전부다. 나는 종종 내담자가 회기에 올 때는 자신에게 무엇이 필요한

지 알고 있다고 믿고 있으므로, '거의 개입하지 않고 늘 반응한다.'는 원칙을 지킨다.

인생의 힘들고 고통스러웠던 시기에 나는 그 과정을 신뢰하도록 가르쳐 주는 꿈을 꾸었다. 꿈에서 나는 세차게 흐르는 급류 가운데 서 있는 나 자신을 발견했다. 나의 임무는 번갈아 물의 흐름을 따라가거나 반대로 맞서면서 물의 속도를 바꾸는 것이었다. 꿈에서 깨어났을 때 그 장면을 그려서 나의 치료사에게 가져갔다. 그에게 꿈을 설명하자, 어느 순간 그는 나의 고된 노력이 급류의 속도에 어떤 변화를 가져왔는지 물었다.

나는 슬프게 대답했다. "전혀 달라지지 않았어요."

그는 그림에서 개울 둑에 피크닉 담요가 펼쳐져 있는 것에 주목하면서, "그 피크닉 담요에 누워서 물살이 세차게 흐르는 것을 지켜보면 기분이 어떨까요?"라고 물었다.

"정말 평화롭겠지요. 안도감."이라고 나는 대답했다.

"그런데 왜 그렇게 열심히 밀어붙이죠?"라고 그가 물었다.

미술치료 여정은 내가 내담자에게 마음을 열면서 시작된다. 그 첫 번째 단계는 먼저 나 자신에게 개방되어야 하기 때문에 내게는 보통 그 첫 번째 단계가 가장 어렵다. 나는 창조적인 거울을 들여다보면서 나 자신을 보거나 다른 사람에게 보이도록 나 자신을 허용한다. 때로는 거울에 비친 상들(reflections)이 당혹스럽고 호의적이지 않은데, 또 어떤 때는 용감하고 위로하는 상들에서 경외심을 느끼기도 한다. 어느 정도는 영웅이고 어느 정도는 악당이고 어느 정도는 증오하는 사람이며 어느 정도는 사랑하는 사람으로서 나는 자신에게 모든 범위를 볼 수 있게 한다. 예술적 자기탐구의 과정은 나 자신을 면과 모서리 뒤의 면을 함께 프리즘처럼 볼 수 있도록 안내한다.

내 미술작품에 나타나는 모든 면들에 대해 개방적일 때 나는 더 이상 주변 사람들의 의견에 휘둘리지 않는다. 내가 스스로 이미 보았다면 다른 사람들이 나에게서 무엇을 볼지에 대해 두려워할 것이 없다. 정신과 의사인 헨리 로이히터(Henry Leuchter) 박사는 다음과 같이 말하곤 한다. "당신이 만나는 열 명의 사람 중에서 두 명은 당신이 무엇을 하든 좋아할 것이고 다른 두 명은 당신이 무엇을 하든 싫어할 것이다. 나머지는 열려 있다." 만약 내담자가 자기 삶에서 의미를 창조하려면 이는 관계의 맥락에서 이루어져야 한다. 그들과 나는 알려진다는 위험을 무릅써야 한다.

실존주의 미술치료 과정은 내담자와 치료사의 투쟁이 반영된 상들로 장식의 어수선한 벽이 있는 은유적 미술관을 통과하도록 안내한다. 미술치료에서 이미지가 나타나고 영혼에서 캔버스로 옮겨 가면서 이것들은 가능성과 책임감에 대한 새로운 감각을 제공한다. 삶의 의미를 형성하고 발견하는 예술가는 필요할 때 그림을 바꿀 수 있는 권한도 동시에 부여받는다. 미술치료 회기에서 창조된 어떤 작품은 소중히 여겨져야 하는 반면, 어떤 작품은 재작업이 필요하다. 어떤 미술작품은 전시할 필요가 있지만, 어떤 작품은 버려질 수도 있다.

개방에 관한 이야기

몇 년 전 르베이코(Lebeiko) 박사와 나는 사춘기 소녀들을 위한 표현적 집단미술심리치료를 시작했다. 집단원은 여섯 명의 사춘기 소녀들이었는데 그들은 모두 청소년 경계선 성격장애로 진단받았다. 비록 르베이코 박사가 정식으로 미술이나 미술치료 훈련을 받지는 않았지만, 그녀는 이런 내담자들에게 언어적 치료만 하는 것은 충분치 않다고 생각했기 때문에 공동치료를 하자고 요청했다. 그녀는 치료 프로그램의 여러 요소가 기대했던 것만큼 치료효과를 보이지 않자 좌절했다. 소녀들은 각각 고통스럽고 불우한 개인사를 가져왔다. 여섯 명 중 다섯 명은 가정이 해체되었고 네 명은 입양되었으며 이들 모두는 버림받았고 부적응과 분노감을 가지고 있었다.

진단명을 붙이는 것은 조심스럽지만 경계선 성격장애라는 증상의 집합체로 묘사하는 것은 도움이 될 수 있다. 집단원 여섯 명 모두 관계양식이 매우 격렬했다. 집단원들은 각각 분열과 투사, 이상화, 평가절하와 같은 방어기제를 사용했으며 이는 치료팀의 개입으로부터 자신들을 고립시키는 역할을 했다. 이론적으로 이런 방어 및 관련된 감정 상태의 출현은 분리개별화의 초기 발달단계에서 그 유래를 찾을 수 있다. 어머니와의 공생관계에서 분리단계로 나아가는 과정은 어머니와 자녀 간의 정서적 분위기에 의해 결정된다. 그렇다면 이렇게 심한 정신장애를 가진 젊은 여성들이 즉각적으로 르베이코 박사에게 강력한 부정적 감정을 집중하는 것은 놀라운 일이 아니었다. 그녀는 해묵은 상처와 실망, 상실, 분노의 지금 여기 대상이 되었다. 이런 감정들은 일대일 치료에서는 충분히 다루기 어렵지만 집단에서 소녀들은 서로를 강화했다. 감정적인 증오와 원한이 끓어 넘치곤 했는데 대부분은 르베이코 박사에게 향했다.

집단 전후에 가진 회의에서 르베이코 박사와 나는 내담자들이 고착된 지점에서 벗어나도록 도울 수 있는 전략을 세웠다. 르베이코 박사는 집단에서 일어난 일들에 대해 우리가 본 것을 좀 더 언어적으로 해석해야 한다고 제안했다. 나는 다소 염려가 되었지만 결국 이에 동의했다. 그래서 일정 기간 동안 우리는 내담자들의 행동에 대한 언어적인 개입과 해석에 힘을 쏟았다. 하지만 이런 개입은 소녀들이 르베이코 박사에게 가시 돋친 말을 던지는 행동에 별 효과가 없었다. 사실 그들은 할 수만 있다면 침도 뱉을 것 같았다.

집단을 시작한 지 약 6개월 만에 이런 일들이 갑자기 멈췄다. 그날의 미술과제는 인생에서 가장 중요한 날을 상징화하는 것이었다. 르베이코 박사는 아기를 안고 있는 하얀 옷을 입은 여성을 그렸다. 그리고 흐릿한 인물 몇 명이 그 중심인물을 보고 있었다. 그림에 대해 이야기할 차례가 되자 르베이코 박사는 그 이미지는 자신의 첫 아이가 태어난 날을 그린 것인데 너무나 행복한 일이었다고 말했다. 집단에서 그 그림에 대해 이야기 나눌 때 한 소녀가 왜 다른 사람들을 모두 검게 그렸는지 물었다. 르베이코 박사는 얼굴이 창백해지면서 마치 한 대 얻어맞은 것처럼 숨을 잠시 멈췄다. 긴 침묵이 흘렀다. 집단원들은 그 침묵의 매서움을 느끼는 것 같았다. 상처 입은 동물의 주위를 맴도는 독수리들의 이미지가 잠깐 머릿속에 떠올랐다. 이어서 벌어진 일은 지금까지 내가 집단에서 경험한 가장 놀라운 만남 중 하나였다.

르베이코 박사는 조용한 목소리로 이건 사실 첫 자녀의 출생에 관한 그림이지만 처음에 설명한 것처럼 그렇게 멋진 일은 아니었다고 말했다. 그것은 사산된 아기의 출생을 그린 그림이다. 그녀의 첫 아이. 눈물이 그녀의 뺨을 타고 흘러내렸다. 소녀들도 나도 조용히 울고 있었다. 잠시 후 한 소녀가 침묵을 깨고 물었다. "나의 진짜 엄마도 날 위해 울었을지 궁금해." 또 다른 내담자는 입양을 위해 포기한 자신의 아기에게 작별인사를 할 때 느꼈던 비통함을 나누었다. 어떤 독수리도 사냥을 위해 날지 않았다. 짧은 시간 동안 분노하고 고립되고 상처받은 이 여섯 명의 젊은 여성들은 지지하고 돌보는 동료들로서 서로를 경험했다. 르베이코 박사는 더 이상 괴물이

나 하찮은 사람이 아니었다. 그녀는 그들과 함께 울고 이해할 수 있는 사람이 되었다. 이 집단은 르베이코 박사의 투명성에 의해 영원히 변하게 되었고 나도 또한 그랬다.

매년 가을학기 초에 마운트 메리 대학(Mount Mary College)의 모든 미술치료 대학원생들과 핵심 교수진들은 개강 콜로키움(Colloquium, 역주: 전문가회의) 공동 토의에 참석한다. 콜로키움은 주말에 남부 위스콘신 주 숲에 있는 오두막집에서 미술제작과 치료과정에 몰입하는 활동으로 진행된다. 주말 활동에는 시각적 미술제작과 반응적 동작, 시, 공연 예술이 포함된다. 이는 강렬하고 정서적이며 지적으로 자극적인 경험들이다. 1학년 학생들에게는 이 콜로키움이 불안하고 불편하게 느껴질 수도 있다.

개강 콜로키움 몇 주 전에 나는 1학년 학생들에게 이런 경험이 내면의 공간을 만들고 미래 내담자의 이미지와 이야기를 받아들이는 데 도움이 될 거라고 장담하면서 그들을 준비시킨다. 이 콜로키움은 학생들에게 개방과 불편함에 대해 편안해지는 것이 중요하다는 것을 소개한다.

내담자가 자신의 미술작품에서 묘사하는 이야기는 대부분 고통스럽고 당황스럽고 충격적이다. 그것들이 말하기 쉬운 이야기가 아닌 것처럼 그것들을 듣거나 보는 것도 쉽지 않다. 하지만 내담자가 이를 넘어서기 위해서는 이것을 그리고, 색칠하고, 본뜨고, 조각하고, 춤추고, 노래하고, 말해야 한다. 내담자가 치유되기 위해서는 그들의 이야기는 보여지고, 느껴지고, 관찰되고, 들려야 한다. 내담자가 자신의 이야기를 창조적으로 공유할 수 있는 능력은 내담자의 표현에 대해 개방적이고 또한 그것을 수용할 수 있는 치료사의 능력과 직접적인 상관관계가 있다.

고통을 존중하기

얼마 전 나는 뉴욕 북부의 작은 사립 정신병원에서 기조강연을 하기 위해 준비하고 있었다. 발표 중 일부는 대중문화에 나오는 이미지에 관한 것이었다. 주변의 이미지들에 민감하게 반응하기 위해 나는 인터넷을 검색하고 라디오를 듣고 텔레비전을 보고 신문과 잡지를 읽었다. 일상적인 생활 속에는 이러한 요소들이 너무나 흔해서 미디어에 소개된 이미지들을 실제로 보고 듣고 소화하기 위해서는 약간의 훈련이 필요했다. 나는 처음으로 이것들을 보고 읽고 듣고 또한 그 경험을 상상해 보려 노력했다. 일생 동안 자신을 문화 적응으로부터 완전히 분리하는 것은 불가능하지만 나는 내가 접한 메시지에 잘 적응하고 있다는 것을 알았다. 그 경험은 불편했다.

나는 사람이 개인적으로나 집단적으로 창조하는 모든 것이 부분적인 자화상이라고 믿는다. 대중매체에 과도하게 주의를 기울이는 동안 나는 고통과 불쾌감이 묘사되는 방식에 대해 특히 불편함을 겪었다. 수많은 정보 매체는 어떤 대가를 치르더라도 고통은 피해야 한다는 메시지를 전했다. 이 메시지들은 때로는 미묘하고 때로는 노골적이었다. 들어 보라. 두통, 생리통, 요통, 소화 불량을 완화시켜 주는 약물들이 너무나 많다. 나에게는 '불충분한' 음경을 확대하는 제품에 대한 팝업과 원치 않는 이메일 광고가 쏟아져 들어왔다. 드라마는 불륜으로 결혼 스트레스를 해소하는 것을 용인했다. 변호사는 값 싸고 쉬운 이혼에 대해 광고했다. 탈취제 광고는 아무도 당신이 땀 흘리는 것을 보면 안 된다고 경고했다. 누군가 당신을 잠들게 하거나 깨어 있게 하는 약을 살 수 있다. 일부 잡지는 우편 주문으로 배우나자 연인을 제공하기도 했다. 이는 쉬지 않고 계속되었다. 이 모든 것이 담고 있는 충격적인 상위 메시지는 불편함이나 고통을 참지 말아야 한다는 것이다. 아무도 고투할 필요가 없다. 인생은 쉽고 재미있고 행복해야 한다.

이와 같이 고통을 평가절하하는 인생관은 내담자가 삶의 의미를 찾는 데 심각한 장애가 된다. 실존주의 미술치료사의 가장 큰 과제는 내담자와 '함께하고' '개방하는 것' 외에도 내담자의 고통에 명예로운 느낌을 가져다주는 것이다. 이는 문화적 규범에 위배되기 때문에 어려울 수 있다. 다른 사람의 고통을 존중하고 소중하게 여기려면 자신의 고통 역시 존중해야 한다. 고통을 받아들이고 존중할 수 있는 능력은 자기만족이나 쾌락적 기쁨이 의미 있는 존재의 궁극적인 관심사가 아니라고 가정한다.

돕는 직업을 가진 전문가는 내담자의 불편감을 덜어 주는 것이 자신의 임무라고 생각한다. 그러나 나는 그러한 노력이 자신의 불편함을 덜기 위한 승화된 시도라고 믿고 다른 견해를 제안한다. 실존주의 미술치료사로서 나는 내담자의 기분을 좋아지게 하려고 노력하는 것이 아니라, 오히려 나쁜 감정의 의미를 발견하고 이해하도록 돕는다. 때때로 후자는 내담자가 좀 더 편안하고 덜 불안하고 덜 고통스럽도록 돕지만, 전자는 케이크 위의 설탕 장식과 같이 미술치료의 달콤한 부작용이 된다. 내담자의 고통을 숨기거나 없애려 하지 않고 존중함으로써 나는 내담자가 느끼는 감정은 무엇이든 자유롭게 느낄 수 있는 환경을 제공한다. 역설적으로 이것이 때때로 내담자의 기분을 더 좋아지게 한다.

나는 니체(Frankl, 1959, p.97 인용)의 감상에 동의한다. "살기를 원하는 사람은 모든 방법을 견딜 수 있다." 실존주의 미술치료사는 내담자와 함께 할 신성한 임무를 갖는다. 내담자가 삶의 '이유'를 발견하고 삶에 기품을 주도록 돕는다. 나는 이 임무를 신성한 것으로 여긴다. 왜냐하면 '신성하다'는 말은 경건하고 축복받고 존경받는 것들에 대한 연상을 불러일으키기 때문이다. 이러한 관점은 더 인기가 있는 기술적 공식화와 인지적 구성 그리고 행동적 개입과 대조된다. 미술치료는 내담자의 가장 깊숙한 곳에 닿기 때문에 나는 이 과정을 창조 작업이라는 자기표현을 통해 내담자 삶의 의미를 발견하려는 신성한 노력이라고 본다.

탐구적인 창조과정의 본질적인 측면은 고통은 제거되어서는 안 되고 오히려 포용되고 이해되어야 한다는 미술치료사의 믿음이다. 내담자의 고통을 존중할 수 있는 치료사의 능력은 자신의 고통에 대한 치료사의 태도에 달려 있다.

샤머니즘 전통에서 샤먼은 내면적인 순례에서 살아남음으로써 진정성을 얻는다. 샤먼의 경험은 샤먼을 찾는 사람에게 치유력에 대한 신뢰를 제공한다. 치료사가 다른 사람의 고통을 존중하기 위해서는 먼저 자신의 고통을 존중해야한다. 프랭클(Frankl, 1959)에 따르면, "피할 수 없고 어쩔 수 없는 상황에 직면할 때마다, 바꿀 수 없는 운명에 직면할 때마다… 바로 그때가 가장 높은 가치를 실현하고, 가장 깊은 의미, 고통의 의미를 완수할 수 있는 마지막 기회가 주어진다. 무엇보다 더 중요한 것은 고통에 대한 우리의 태도 즉 우리가 스스로 고통을 감수하는 태도이기 때문이다."(pp. 135-138)

자신이나 타인의 고통을 존중하는 것은 근본적으로 희생자의 위치에서 영웅의 위치로 옮겨 가는 것이다. 이는 삶을 그대로 수용할 수 있는 힘을 부여하는 과정이다. 많은 미술치료사가 자신들의 임무를 묘사할 때, 갈등을 해소하고 정서를 밝게 하고 부정적인 행동을 바꾸는 거라고 한다. 하지만 실존주의 미술치료사는 고통의 존엄성 회복을 위한 여정에 내담자를 동반함으로써 그것을 배제하는 것이 아니라 그것을 뛰어넘는다.

휴지통 속의 얼굴들

디(Dee)는 자살시도로 병원에 입원했다. 그녀는 행동화(acting out)와 자살 에피소드가 심각해서 장기간 거주시설(living unit)에만 있도록 제한받았고, 종종 특별한 보살핌과 신체적 구속을 필요로 했다. 몇 달 후 그녀가 충분히 안정되자 치료팀은 부서 밖 치료 경험을 시도하게 되었다. 시설에 제한되어 있는 동안 그녀가 이따금 섬뜩한 이미지로 즉흥적인 그림들을 그리는 것을 보며 직원들은 흥미로우면서도 불안해했다.

디는 나의 성인집단미술치료에 의뢰되었다. 나는 보통 새로운 집단원이 합류할 경우 한두 회기 전에 집단에게 알려 준다. 집단원들에게 디가 의뢰되었다고 알리자 항의가 끊이지 않았다. 그녀의 폭발적이고 예측 불가능한 행동에 관한 소문이 병원 전체에 퍼져 있었다. 모든 사람이 그녀의 난폭한 폭발에 관해 들은 적이 있었다. 디는 분노와 고통으로 들끓는 냄비 같았다.

집단에 합류한 직후, 디는 그림을 통해서 의미 탐구를 위한 반복적이고 특징적인 상징을 분명하게 나타냈다. 그녀는 자신이 쓰고 있는 가면을 그렸는데 그것은 무섭고 화난 매력적이고 그리고 상처를 입었다. 그녀는 휴지통 바닥에 구겨져 있는 사람들의 이미지, 그녀를 보호하고 질식시킨 벽, 아기가 엄마를 찾으며 울고 있는 동굴의 내부를 그렸다.

이 은유적 이미지들은 100여 점의 작품에서 반복적으로 그려지거나 칠해졌다. 디가 집단과 내게 주는 불안감에도 불구하고 디와 그녀의 작품에 대한 나의 반응은 일관되게 사실적으로 수용하는 것이었다. 나도 디의 문제행동에 관한 이야기를 들은 적이 있었다. 우리 관계가 발전하자 나는 디와 상호작용하면서 내 자신의 은유, 즉 사람은 여러 면을 가진 프리즘과 같다고 소개했다. 나는 우리 자신의 모든 면—아름다움과 추함, 따뜻함, 차가움, 화남, 두려움—을 표현하는 것이 얼마나 중요한지 강조했다. 이 모든 것은 가치 있으며 본질적인 자신의 측면들이다. 디의 고통의 근원은 버림받은 느낌이었다. 그녀는 아기를 돌볼 준비가 안 된 어머니에게서 태어났다. 결국 그녀는 할머니에게 입양되었고 그 할머니는 육체적이고 물질적인 방법으로는 디를 돌보았지만 그녀에게 필요한 정서적이고 애정 어린 돌봄을 줄 수 없었다. 디는 자신이 혼자임을 알고 있었고 그것이 분노와 자기혐오감을 강화시켰다. 그녀의 분노폭발은 다른 사람을 위협했고 그녀 곁에 있는 것을 어렵게 했고 그녀의 소외를 고착화했다. 그 순환은 고통스러웠다.

디가 생모에게서 편지를 받은 날, 집단에 어려운 순간이 찾아왔다. 그녀는 적대적인 에너지를 분출하면서 방으로 들어왔다. 마침 그날의 그림 주제는 다른 집단원에게 상징적인 메시지를 만드는 것이었다. 내가 회기의 주제를 설명했을 때 디는 진정되는 듯했다. 그녀는 침착하게 번개와 얼음 덩어리, 빈 유리잔 그리고 푸른색 아기 담요를 그렸다. 집단원들이 모두 그림을 끝내고 의자에 둘러앉았을 때 내가 물었다.

브루스: 자신이 만든 이미지에 대해 이야기하고 싶은 사람이 있나요?

디: (즉시 일어나서 집단원 한 명을 가리키며 거칠게 말하며) 너는 성난 ×××야. (다른 집단원에게) 너는 냉랭해. (또 다른 집단원을 향해 으르렁거리며) 너는 줄 것이 아무것도 없어. (또 다른 집단원에게) 너는 무력한 아이야. (집단원들에게) 당신들 모두 나에게 아무런 의미도 없어. 내가 당신들을 다 던져 버릴 거야.

디는 이렇게 말하며 벽에서 그림들을 뜯어내기 시작했다. 집단원들은 놀랐고 나는 매우 화가 났다. 그녀가 구겨지고 찢어진 이미지들을 휴지통에 버리려고 할 때 내가 그녀를 막았다. 나는 그녀가 7개월간의 집중적인 작업 끝에 말 그대로 모든 것을 내던지고 있다고 느꼈다. 나는 처음으로 목소리를 높이며 강하게 말했다.

브루스: 디, 나는 일회용이 아니야! 그런 식으로 우리를 버릴 수는 없어. 나는 우리 관계의 한 부분이고, 이 방에 있는 다른 사람들도 마찬가지야!

그녀는 떨면서 눈을 크게 뜨고 나를 쳐다보았다. 내가 그녀를 만난 이후 처음으로 그녀가 울기 시작했다. 그녀는 돌아서서 방에서 달려 나갔다. 남은 시간 동안 나는 집단원들이 방금 일어난 일들을 다루도록 도왔다. 그들은 놀라운 연민과 매우 깊은 통찰력을 가지고 이 작업을 해냈다. 그녀의 동료 중 한 명이 말했다.

동료: 그전에는 디의 연약한 모습을 본 적이 없어요. 그녀가 그린 모든 것이 정말로 자신에 관한 것 같아요.

나는 다음 회기를 하인라인(Heinlein, 1961, 역주: 영미 SF문학계의 3대 거장)의 소설 『낯선 땅의 이방인(A Strange in a Strange Land)』에서 묘사되는 소중히 여김에 대해 이야기하면서 시작했다. 내가 말한 요점은 다음과 같다. "우린 너무나 자주 우리 주변의 사람이나 사물에 대해 잘 모르면서 버리거나 무시합니다. 아마도 우리는 주변의 것들을 소중히 여기는 데 시간을 들여야 할 것입니다."

그러고 나서 나는 집단원들에게 서로에게서 소중하다고 여기는 특징을 이미지로 만들어 보라고 요청했다. 디는 처음엔 주저했지만 잠시 후 번개와 빈 유리잔, 얼음덩어리 그리고 아기 담요를 그렸다. 나중에 그림에 대해 이야기하면서 그녀는 동료들에게 따뜻하게 대했다. 모두가 이야기를 한 후에 내가 말했다. "아마도 그것들이 자신의 일부를 연상시키기 때문에, 우리는 다른 사람들에게서 그것들을 소중히 여길 것입니다." 디가 대답했다. "네, 맞아요. 나는 항상 화가 났고 춥고 깜깜한 동굴 어딘가에 남겨진 아기처럼 나는 너무 허전한 느낌이었어요."

이후 집단에서의 나눔은 매우 훌륭했다. 더 이상 격노하고 고립된 사람들의 모임이 아니라 자신들의 순례를 이해하고자 투쟁하는 순례자 모임이 되었다. 회기가 거의 끝나갈 무렵에 한 집단원이 디를 보며 물었다.

동료: 전날에 브루스가 당신에게 소리쳤을 때 기분이 어땠어요?

디: 뭔가를 발견하고 동시에 뭔가를 잃는 것처럼 느꼈어요. 혼란스러웠어요. 누군가 나를 어린 소녀처럼 안아 주기를 원했어요.

이어진 회기에서 집단원들은 디의 '어린 소녀다운 면들'을 상세히 알게 되었다. 이 버려지고 상처 입고 두려워하는 아이는 디가 죽은 사람들의 동굴에서 나와 살아 있는 땅으로 돌아가도록 길을 인도했다. 디는 자신에 대해 더 많이 알수록 다른 사람들을 더 많이 이해하게 되었다. 마지막 작품들에서 그녀는 동굴 깊은 곳에서 팔에 아기를 안고 있는 자신의 모습을 그려 냈다. 이 이미지는 말로 표현할 필요가 없었고, 그녀는 울었다.

치료 초기 단계에서 실존주의 미술치료 여정은 디에게 미술을 통해 자신의 감정을 창조적으로 표현할 수 있는 공간을 제공했다. 치료가 진행되면서 그녀는 이 작업을 계속했고 공유하고 수용하는 환경 속에서 이를 다른 사람들과 함께하는 것으로 연결했다. 치료 후기 단계에서는 버려지고 상처받은 디의 아이-자아와 보살피는 어른-자아 이미지가 주된 상징이 되었다. 디는 자신의 취약한 힘과 양육 능력의 강인함을 경험하기 시작했다. 그녀는 이 두 측면 모두를 자기 자신에게서 받은 귀한 선물로 여기게 되었다.

그녀는 퇴원 전날 밤 '커피 하우스'에서 열리는 장기자랑에서 자기가 만든 노래를 불렀다. 노래가 끝나자 한 순간의 침묵 후에 진심어린 박수갈채가 이어졌다. 객석에 있던 사람들 모두 디의 선물에 감동했다.

길을 잃고 춥다
그래서 연결이 끊기고 통제하고
불이나 얼음처럼 심술궂고 멋지다
영혼이 없는 껍데기
　　그리고 너무 심하게 아파
　　누구나 알 수 있도록
　　하지만 내면의 깊은 곳에서 그 아이가 운다
　　엄마가 말한다, 그러니까

불이 타오르고, 기억들이 흔들린다
눈물과 모든 웃음소리
부드러운 손과 요란하게 치는 손
그리고 그 다음날 아침 내내

그리고 너무나 간절히 필요하기 때문에

왜 그런지 모르겠다

하지만 내면의 깊은 곳에서, 다시 또 다시

엄마가 한숨을 쉰다, 울지마

모든 분노와 함께 성년이 되고

거울 속의 낯선 사람

영웅이 쓰러질 때 벽을 쌓아라

고통과 두려움으로 살아가다

그리고 너무나 분명하게 원한다

누구나 공유할 수 있기를

그리고 그 눈물 아래 숨겨져 있다

엄마가 꾸짖는다, 신경 쓰지 마

여기에 있고 거기에 있는 것

흑백에서 회색으로

컵을 채우고 다 마시기 위해

다시 시도해 보라

그리고 너무 천천히 발견한다

저기에 있는 낯선 사람은 나다

나는 무시무시한 분노로 그 페이지를 넘겼다

그리고 엄마는 날 자유롭게 해 주었다

퇴원 후에 디는 대학에 입학해서 건강전문가 관련 학위를 받았다. 나는 그녀가 자신의 일에 능숙하고 민감할 거라고 생각한다. 나는 그녀가 내담자의 고통을 이해할 수 있고 자기만의 방식으로 그들을 더 깊고 의미 있는 실존으로 안내할 수 있다고 확신한다.

7장

캔버스 거울의 틀

모든 치료 사상과 방법론은 그 기초에 실천 이론을 가지고 있다. 그 밑바탕에는 치료사가 어려움을 겪는 사람을 어떻게 가장 잘 돌볼 수 있는지에 대한 비전이 깔려 있다. 내가 받아들인 실존주의 접근은 의미요법(logotherapy; Frankl, 1995) 문헌에 실린 철학에 기반을 두고 있다. 의미요법은 세 가지 기본 원리—① 자유 의지(freedom of will), ② 의미에 대한 의지(will to meaning), 그리고 ③ 삶의 의미(meaning of life)—에 기초한다.

자유 의지

스튜디오에서 나는 롭(Rob)이 검은 바탕에 무거운 쇠사슬과 커다란 자물쇠가 그려진 그림을 마무리하는 것을 보고 있었다. 그가 말했다. "바로 그런 거예요. 나이가 들수록 더 많은 쇠사슬이 나를 휘감아요."

롭은 인류 역사에서 이 시대를 살아가는 자신뿐만 아니라 많은 동료를 대변한다. 그는 자신의 길을 자유롭게 선택하거나 자신의 인생을 책임질 수 있는 가능성은 전혀 없다고 보았다. 말할 것도 없이 그는 자기 존재의 생물학적 · 문화적 또는 심리적 상황들로부터 자유롭지 못했다. 하지만 롭은 사실 자신의 상황에 대한 태도를 자유롭게 선택할 수 있었다. 그는 관계에서 포로가 되거나 해방된 자(liberator)가 될 자유가 있다. 인간은 외부세계뿐만 아니라 내부세계에도 반응하고 대처할 수 있다. 자의식과 양심을 동시에 드러내는 능력은 인간의 고유한 특성이다. 우리는 자신으로부터 분리될 수 있고 자신을 초월할 수도 있다. 이 능력이 바로 우리가 다른 사람을 위해 봉사할 때 자신의 즐거움을 지연시킬 수 있게 한다. 자신을 관찰하는 능력은 개인이 한계 내에서 자유를 찾을 수 있도록 해 주는 특별한 능력이다.

예술가는 창조할 때마다 자유와 한계의 양극성에 직면한다. 그들은 원하는 것은 무엇이든 만들 수 있거나 아무것도 만들지 않을 수 있는 궁극적인 자유를 가지고 있다. 그러한 자유는 혼돈스러울 수 있고 가능성의 혼돈에 질서를 가져오는 일은 넘기 어려운 장벽이 될 수도 있다. 예술가가 매체를 가지고 작업하면서 내리는 모든 결정은 수많은 잠재력에 구조를 가져온다. 예술가가 특정 작품을 어떻게 작업할지 자유롭게 선택함에 따라 그 결정은 가능성의 혼돈에 한계를 준다. 예술가가 매체와 기법, 의도, 미학과 관련해서 내리는 모든 결정은 한계를 주는 동시에 자유롭게 해 준다.

작가는 종종 첫 단어를 쓰지 못하는 막힌 느낌에 대해 불평하곤 한다. 시각예술가도 작업을 하고 싶지만 어떻게 시작해야 할지 막막할 때 비슷한 좌절감을 느끼곤 한다. 두 경우 모두 한계를 설정하지 못하면 창조적 몰입(flow)에 방해가 될 수 있고 일단 경계가 설정되면 자유가 실현된다. 경계가 정해질 때 자유가 시작된다.

나도 롭처럼 나이를 먹어 감에 따라 더 많은 쇠사슬이 내 등에 감긴다는 것을 알게 되었다. 그러나 롭과 달리 나는 이것을 구속이라고 생각하지 않고 오히려 나의 삶과 관계 그리고 개인적이고 직업적인 의무가 갖는 의미를 좀 더 명확하게 정의할 수 있는 기회로 본다. 가끔 나는 개인적인 관계들을 점검하는데 때로는 그것들이 녹슬어서 가치보다는 오히려 짐이 된다는 것을 발견한다. 나는 나 자신을 풀어주기로 선택할 수도 있고 아니면 어떻게든 그 짐을 지기로 결정할 수도 있다. 내가 무엇을 선택하든 그 결정은 나의 몫이다. 우리의 쇠사슬은 인생의 닻이다. 한편으로는 사람을 제한하고 다른 한편으로는 사람을 자유롭게 한다.

롭에게 중요한 치료과제는 권한부여였다. 우리가 함께 작업하는 동안 나는 그의 자기 패배적이고 자기 제한적인 행동에 주의를 기울였고 그가 스스로 선택할 수 있었던 순간들을 축하했다. 그가 고군분투하는 동안 그림 그리는 것을 지켜보고 함께 하는 것은 그가 삶의 한계에 대해 어떤 태도를 갖는지 은유적으로 탐구할 수 있는 멋진 기회였다.

브루스: 배경으로 검은색을 선택했군요.

롭: 네, 좀 암울해요. 그렇죠?

브루스: 어둡고 무거워 보여요.

롭: 그래야 할 것 같아요.

브루스: 하지만 빨강, 파랑이나 노란색으로 칠할 수도 있었지요.

롭: 아니요, 검정이어야 해요.

브루스: 분홍색 항아리가 보이네요.

롭: 무슨 말을 하려는 거지요?

브루스: 당신이 검은색을 골랐다는 것, 그것뿐이에요.

롭: 그럴 수 밖에 없었어요.

브루스: 아니, 우리에겐 다른 색들도 있어요.

롭: 요점이 뭐죠?

브루스: 당신이 선택했다는 거예요.

롭: 그래요, 젠장. 내가 선택했어요.

그 선택을 소유함으로써 롭은 다른 선택의 존재를 인정했다. 선택의 자유는 우리 작업에서 반복되는 주제였다. 이 주제는 보통 예술적인 의사결정들과 관련되었지만 그의 삶 속의 정서적인 이슈들과도 매우 유사했다. 결국 그는 자신이 자유롭게 선택할 수 있기 때문에 자신이 환경의 희생자가 될 필요가 없다는 것을 깨닫게 되었다.

의미에 대한 의지

의미를 탐구하는 것은 인간의 삶에서 매우 중요하다. 프로이트의 환원주의는 삶은 생물학적 욕구의 상호 관계로 설명될 수 있다고 주장한다. 행동주의자들은 삶이란 습관적인 행동양식의 편집에 지나지 않는다고 주장한다. 그러한 이론적 기반을 갖는 미술치료사들은 의미탐구라는 개념을 방어적 주지화나 합리화로 여길 수도 있다. 실존주의 미술치료사로서 나는 욕동(drive)과 행동이론의 역사적 공헌을 폄하하지 않는다. 하지만 나는 인간에게는 이드(id)나 습관보다 더 많은 것이 있다고 주장한다. 프랭클(Frankl, 1959)이 말했듯이, "인간이 의미를 찾는 것은 삶의 기본적인 동기일 뿐 본능적인 욕동에 대한 '이차적 합리화'가 아니다." (p.121)

내담자의 의미는 고유하다. 미술치료사는 오직 내담자만이 자신의 의미를 완전하게 할 수 있다고 주장하되, 그 의미는 개인 내에 고립된 상태에서는 찾을 수 없다는 점을 명심해야 한다. 의미는 언제나 탐구자와 다른 사람들 간의 복잡한 상호작용 속에서 발견된다.

의미를 찾는 이 역설적인 과정에서 미술의 역할은 심오하다. 캔버스 거울의 은유를 명심하면 역설은 분명하게 드러난다. 예술가는 창조할 때 그림을 자유롭게 하고 캔버스에 생명을 주기 위해 의식적이고 무의식적 수준에서 투쟁한다. 캔버스 거울은 여러 가지 현실—현재와 과거 그리고 미래—을 동시에 반영한다. 일단 창조적인 활동이 완료되고 서명이 된 그림이 액자에 걸리면, 그 중요성은 다른 사람들의 반응에 달려 있다. 예술가가 캔버스 거울을 들여다보고 자신으로부터 이미지들이 계속 흐르도록 허용했을 때 그들은 가장 정직한 방법으로 말한 것이다. "이것이 바로 나다. 이것이 나인 이유다." 완성된 그림을 천으로 싸서 어두운 장에 숨겨 놓고 예술가는 선언한다. "나는 아무것도 아니다. 나는 무의미하다." 하지만 이런 일은 거의 일어나지 않는다. 프로든 아마추어든 내담자를 포함한 예술가는 일반적으로 자신의 작품을 다른 사람들이 보고 수용하기를 원한다. 이것이 의미에 대한 의지가 개인 내 그리고 개인 간에 모두 있다는 것을 보여 주는 분명한 예다.

굴과 진주

중년 여성인 그웬(Gwen)은 스튜디오의 테이블에서 앉아 있던 의자를 뒤로 밀어냈다. 그녀는 작은 조소 작품에 녹청(patina, 역주: 일부 금속의 표면에 생기는 것) 만드는 일을 끝냈다. 그것은 열려 있는 조개껍데기 형상이었는데, 바깥은 거칠고 딱딱한 껍질이지만 안쪽은 부드러웠다(그림 28). 한 가운데에 작은 구(球, sphere)가 편안하게 놓여 있어서 굴과 진주의 이미지를 불러일으켰다. 다른 차원에서 그것은 취약성과 뒤섞인 보호와 안전의 느낌을 불러일으켰다.

브루스: (그 모양에 감탄하며) 멋지게 잘 되었군요.

그웬: 오, 잘 모르겠어요.

브루스: 진심이에요. 이건 강렬한 작품이에요. 분명 당신에게 큰 의미가 있을 거예요.

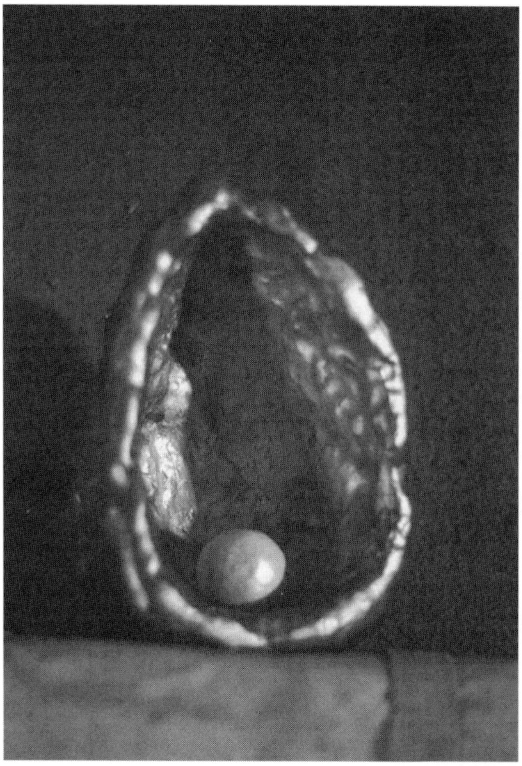

그림 28. **굴과 진주,** 조소(sculpt)

그웬: 아니, 아무것도 아니에요. 저 여자분(다른 치료사)이 나에게 뭔가 해야 한다고 해서, 그래서 했어요.

브루스: 굴이 생각나네요.

그웬: (웃으며) 뭐요?

브루스: 진주가 어떻게 만들어지는지 들어본 적 있나요?

그웬: 아니요.

브루스: 음, 굴은 부드러운 내부 조직에 모래알 하나가 걸리고 그 모래알은 굴을 다치게 해요. 굴은 그 자극을 완화하기 위해서 창조적인 즙(juice)으로 모래알을 덮어서 좀 더 견디기 쉽게 합니다. 하지만 이내 그것도 딱딱해져서 상처를 내지요. 그럼 굴은 또 그걸 덮어요. 이 과정이 수차례 반복되면 마침내 진주가 남겨집니다. 이 흉하고 상처만 주는 모래알이 창조적인 즙에 의해 변형되어서 아름답게 만들어지지요.

그웬: 그게 사실이에요?

브루스: 약간 시적일 수는 있지만 예술에 대해서는 맞는 것 같아요.

그웬: 어떻게?

브루스: 아프고 불편한 것들은 종종 예술가에게 동기를 부여하지요. 내가 알기로는 나 역시 기분이 좋을 때는 그림을 그리지 않아요.

그웬: 왜요?

브루스: 기분이 좋아서 너무 바빠요. 그림을 그릴 이유가 없지요.

그웬: 그럼 기분이 안 좋을 때만 그림을 그리나요?

브루스: 그런 셈이죠.

그웬: 그럼, 그것이 기분을 좋게 해 주나요?

브루스: 가끔요. 하지만 기분이 더 나빠질 때도 가끔 있어요.

그웬: (작품을 만지며) 이게 그래요.

브루스: 그게 기분을 더 나빠지게 했나요?

그웬: 네, 우리 아이들이 어렸을 때를 떠올리게 해요.

브루스: 그래서 당신이 아이들을 보호했고요?

그웬: (고개를 끄덕이며) 네. 지켜 주고 먹이고 씻기고 사랑해 줬어요. (눈물이 그녀의 뺨

을 타고 흘러내림)

브루스: 그들은 이제 다 컸나요?

그웬: 네, 그들은 갔어요.

브루스: 정말 아름다운 작품이군요.

그웬: 고마워요.

예술가는 자신의 창조성의 주요 원천이 내면의 정서적 혼란이라는 것을 이미 알고 있었다. 스티븐 킹(Stephen King, 1988)의 소설 『불행(Misery)』에 나오는 한 등장인물은 다음과 같이 표현했다.

> 왜냐하면 작가들은 모든 걸 기억하기 때문이야, 폴(Paul). 특히 상처를. 작가를 발가벗겨 놓고 흉터를 가리키면 그는 아주 사소한 것까지 너에게 다 말해 줄 거야. 중요 부분에서는 아마도 기억상실이 아닌 소설을 듣게 될 거야. 자네가 작가가 되고 싶다면 작은 재능도 좋지만 유일하게 필요한 것은 모든 흉터의 이야기를 기억하는 능력이야. 예술은 기억의 지속성으로 이루어져 있다네(p. 219).

아마도 예술의 목적은 삶의 상처를 변형시키는 것, 즉 고통스러운 모래조각을 가지고 진주를 만드는 것이다. 이러한 변형은 우리 삶의 양극성을 대변하고 신성하게 만든다. 그것은 예술가가 자연스러운 삶의 흐름과 일치할 수 있게 해 준다. 니체(Nietzsche, 1956)는 치유란 갈등과 투쟁을 수용하는 것이라고 표현했다. 예술적인 행위는 내면의 갈등과 투쟁이라는 감정의 모래알을 미술작품으로 변형시키도록 도와줌으로써 내담자에게 은유적인 굴의 역할을 할 수 있다.

점토와 마주하고 있는 여성 예술가 그웬을 보는 것은 즐거운 일이었다. 그녀는 심각한 자살기도 후에 병원에 왔었다. 처음에 그녀는 목적 없이 점토를 만지작거렸다. 그러나 점토에서 이미지가 떠오르자 그녀의 동작은 더 의도적이고 정밀해졌다. 모호하고 두서없이 시작한 것이 점차 그녀 자신과 점토와 조소 도구들 간의 분명한 만남으로 이어졌다.

그녀가 작업하는 동안 보인 강함에서의 눈에 띄는 변화는 그녀의 내적 과정을 반영한다. 처음에는 목적이 없었고 애매모호했고 무심했다. 열심히 작업할수록 그녀는 더 방향을 잡게 되었다. 저절로 떠오른 조개껍데기와 진주의 모양은 그녀의 빈 둥지에 대한 슬픔을 웅변해 주었다. 그녀의 조소 작품은 외적 현상이자 내적 현상이었다. 점토에 형태를 부여하면서 그녀는 내면의 공허함을 다루기 시작했다. 심오한 미술작품은 보통 내면적인 고통과 변화 경험으로부터 탄생한다. 예술은 갈등을 사용해 고통스러운 투쟁을 명예롭게 함으로써 삶에 의미를 가져온다. 실존주의 미술치료사는 이러한 투쟁과 긴장의 핵심적인 본질을 이해하고, 힘의 충돌이 예술창조 행위를 어떻게 이끌어 내는지 이해한다. 우선적으로 해야 할 일은 내담자가 자신의 불편함에 대해서도 같은 태도를 갖도록 하는 것이다. 미술치료사는 내담자가 자신에 대한 관점을 희생자에서 영웅으로 바꿀 수 있도록 도와야 한다.

변형적인(transformative) 예술경험을 통해 그웬은 자신에게서 반대되는 것들, 즉 취약하게 느껴지는 부분과 보호할 수 있을 만큼 충분히 강한 부분을 확인할 수 있었다. 창조적인 작업을 통해 그녀의 내면적 모순과 갈등이 드러나면서 이해되기 시작했다.

인간은 항상 어떤 종류의 변화와 갈등의 과정에서 대립과 모순 그리고 불일치로 가득하다. 사람은 자신의 변화와 갈등을 받아들일 수 있는가 아닌가에 따라 정신건강이 안전하거나 위험해진다. 마음속에는 내면의 양극성으로 인한 기본적인 긴장이 있다. 이러한 힘들에 대한 개인적 반응은 무감각과 불안에서부터 창조적 극복에 이르기까지 다양할 수 있다. 예술은 갈등을 줄여 주는 것이 아니라 그 긴장을 이용해서 창조적인 행위에 힘을 불어넣는 것이다. 예술가는 삶의 고통스러운 부조화를 형성하고 존중하면서 의미를 발견하고 창조해 낸다. 창조는 고통을 완화시켜 주지 않고 오히려 고귀하게 한다. 그것은 치료하는 것이 아니라 받아들이는 것이다. 모순과 갈등은 예술의 창조 행위를 통해 더 선명하게 초점이 맞춰져 '비논리적인 감각(non-logical sense)'을 만들어 낸다. 예술은 사람의 가장 깊은 공포와 외로움, 고통, 죄책감을 포용한다. 캔버스 거울을 들여다보며 예술가는 불쾌하고 방해가 되는 자신의 부분들을 만나게 된다. 때때로 이 발견들은 만족스럽고 심지어는 아름답기까지 하다. 내담자의 표현은 더 서툴고, 무섭고, 가공되지 않았다. 미술치료사로서 내가 해야 할 일은 내담자의 표현을 선물이라고 여기고 환영하면서 안전하고 공감적인 환경을 조성하여 내면을 들여다보는 데 필요한 영웅적인 노력을 격려하는 것이다.

미술치료사는 정형화된 작품 해석자나 평가자 또는 진단가가 되는 유혹을 피해야 한다. 나는 영리한 해석이나 평가를 하는 치료사를 양성하는 일에는 관심이 없다. 나는 내담자가 스튜디오에서 자신에게 필요한 작업을 한다면 그들은 스스로 필요한 해석과 판단과 행동 변화를 해낼 것이라고 믿는다. 내담자의 작업 결과로 일어나는 변화는 외부 권위에 의해 부과되는 것이 아니라 자기 자신에게서 생겨나기 때문이다. 나의 목표는 내담자가 자신의 한계 내에서 자유를 탐구할 수 있도록 힘을 북돋우고, 그가 창조적인 작업에서 드러나는 삶의 의미를 발견하도록 돕는 것이다.

8장

이미지 듣기와 미술작품 이해하기

몇 년 전 나는 자신이 벙어리라고 믿는 여성과 함께 일했다. 몇 달 동안 그녀는 나와 함께 있을 때 검은색 분필만 사용했다. 나는 명백한 우울증과 슬픔이 그녀의 그림에 나타난다고 임상기록에 적었다. 나중에 그녀가 다시 말하는 능력을 되찾았을 때 나는 그녀의 '우울한' 검은색 그림에 대해 무심코 말해 버렸다. 그녀는 웃으며 말했다. "검은색은 내가 가장 좋아하는 색이고 나는 당신이 너무 좋아요. 그래서 가장 좋아하는 색을 사용했어요."

이것은 미술치료사로서 하지 말아야 할 것에 관한 나의 첫 번째 교훈 중 하나다. 나는 그녀가 사용한 색에 대한 내 편견을 너무 쉽게 허용한 나머지 그녀가 표현하고자 하는 것에 대한 내 생각에 영향을 미치게 했고 결국 그녀의 의도를 완전히 놓쳐 버린 것이다. 맥니프(McNiff, 1988)에 따르면, "그림을 부정적으로 의심스럽게 보려는 경향이 만연해 있다."(p. 47) 이 일이 있은 후로 나는 이미지를 듣고 미술작품을 공감하는 예술을 스스로 연마하려고 노력해 왔다. 이 훈련은 내가 예술가의 작업에 폭력을 가하는 '이미지 죽이기(imagicide)'를 범하지 않도록 막아 준다(Moon, 1990). 돌이켜 보면 나는 내담자의 미술작품에 대해 전지적 접근방식을 가장하면서 학대를 저질렀었다. "이미지와 미술작품에 대한 학대는 해석자의 암묵적 부정성과 미술작품 그 자체에 접근하는 능력의 부재와 관련된다."(McNiff, p. 48) 역설적이게도 나의 지식과 경험이 늘어나면서 미술작품의 의미에 대한 확신이 사라지게 되었다. 나는 나 자신이나 다른 사람의 객관적인 해석 능력에 대해 회의적이다.

'이미지 죽이기'에 대한 나의 반감은 의심할 여지가 없다. 나는 내담자의 작품을 진단하고 분류하는 것이 타당한지 더 이상 확신할 수 없다. '이미지 죽이기'의 극단적인 예는 몇 년 전 미국미술치료협회(American Art Therapy Association) 전국 회의에서 소개되었다. 동료 한 명이 프레젠테이션을 통해서 어떻게 그가 내담자들에게 완성된 미술작품을 그의 사무실 접수처에 놓도록 했는지 설명했다. 그러고 나서 그는 그 작품들을 분석하고 요약 보고서를 쓰고 치료를 위한 의뢰서를 만들었다. 그리고 내담자는 언제 그 미술작품과 분석을 받을 수 있는지 통보받는다. 내담자와 치료사 간에 어떠한 대화나 직접적인 관찰이나 관계도 없었다. 나의 틀에서 보면 이러한 식의 해석은 시간 낭비일 뿐 아니라 작품과 예술가 모두에게 해롭다.

또한 나는 모든 종류의 해석이 의미 없다고 주장하는 미술치료사에게도 불편함을 느낀다. 화가인 내 친구는 미술치료의 관심이 더 깊고 숨겨진 의미에 있다는 것을 알게 되었다. 그는 예술이 그 자체를 위해서 행해져야 한다고 믿고 있다. 그는 작품 내용에 관한 어떤 대화도 그 작품과 창작자 모두를 하찮게 만든다고 생각한다. 그는 창작물에 담긴 상징들에 대한 질문에 싫증을 내는 많은 예술가의 입장과 크게 다르지 않다. 나는 미술품에 낙인을 찍거나 하나의 고정된 해석을 부여하는 것은 예술가를 비하하는 것이라는 화가 친구의 말에 동의하지만, 나는 또한 예술가 작품의 잠재된 의미탐구를 제한하는 것은 예술가와 감상자 간의 대화 기회를 제한하는 것이라고 생각한다. 미술창작은 창작자와 감상자 사이의 관계를 요구한다. 이러한 관계는 내가 말하는 해석적인 대화로 쉽게 이어질 수 있다. 예술가와 감상자 간에 주고받는 과정은 양측 모두를 위한 의미 출현의 경로가 된다.

예술가와 감상자 간의 상호작용은 주관적인 반응들로 가득 차 있다. 예술가와 감상자는 관여하는 순간에 자신들의 투사를 가져온다. 의미의 발견이나 창조는 이러한 투사를 상세히 분류하는 협력적인 과정을 통해 가능하다. 일부는 버리고 다른 것들은 수용하고, 이 과정에서 심층적인 분류가 필요한 투사들을 추가적으로 창조한다. 진지하게 생각해 보면 다른 사람의 미술작품을 해석하는 것은 엄청난 일일 수 있다. 그 점에서 자신의 미술작품을 해석하는 것 또한 어려울 수 있다.

미술작품을 이해하는(relating to) 일은 잘 훈련된 미술치료사의 주의를 기울이는 능력에 전적으로 달려 있다. 미술치료사는 내담자의 미술작품에 대해 주관적으로 반응할 수 밖에 없다. 따라서 그들은 항상 자신의 의미를 내담자 작품에 투사할 위험에 처해 있다. 만약 미술치료사의 투사를 사실에 근거한 분석으로 착각한다면 내담자에게 큰 피해를 줄 수 있다. 미술치료사의 투사로 인한 왜곡된 해석으로부터 내담자와 내담자의 미술작품을 보호하기 위해 나는 모든 가능한 의미를 인정하고 철저히 조사하려고 노력한다. 나는 모든 가능성에 주목하는 것은 불가능하다는 것을 인정하지만 그래도 나는 체계적인 방법으로 노력한다. 나는 미술작품이 불러일으키는 느낌과 잠재적인 상징적 의사소통을 포함하여 미술작품의 있는 그대로의 특성에 주의를 기울인다. 나는 이미지를 경청하고 내담자의 미술작품을 이해하기 위해 다음의 5단계를 거친다.

- 내부적(internal)

1. 있는 그대로 보려고 주의하기
2. 미술작품이 불러일으키는 느낌을 탐색하기
3. 가능한 상징적인 의미를 고려하기

- 외부적(external)

4. 내담자 이야기 경청하기
5. 내담자 이야기를 다시 말하거나, 내담자 이야기에 반응하기

앞에서 말한 내담자 미술작품을 이해하는 과정 중 처음 세 단계는 미술치료사의 내부에서 일어난다. 내담자의 작품에 대해 언급하기 전에 나는 다음 사항들을 주의 깊게 살펴본다.

있는 그대로 보려고 주의하기

미술치료 교수로서 가장 어려웠던 수업 중 하나는 미술작품에 무엇이 있는지 보기 위해서 하나의 작품을 정확하게 관찰하는 것의 중요성을 가르치는 것이었다. 이를 위해 나는 처음 미술작품을 대할 때 미술작품이 표현하는 상징적인 의도에 대한 정서적 · 인지적 판단을 멈추고 비합리적인 시각적 만남으로 먼저 접근한다. 예를 들어, 그림 29를 생각해 보자.

나는 미술치료 학생인 보니(Bonnie)에게 "이 그림을 보면 무엇이 보이나요?"라고 물었다. 그녀가 대답했다. "창문 하나와 탁자 하나, 빵 한 덩어리, 그리고 사과 하나요."

보니는 캔버스에 보이는 물건들을 재빨리 나열했지만 그림의 있는 그대로의 특징들에 대해서는 언급하지 않았다. 뒤로 물러나서 거기에 무엇이 있는가 살펴보면 그림은 그 자체로 대상이 되어 이제 다르게 보인다. 이 미술작품에 대한 있는 그대로의 묘사는 다음과 같은 것들을 포함할 수 있다.

그림 29. **빵과 빛,** 아크릴

나는 24×28인치(약 61×71cm)의 직사각형 표면을 본다. 이 그림은 2×2피트(약 0.6×0.6m) 프레임 위에 펼쳐진 캔버스에 그려져 있다. 부드러운 붓 터치로 물감이 칠해졌고 유일하게 눈에 띄는 질감은 주홍의 동그라미 형태와 황색과 황토색 형태에서 볼 수 있다. 몇 개의 큰 기하학적 형태가 있고 대부분의 색은 따뜻하다. 빨간색과 오렌지색으로 칠한 작은 원형 모양이 약간 오른쪽 중앙 아래에 있다. 바닥에는 황색과 황토색 음영으로 된 불규칙한 타원형이 하나 있다. 캔버스의 오른쪽에는 시원한 초록색 윤곽 형태가 하늘색을 둘러싸고 있다.

이 단계의 목적은 미술작품이 무엇을 표현하거나 상징할 것이라는 선입견 없이 있는 그대로를 파악하는 것이다. 대표적인 대상을 언급하지 않고 단순히 그림의 색깔과 형태 그리고 물리적 특성을 봄으로써 후에 이 미술작품을 이해하는 과정에서 무엇이 중요한지에 대한 감각을 얻게 된다. 이 작품은 주황색과 빨간색의 따뜻하고 부드러운 색조가 지배적이면서 오른쪽에 있는 색들과 대비되는 특질을 보인다. 또한 하나의 커다란 기하학적 형태가 작은 곡선 형태들과 현저하게 대조된다.

미술작품이 불러일으키는 느낌을 탐색하기

두 번째 내부적인 단계는 그 작품이 불러일으킬 수 있는 감정을 탐색하는 과정이다. 이 단계의 목적은 너무 쉽게 어떤 한 느낌에 고정되지 않고 주어진 미술작품에 의해서 표현될 수 있는 되도록 많은 감정을 얻는 것이다. 이 단계에서 미술치료사는 여러 가지 가능성을 먼저 탐구하지 않고 감정적인 의도를 붙이려는 경향을 피해야 한다.

스튜디오에 앉아 이 그림(그림 29)을 보면서 나는 그림이 불러일으키는 느낌들에 주의를 기울인다. 벽에 반사되는 빛을 보면 마치 내 피부에 햇빛이 닿는 듯한 느낌이 들고 나는 평온하고 명상적인 느낌을 갖는다. 하지만 이 그림은 외로움과 애잔한 그리움의 느낌도 담고 있다. 사람의 부재나 테이블과 창문을 보는 약간 비스듬한 관점으로 인해 불길한 느낌도 느낄 수 있다. 또는 창밖의 열린 공간이 유발하는 혼란의 느낌도 있을 수 있다. 아마도 나는 이 그림을 볼 때마다 다른 감정들을 발견할 수 있을 것이다. 그림이 불러일으키는 느낌들은 시간이 지나면서 변한다. 어느 날 나는 창문 너머로 끝없이 펼쳐진 하늘을 바라보고 있는 나 자신을 발견하면서 희망을 느끼고, 어떤 날은 방 안의 미묘한 온기를 느끼고, 또 다른 날에는 사과와 빵 바구니의 비밀에 흥미를 느낀다. 이 단계에서 중요한 것은 미술작품이 표현할 수 있는 가능한 많은 감정을 탐색하여 너무 빨리 예술가의 정서적 의도를 하나로 특정하지 않는 것이다. 나는 많은 느낌을 고려하고 언제나 더 많은 가능성이 있다는 것을 잊지 않도록 스스로를 단련한다.

가능한 상징적 의미를 고려하기

내가 미술치료사들에게서 발견하는 흔한 실수는 미술작품 해석과 관련된 편견에 너무 쉽게 굴복하는 경향이다. 내담자 미술작품의 의미를 추정하는 것은 유혹적이다. 그리고 많은 미술치료 문헌은 미술작품이 본질적으로 무의식적 활동이라는 개념에 근거한 고정된 해석 체계를 뒷받침하는 것 같다. 나움버그(Naumburg)는 "미술치료에서 내담자의 무의식적인 이미지화된 경험은 직접 하나의 그림 이미지로 바뀐다."(Hammer, 1958, pp. 511-512)라고 했다. 나움버그에 따르면, 미술치료의 목적은 자발적(spontaneous) 미술제작을 격려하여 상징적인 언어 형태로 무의식에 직접 접근하도록 하는 것이다. 크래머(Kramer)도 나움버그와 마찬가지로 정신분석이론에 근거했다(Ulman, 1975). 그러나 그녀는 미술치료가 단지 자발적인 표현에만 관심이 있는 것은 아니라고 보았다. 그녀는 무의식의 "원시적 충동과 환상"(p. 6)이 미술작품의 원료로 작용한다고 믿었다. 미술에 대한 이러한 생각들은 지그재그선은 공격성, 빨간색은 분노 그리고 작은 단색 그림은 우울의 징후라는 가정들로 이어졌다. 이것은 분명 미술치료 문화에서는 진리이고 지혜를 담고 있을 수도 있지만, 내담자와 작업할 때 그것에 너무 많은 비중을 두는 것은 위험하다. 나는 그런 무수한 진부한 이야기들이 미술치료사에게 미묘하게 각인되었다고 믿고 있다. 어떻게 해야 그것을 의식에서 완전히 없앨 수 있는지 모르겠다. 그러한 진부한 이야기에 기초한 해석이 내담자에게 줄 수 있는 잠재적인 피해를 최소화하기 위해, 나는 주어진 상징이

나 미술요소들의 다양한 의미를 탐구하려고 스스로 단련하고 항상 더 많은 가능성이 있다는 것을 기억한다.

다시 그림(그림 29)을 보면서 작은 이미지 요소인 오른쪽 하단에 있는 빨간색 원형에 주목해 보자. 어떤 미술치료사는 빨간색 모양을 보고 사과라고 가정하고 성경에 나오는 아담과 이브의 이야기에 나오는 사과 상징으로 비약해 해석할 수도 있다. 물론 그 해석은 아담과 이브 이야기의 의미에 대해 다른 의문들을 야기한다. 각자의 신학 체계에 따라서 이 이야기에 대해 여러 가지 다른 해석이 있을 수 있다. 사과의 상징적 의미와 관련된 다른 가능성들을 탐색하면서 사람들은 사과의 해석을 아담과 이브의 이야기로 제한하는 데 따른 위험을 깨닫기 시작한다. 예를 들어, 어떤 내담자에게 사과는 비틀즈의 레코드 라벨을 상징할 수 있기 때문에 1960년대 성장기와 좋아하는 노래, 첫사랑의 기억, 옛 시절에 대한 향수를 떠오르게 한다. 혹은 사과가 지식을 상징할 수도 있다. 아이작 뉴턴과 중력, 컴퓨터, 사과 주스, 가을, 수확, 핼러윈, 핵심 문제, 존 애플시드(John Appleseed, 역주: 각지에 사과 씨를 뿌리고 다녔다는 미국 개척 시대의 전설적 인물), 교사의 마음에 든 학생, 죄, 성생활, 양육; 파이와 모성, 나무, 나무 위의 집 그리고 어린 시절, 사랑과 소중한 것, 또는 단순한 사과를 상징할 수도 있다.

게다가 사과에는 더 많은 상징적 의미가 있다. 사과(그림 29)의 상징을 정의하기 위해서는 가능한 다양한 의미에 열려 있어야 한다. 동시에 그냥 단순한 사과일 가능성도 허용해야 한다. 이러한 개방성은 그림에 묘사된 각각의 대상에 모두 적용되어야 한다. 창문과 탁자, 벽에 비친 햇빛, 빵 바구니는 모두 여러 가지 다양한 의미를 가질 수 있으므로 각각은 선입견 없는 관심을 받아야 한다.

내담자의 작품에 다가갈 때 나는 미술작품의 있는 그대로의 현실에 내 자신을 개방한다. 나는 각각의 작품에 표현되는 노골적이고 미묘하게 암시된 감정들을 느끼도록 나 자신을 개방한다. 나는 가능한 한 많은 상징적 의미들을 탐색한다. 문자 그대로 정서적이고 상징적인 탐색은 내면적인 과정이다. 나는 내담자에게 작품에 대해서 말을 하기 전에 이 단계들을 거친다. 작품의 있는 그대로의 특성과 정서적 요소 그리고 상징적 가능성에 주의를 기울임으로써 나는 내담자와 만나는 첫 단어에 이르게 된다. 지금까지 설명한 내부적 과정을 마치고 나는 내담자와 상호작용하는 영역인 다음 두 단계로 이동한다.

내담자 이야기를 경청하기

현대에 들어서면서 사람은 이야기하기와 듣기에 대한 감사함을 잃어버린 것 같다. 아마도 인터넷과 텔레비전에서 나오는 정보의 빠른 흐름에 익숙해져 있어서 이야기하기는 속도는 너무 느리다고 느낄 것이다. 오늘날 사람은 이야기와 은유를 듣는 연습을 거의 하지 않는다.

실존주의 미술치료에서 이야기하기와 이야기 듣기는 필수적이다. 크로산(Crossan, 1973)은 참여의 은유적 의미는 듣는 사람과 이야기하는 사람을 의미 있는 경험으로 끌어들이는 것이며 보통 이는 의식을 변화시킬 수 있다고 설명했다. 미술작품은 예술가와 감상자 모두가 세상과 자신 그리고 타인에 대한 관점을 재구성할 수 있게 하는 능력을 지닌 은유적 참여다. 치료에서 미술작품과 관련된 이야기를 공유하는 것은 성장과 변화를 위한 기회를 제공한다.

미술치료사가 있는 그대로의 느낌과 상징적 가능성에 주목하면서 다른 사람의 작품에 진정으로 개방되었다면, 그 다음 단계는 내담자가 말하는 작품의 이야기를 듣는 것이다. 처음에는 보통 치료사가 개방형 진술로 시작하는 것이 도움 된다. 그림(그림 29)에 대해 "창밖을 바라보며 궁금해하는 나 자신을 발견했다."라고 말할 수 있다. 이러한 개방형 진술은 그 장면에 대한 관심과 무슨 일이 일어나고 있는지에 대한 관심 그리고 그림 이야기에 대한 호기심을 전달해 준다. 나는 언제, 어디서, 누가, 무엇을, 왜 그리고 어떻게로 시작하는 문장을 되도록 피한다. 왜냐하면 그러한 질문은 깊이 있는 경험을 나누도록 격려하기보다는 마치 심문 같은 느낌을 주어서 방어 반응을 불러일으킬 수 있기 때문이다. 미술치료사는 진정으로 경청해야 하는데 이야기하는 예술가가 치료사에게서 해석적 편견이나 무관심을 느낄 때 가장 빨리 대화를 중단하기 때문이다.

내담자는 보통 이전 세대들에게 지지를 제공해 왔던 생명을 주는 신화로부터 오랫동안 분리되어 있었다. 오늘날 자신의 이야기를 하는 것은 어려운 일이다. 하지만 나눔(sharing)를 통해서 내담자는 자신의 정체성을 재발견할 수 있고 고통을 존중하고 그들의 삶에서 의미를 찾아낼 수 있다. 내담자와 내가 예술적 탐구를 시작할 때 우리는 상호 이야기라는 모험을 시작한다. 나는 시각적 은유를 공유하는 것은 자신과 타인의 이해로 이어진다고 가정한다. 개인적인 역사를 창조적으로 살펴보는 것은 과거에 갇힌 내담자를 변화시켜 깨달음에 이르게 할 수 있다.

미술창작을 통해 이야기하는 것만으로는 충분하지 않다. "가끔은 들어주는 누군가가 있다는 것만으로는 충분하지 않을 때가 있다. 이야기를 들어주는 사람뿐만 아니라 깊은 관심을 가진 사람도 필요하다."(Kopp, 1972, pp. 22) 나는 이것이 보편적인 욕구라고 믿는다. 보고 듣고 돌보는 능력이야말로 미술치료사의 특별한 재능이다.

내담자 이야기를 다시 말하거나, 이야기에 반응하기

나는 시적이고 예술적인 발표의 핵심은 2차 창조적인 발표에 의해서 가장 잘 표현될 수 있다고 주장한 리히터(Gerhard Richter, 1973, 역주: 독일의 화가로 다양한 영역을 넘나들며 회화와 재현의 개념에 의문을 갖고 사진처럼 보이는 그림을 그림)의 생각에 영향을 받았다. 내가 처음으로 맥니프(McNiff, 1988 인용)의 2차 시적 발표의 개념을 접했을 때 그것은 내가 수년 간 내담자들과 해 왔던 것, 즉 내 자신의 이야기와 그림으로 내담자의 이야기와 미술작품에 반응하는 것을 확고하게 했다. 실존주의 미술치료에서 첫 번째 시적인 경험은 미술작품 창작이다. 내담자가 색칠할 때 나도 색칠한다. 그들이 그릴 때 나도 그린다. 그들이 삶의 깊은 의미를 말로 표현하려고 분투할 때 나는 그 분투를 함께 한다. 이 여정은 시각적 은유와 언어적 은유의 상호 대화가 된다. 물론 내담자의 이야기가 항상 중요하다. 결국 그들은 나에게 도움을 구하는 사람들이다. 내가 내담자에게 제공할 수 있는 가장 확실한 경험 중 하나는 그들의 투쟁을 비추고 공명하는 나의 작품으로 그들의 작업에 반응하는 것이라고 믿는다.

T.R.은 소속감이 필요하다

T.R.은 6피트 2인치(약 188cm) 키에 몸무게는 약 250파운드(약 113kg)였다. 16세

밖에 안 되었지만 그는 경미한 뇌졸중을 앓았고 한쪽 얼굴에 약간의 마비 증상이 있었다. 그는 최근 9년 동안 위탁가정과 정신병원을 들락거렸다. 그의 어머니와 아버지는 모두 돌아가셨다. 그는 범죄를 저질렀고 법원 명령은 형제자매들과 접촉하는 것을 허락하지 않았다. 그는 치료진들을 폭행한 전력도 있었다. 그는 면회 오는 사람도 없이 거의 2년 동안 거주치료시설에 있었다.

T.R.은 똑똑하고 빈정대고 우울하고 자가진단표는 '분리 문제'로 채워져 있었다. 그는 다가가기 어려운 사람이었고 동료들은 나에게 "절대로 그에게 등을 보이지 말라."라고 여러 차례 말했다. 나는 그와의 경험에 대해 다음과 같이 기록했다.

T.R.은 나를 보지 않았다
그의 눈은 어딘가에 초점을 맞추고 있다… 멀리
먼지투성이 창을 통해 햇빛이 미끄러져 들어왔다
그는 내가 볼 수 없는 무엇인가를 바라보았다
그가 말하지 않으려 했던 과거의 비밀이 있었다
그의 손가락은 너무나 충격적인 미스터리를 추적했다
그는 내가 오래가지 못할 것이라고 확신했고, 내가 머물지 않을 것이라고 확신했다
그리고 나는 말하지 않은 말이 궁금했다
그가 듣지 못했던 소리들

나는 이 남자-아이를 바라보며 의아했다
너에게 무슨 일이 있었던 거지… 너에게 무슨 일이 있었던 거지?
T.R.은 나를 쳐다보지 않았다
그는 시선을 돌렸다

그는 화판을 가로질러 색칠했다
분홍과 검정 그리고 콘크리트 회색
그가 숨겨 둔 비밀은
흐르고 썩어 가는 강

그는 말했다. "분홍색은 방
검정색은 슬픔
회색은 댐"
댐에 균열이 생겼다
그것은 고통과 정열
또는 폭력이 범람하는
강을 버티지 못했다
그 댐은 버티지 못할 것이다

나는 물었다. 갈라진 틈을 막을 수 있는지
댐이 치유될 수 있는지
방안에는 정적이 감돌았다
그는 반응하지 않았다

나는 접근법을 바꾸어
물었다. 그림에 뭐가 필요한지
미술적인 질문, 그림에 뭐가 필요하지

T.R.이 나를 보며 말했다
어딘가에 소속되는 것
소속되는 것…

나는 어떻게 해야 할지 몰랐다. 어떻게 반응하지? 어떻게 해야 도움이 될까? 나는 그가 어떤 상황인지 상상할 수가 없었다.

회기가 끝난 후 나는 나의 단점과 무능한 연결에 대해 짜증이 나고 화도 났다. 나는 메모를 적고 관찰 내용을 전산 기록에 입력해야 했지만, 그 일 대신에 나는 계속 색칠을 했다. 검은색 바탕에 짧고 작은 회색-흰색의 스트로크를 계속 덮고 또 덮었다(그림 30).

다음 회기에서 T.R.이 부서진 댐 그림을 이젤 위에 놓을 때, 나는 내 그림을 그에게 보여 주었다.

T.R.: 그게 뭐죠?

브루스: 혼자가 되는 것이 얼마나 힘들 수 있는가에 대한 그림이야.

T.R.: 가운데 있는 갈색 물체는 수적으로 우세하군요.

T.R.은 물감과 붓을 가져와 작업을 시작했다. 비록 그가 말을 하지는 않았지만 그는 내가 그를 이해하려고 최선을 다하고 있다는 것을 알았을 거라고 나는 믿는다. 말 없이 나는 그에게 약속했다. 그가 스튜디오에 올 때마다 집에 돌아온 것을 환영하기 위해 내가 해 줄 수 있는 모든 것을 다할 것이다. 그가 소속되도록 돕기 위해 내가 해 줄 수 있는 모든 것을 다할 것이다.

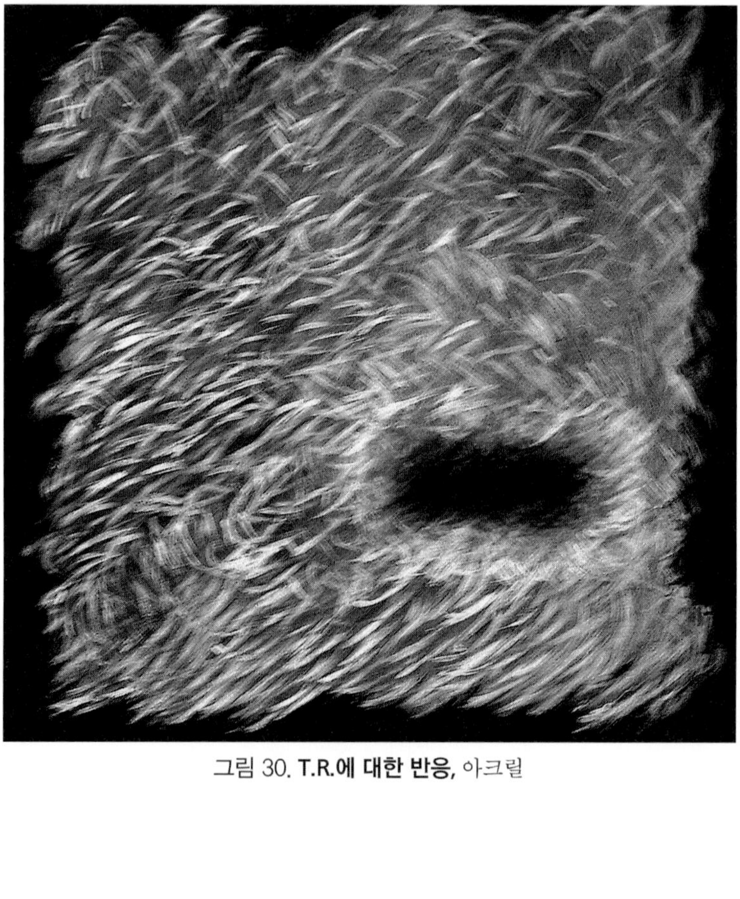

그림 30. **T.R.에 대한 반응,** 아크릴

보기, 경청하기, 이해하기 훈련

실존주의 미술치료사로서 나의 가장 깊은 의도는 내담자의 자기발견과 의미 창조 과정을 돕는 것이다. 훈련된 보기와 경청하기 그리고 미술작품 이해하기는 내가 그들의 작품을 고립시켜 해석함으로써 내담자 미술에 대해 폭력과 '이미지 죽이기(imagicide)'를 범하지 않도록 나를 보호한다. 나는 예술가를 모른 채 미술작품만 보고 그의 심리적 내용에 대해 가설을 세울 수는 있지만 그렇게 하기를 거부한다. 내 생각에 그러한 가설 만들기는 무의미하고 잠재적으로 남용될 여지가 있다. 해석이 진정한 의미와 치료의 가치를 갖기 위해서는 항상 유동적으로 변해야 하고 내담자와 미술치료사 간의 대화를 보여 주어야 한다. 예술가와의 관계 맥락 밖에서 그리고 미술작품과 미술작품에 대한 공감적 대화 없이 예술가의 작품을 해석하려고 하는 것은 자신의 의미를 다른 사람에게 강요하는 것이다. 이것은 치료적으로 타당하지도 않을뿐더러 유용하지도 않다. 따라서 미술치료사가 내담자와 그들의 미술작품을 보고 경청하고 이해하는 훈련된 접근법을 발달시키는 것은 매우 중요하다.

9장

창조적인 행위의 차원들

매일 우리 손 안에서 성장하고 발전하는 것을 볼 수 있는; 끊임없이 창조하는 능력 이외에 그 어떤 것도 자기 확신을 강화시키고 우리 자신과 화해시키는 것은 없다. 현대의 수공예 쇠퇴가 좌절감을 증가시키고 대중운동에 대한 개인의 민감성을 증가시킨 원인일 수 있다.

– 호퍼(Hoffer, 1951, p. 38)

그녀는 필요한 모든 것을 가지고 있다
그녀는 예술가이고, 뒤돌아보지 않는다
그녀는 필요한 모든 것을 가지고 있다
그녀는 예술가이고, 뒤돌아보지 않는다
그녀는 밤의 어둠을 꺼내어
낮을 검게 칠할 수 있다

– 딜런(Dylan, 1965, <She Belongs to Me>)

예술가는 항상 시대정신을 보여 주는 도구이자 대변자였다는 심리학적 사실이 나의 출발점이다.

– 자프(Jaffe, 1964, p. 250)

선택의 여지가 없다. 나는 그려야 한다.

– 작자 불명

미술창작은 내가 설명할 수 있는 것보다 훨씬 더 많은 자질(qualities)을 갖고 있다. 나는 내담자와 함께 한 작업에서 실존주의 미술치료와 관련되는 창조적 행위의 7가지 차원을 발견했다. 즉, ① 작업으로서의 미술, ② 사랑의 행위로서의 미술, ③ 언어로서의 미술, ④ 소통으로서의 미술, ⑤ 놀이로서의 미술, ⑥ 기도로서의 미술, 그리고 ⑦ 숙달(mastery)로서의 미술이다. 물론 창조적인 행위에 다른 치료적 차원들도 있겠지만 이 7가지 차원은 내가 가장 자주 경험한 것들이다.

작업으로서의 미술

대부분의 역사에서 예술가는 그 시대의 영혼과 자기 자신을 표현하기 위해 노력해 왔다. 미술작품은 한 개인 작가의 시각에서뿐만 아니라 작품이 출현한 환경적 맥락에서도 보아야 한다. 의도적이든 아니든 간에 예술가는 시대의 본질을 창조적인 형태로 가져오며 이것은 그들에게 형상을 부여한다. 물론 자기표현은 쉬운 일이 아니다. 미술작품(artwork)이 미술(art)과 작업(work) 두 단어의 결합인 것은 우연이 아니다. 사람은 '미술작품(artwork)을 한다(do).' 그리고 최종 산물이 '미술품(works of art)'이다.

'작업'의 정의는 다음과 같다. '노력을 기울이다' '노동과 수고' '천천히 나아가고' '작용하고 영향을 미치고 유발하고' '발효시키고 부글거리고' 또는 '예술가의 총체적 결과물'이다.

잰 이야기

잰(Jan)은 좋은 몸매와 외모로 모델 일을 따낸 아름다운 젊은 여성이었다. 그녀는 밝고 상냥했지만 타인과의 관계는 피상적이었다. 그녀는 훌륭한 직업을 가졌고 인기가 있었지만 종종 자신에 대해 좋지 않게 느끼고 삶이 무의미하다는 생각이 든다고 호소했다.

잰은 유복한 가정에서 자랐다. 그녀는 항상 원하는 것을 다 가질 수 있었다고 말했다. 외부 사람들이 보기에 그녀는 행복하지 않을 수 없었다. 아무튼, 가족은 그녀를 사랑했고 그녀의 모든 물질적 요구는 충족되었고 그녀는 신나는 삶을 살았다. 그럼에도 불구하고 잰은 자살을 시도했다. 자살시도 때문에 그녀는 병원으로 보내졌고 그 후에 미술치료로 보내졌다.

첫 번째 회기에서 나는 그녀에게 중요한 것들에 대한 콜라주를 만들어 보라고 했다. 그녀는 작업 주제로 화장품과 개인용 케어 제품을 선택했는데, 립스틱과 파운데이션, 볼터치, 아이 라이너, 아이브로우 펜슬, 마스카라, 스킨 컨디셔너 사진들을 24×32인치(약 61×81cm) 크기의 포스터보드에 무작위로 붙였다. 잡지 광고에서 오리거나 찢어낸 사진들이 그 지면을 온통 뒤덮었다.

나는 다음과 같이 말하면서 그녀와의 상호작용을 시작했다.

브루스: 화장품이 많네요.

잰: 네, 내가 잘하는 일이에요.

브루스: 콜라주가 가득 찼어요.

잰: 완전히 덮였다고 말하고 싶어요.

브루스: 당신이 얼마나 많은 화장품 종류를 갖고 있는지 놀랍네요.

잰: 네, 하지만 다 비슷비슷해요.

브루스: 나는 여기 남아 있는 작은 여백을 주목하고 있어요.

잰: 그것도 덮는 게 나을 것 같아요.

브루스: 이 이미지는 이미 약간 압도적으로 보여요.

잰: 그럴리가요?

브루스: 모르겠어요, 어딘가 깨끗해 보이기도 해요.

잰: (잠시 말을 멈춘 후) 아마도 그럴 거예요.

브루스: 그렇게 많은 화장품에 둘러싸이면 어떤지 궁금하군요.

잰: 숨 막히는.

브루스: 당신은 너무 과하게 했었나요?

잰: 아마도 오래전부터요.

잰이 병원에 있는 동안 스튜디오에서 한 작업은 첫 번째 작품에서 소개한 은폐와 숨기기 그리고 질식과 같은 주제에서 좀처럼 벗어나지 않았다. 창조적 예술 스튜디오는 그녀가 수년간 해 온 감정적 화장을 지우기 위해 고군분투하고, 노력을 기울이고, 천천히 자신의 길을 만들고, 수고하고, 자극하며, 발효시키고 들끓는 장소가 되었다. 미술제작 과정은 여러 면에서 그녀가 삶에서 처음으로 만난 쉽지 않은 일이었다. 그녀는 스스로 철사를 구부리고 입체 작품을 위한 구조물 만드는 방법을 배우고 캔버스를 잡아당기고 스테이플링하면서 손가락 살갗이 벗겨지기도 했다. 이러한 과정에서 그녀는 열심히 일하고 고군분투하는 것이 가치 있을 수 있다는 사실을 이해하게 되었다. 이러한 깨달음과 함께 부모에 대한 분노가 올라왔는데, 부모는 우울했던 시대적 경험 때문에 그들이 겪었던 어려움으로부터 자녀들을 보호하려 했다. 그들의 과잉보호는 잰에게서 스스로 성장하면서 실패와 성공, 만족, 좌절과 싸울 수 있는 의미 있는 기회들을 빼앗아갔다. 어떤 면에서 잰은 아름다운 외관을 가진 바비 인형이었지만 내부는 텅 비어 있었다.

입원한 지 몇 주 지나자 잰은 그림을 그리기 시작했다. 초상화, 정물화 그리고 풍경화를 몇 차례 시도했으나 성공적이지 못하자 낙담하고 좌절했다. 그녀는 창조적 예술 스튜디오에 오는 것을 중단하고 도예 시간에 넣어 달라고 치료팀에게 요청했다. 나는 그녀가 단순히 진짜 작업(real work)을 해야 하는 불편함을 피하려는 것은 아닌가 해서 약간 불안했다. 팀 리더에게 이러한 염려를 말하자 그녀는 잰과 내가 이 문제를 해결하라고 제안했다. 결국 나와 잰은 그림 하나를 완성한 후 스튜디오를 떠나기로 협상했다. 그녀는 중단이 미루어지자 짜증을 내며, "무엇을 그려야 하죠, 보스?"라고 물었다. 나는 그녀의 비웃음에 반응하지 않고 작별을 주제로 작업할 것을 제안했다. 그러고 나서 어떤 스타일로 해도 좋지만 그림을 완성하는 것이 중요하다고 말했다.

이번에 등장한 그림은 유명한 예술가의 스타일을 흉내 내거나 아크릴 물감으로 사진을 재현하려는 다른 서투른 시도들과는 전혀 달랐다. 먼저 그녀는 캔버스 전체를 짙은 빨간색으로 칠했다. 그런 다음 아래쪽 절반을 검은색으로 덮고 윗부분을 짙은 인디고색으로 덮어서 강렬한 붉은색의 조각을 남겼다. 그 효과는 강력했다. 어두운 색 뒤에 붉은색이 퍼지면서 상처의 이미지가 살아났다. 마침내 보기 좋게 꾸며지거나 흠이 없는 작품이 아니라 오히려 생생하고 고통스러운 바로 그 표현이 나왔다. 이 작품은 비명을 지르는 듯이 보였고 스튜디오에 있던 동료들은 그녀의 그림을 칭찬했다.

그녀가 이 그림에 서명한 날, 나는 그녀에게 그림에 대해 이야기하고 싶은지 물었다. 그녀는 "아니요, 하지만 나는 또 다른 캔버스를 만들어서 다음 작품을 하고 싶어요."라고 말했다.

예술가의 작업은 과정이 진행되면서 노력을 기울이고 수고하고 인내하는 의지와 능력의 총합이다. 그것은 들끓고, 발효되고, 진정하고, 도발하는 내면의 힘들을 견뎌 내는 예술가의 인내심을 보여 주는 척도다. 예술가의 작업이 항상 쉽고 편한 것은 아니다. 오히려 대부분 신체적이고 정서적인 물집과 긁힌 자국, 타박상, 변형된 근육, 흉터, 쥐가 나는 손가락, 피곤한 눈으로 가득하다. 요즘과 같은 버튼과 리모컨의 시대에 예술가의 삶은 현재 진행 중인 작품과 씨름하는 일이야말로 고결하다는 믿음을 구현한다.

사랑의 행위로서의 미술

미술작품을 만드는 일은 보통 영혼의 미묘한 움직임과 함께 침묵 속에서 시작된다. 하나의 접근이 전개되고 의도들이 알려진다. 거기에는 모으는 시간이 있다. 흥분이 커지고 심장이 두근거린다. 첫 번째 터치는 잠정적이고 다음에는 점차 확실해지면서 잡는 힘은 강하고 더 부드러워진다. 밀고 당기는 동작은 열광적인 동작을 부른다. 힘이 충돌하고 폭발하여 색채를 방울방울 떨어뜨리고 섞고 조형하고 성형한다. 두드리는 손은 어루만지는 손이다. 재촉하는 손은 침묵을 시인하는 손이다. 고요함 속에서 나는 캔버스 거울의 이미지를 응시한다. 묘사된 과정은 작업 중인 예술가에 대한 친밀함과 시적 조명을 보여 준다.

미술창작은 사랑의 행위다. 예술가가 빈 화지에 첫 선을 그을 때 이미지는 내부에서 외부로 그 여정을 시작한다. "이때 그 선은 이미지의 유일한 고정된 부분이 되며, 나머지 부분은 탄생하지 않은 채 유동적으로 남는다."(Hanson, 1971, p. 10) 작가가 선과 모양을 추가함에 따라 이미지는 스스로 성장하고 정의된다. 예술가와 떠오르는 이미지, 즉 감정과 상상 그리고 갈등 사이에 끊임없는 힘의 일진일퇴가 존재한다. 창조적 과정은 보통 은밀한 뉘앙스로 가득 차 있고 유동적이기 때문에 정확한 설명이 불가능하다. 아마도 그 탄생의 은유는 과정의 격렬함을 포착하는 것과 가장 유사할 수도 있다(Janson, 1971). 하지만 창작자만이 그 일의 깊이를 진정으로 경험할 수 있다.

이 탄생의 은유는 작품 제작의 즐거움을 알려 줄 뿐만 아니라 창작의 고통과 땀과 노동을 상기시키기 때문에 도발적이다. 그것은 특정한 순간이라는 시간적 경계를 초월하는데, 탄생이 임신을 통한 오랜 여정과 연결되기 때문이며 그것은 이상적으로는 파트너 간의 사랑의 행위에서 시작된다. 탄생은 연결성의 연대표(timeline)에 있는 하나의 지점일 뿐이다.

나는 의미란 관계와 자기 초월의 맥락에서 발견된다고 믿는다. 창조적 행위는 인간의 공유된 경험과 공동체 영역에서 가장 잘 인정받고 영감을 받는다. 공동체는 예술가의 작품에 대해 승인하거나 거부함으로써 창조적 행위라는 고유한 표현에 실존적 의미를 부여한다. 예술가는 창조적인 작업을 통해 공동체적 상호작용 맥락을 확립한다. 공동체는 창작자의 초월성이 낳은 산물을 받기 때문에 예술가가 투쟁한 결실을 수동적으로 받는다. 오직 다른 사람들과의 맥락에서만 예술가는 자신의 독특하고 분리된 자아를 명확하게 정의할 수 있다

예술가는 창조할 때 공동체에 대한 사랑과 자신에 대한 사랑을 행한다. 공동체 구성원들은 진지하게 받아들이거나 거절함으로서 사랑을 행한다. 많은 예술가가 자신의 작품에 대해 가장 적대적인 반응은 무관심이라고 확신한다.

예술가와 관람자 사이의 창조적 상호작용이 갖는 신비로움은 사랑은 강요될 수 없고 자격이 필요 없다는 점이다. 오히려 사랑과 창조성은 은혜의 행위다. 모든 예술가는 성취했든 고군분투 중이든 결국 이 신비의 깊이를 알게 된다. 그것은 뒤로 물러서서 진행 중인 작업을 살펴보고 왠지 좋은 작품이 될 것 같을 때 감지된다. 작품창작 후 마지막으로 붓을 닦는 의식에서 사랑을 느끼게 되고 아이가 태어났기 때문에 모든 것이 끝났음을 깨닫는다. 그것은 지나가던 사람들이 멈춰 서서 작품을 응시하고 작품을 이해하려고 노력하면서 나누는 대화 속에서 들린다. 다른 사람들이 보고 박수를 치고 비난하는 바로 거기에 신비로움이 있다.

사랑은 자신과 다른 사람의 가치를 볼 수 있는 능력을 강화시킨다. 연인 사이처럼 세상은 깊어지고 예전의 사소한 것들에 새로운 가치가 부여된다. 사랑은 눈을 멀게 한다. 더 정확히 말하자면, 사랑은 볼 수 있도록 돕는다.

“사랑은 인격의 가장 깊은 핵심에서 다른 사람을 완전히 이해할 수 있는 유일한 방법이다.”(Frankl, 1959, p. 134) 사랑의 신비로운 은총은 모든 행동과 대상을 강화시켜서 다시 창조하고, 다시 알려지고, 다시 알고, 사랑하고, 알게 하는 동기를 부여한다.

토비 이야기

내가 토비(Tobbi)를 만나기 전에 그녀에 대해 알고 있었던 것은 12세이고 우울하고 수면제 과다복용 상태에서 회복되었다는 것이다. 내가 받은 보고서는 ‘우울증’이라는 단어가 얼마나 불충분한지 말해 주었다. 토비는 매우 슬펐고 매우 겁을 먹어서 내가 방에 들어서자 몸을 떨었다. 그녀의 꽉 다문 입에서는 흐느끼는 소리가 새어나왔다. 그녀는 재빨리 나를 쳐다본 후 눈을 돌렸다. 우리 사이의 침묵은 “제발 더 이상 나를 해치지 말아 줘요.”라고 소리 없이 절규했다.

나의 행동은 원래 사교적이고 때로는 시끄럽지만 토비와 있는 데서 그런 행동은 불가능해 보였다. 겁에 질려 떨고 있는 토끼 모습이 내 마음속에서 떠올랐고 나는 토비가 나의 외향적인 행동을 공격으로 해석할 것이라고 느꼈다. 내가 조용히 말했다.

브루스: 토비, 내 이름은 브루스야. 나는 네가 그림 그리기를 좋아한다고 알고 있어, 나

도 그리기를 좋아해.

(나는 더 이상 말하지 않고 선반에서 종이와 분필을 꺼냈다. 그리고 벽에 두 장의 종이를 나란히 붙였다.)

토비: 내 방으로 돌아가도 돼요?

브루스: 네가 원한다면 할 수 있어, 하지만….

그녀는 문 쪽으로 갔다. 직원이 밖에 서 있었다. 나는 그들이 숙소 쪽으로 걸어가는 것을 지켜보았다. 토비는 연약해 보였고 나는 12월의 회색 바람이 그녀 속으로 파고드는 것을 상상했다. 다음 두 회기도 첫 번째 회기와 똑같았다. 네 번째 회기 때 나는 갈등을 느꼈고 약속을 지킬 수 없었다. 다섯 번째 회기가 시작되자 토비가 물었다.

토비: 지난번에 어디 있었어요?

브루스: 결석해서 미안하다, 토비. 일이 생겨서 전화하려고 했는데 네가 의사와 예약이 있더구나. 직원이 너에게 메시지를 전해 주었니?

토비: 네.

(내가 종이를 테이프로 붙이자, 토비는 선반으로 가서 파스텔 상자 두 개를 꺼냈다.)

브루스: 우리 오늘 뭘 그릴까?

토비: 나무를 그리고 싶어요.

우리는 약 30분 동안 아무 말도 하지 않고 그림을 그렸다.

브루스: 나무에 대해 이야기하고 싶니, 토비?

토비: 아니요, 지금은 아니에요. 그런데 이걸 보관해 줄 수 있나요?

브루스: 물론이지. 내가 보관해 놓을게.

토비: 이제 내 방으로 돌아가고 싶어요.

브루스: 좋아, 그런데 내 생각에 직원이 돌아간 것 같아. 내가 같이 가 줄까?

토비: 그래요.

늦은 오후였는데 우리 주위로 눈이 내렸다. 토비는 눈처럼 조용했다. 코트가 그녀를 단단히 감싸고 있어서 털고치 안으로 그녀가 사라질 것만 같았다.

다음 회기는 성탄절 10일 전이었다. 토비는 그녀의 나무 그림에 좀 더 작업을 하겠다고 했다. 나는 그녀의 작품을 펼쳐서 벽에 붙였다. 그 이미지는 울창한 숲이었다. 한 그루의 나무가 눈에 띄었다. 나무 뿌리가 땅 위에 드러났고 줄기는 푸르스름한 색조를 띄었고 줄기 한가운데는 커다랗고 검게 패인 공간이 있었다. 그녀는 이후 30분 동안 배경에 나무를 더 넣고 개개의 나뭇잎을 그린 다음 빈 곳들을 세심하게 채웠다. 우리 작업이 끝나자 내가 앉아서 나의 나무에 대해 말하기 시작했다.

브루스: 이 나무는 밀밭 한가운데 서 있어. 여기 오랜 시간 동안 여기에 있었어. 들판 끝에 멀리 나무들이 있지만, 지금 이 나무는 혼자야.

토비: 무슨 나무예요?

브루스: 내 생각엔 참나무(oak)야. 뿌리가 땅 속 깊이 뻗어 있지.

토비: 왜 그렇게 이상해요?

브루스: 폭풍우가 몰아치는 시기를 겪었는데 내 생각에 그것 때문에 이렇게 웃기게 큰 것 같아.

토비: 쓸쓸해 보여요.

브루스: 가끔은, 그런데 어떤 농부가 와서 그늘에서 점심을 먹어. 그리고 때로는 아이들도 와서 낮은 가지에서 놀기도 해.

토비: 멋지네요, 내 것은 전혀 그렇지 않아요 .

브루스: 너의 숲은 어두워 보이는구나.

토비: 네, 거긴 무서워요. (잠시 동안 숲이 너무나 우거져서 통과할 수 없었다는 이야기를 한 다음, 짙은 색 구멍을 가진 푸르스름한 나무에 초점을 맞추며) 만약 이 나무가 공원에 있었다면 예쁘지 않을까요?

브루스: 맞아, 아주 좋은 나무야. 튼튼해 보여.

토비: 전에는 더 튼튼했어요. (땅 위로 뿌리가 드러난 곳을 가리키며) 누군가가 흙을 치우고 있어요.

브루스: 왜 그러는지 궁금하구나.

토비: 나도 그래요.

브루스: 그건 나무에게는 나쁜 짓이야.

토비: 여기에서 못된 일들이 벌어져요.

브루스: 줄기에 있는 구멍은 마치 상처를 입은 것처럼 보인다. 때로는 다람쥐들이 그런 곳에 둥지를 틀기도 하지.

토비: 내 생각에는 어떤 것도 거기에서 살 수 없어요.

다음 시간에 나는 토비에게 나무에 난 구멍 이미지를 크게 그려 보는 것은 어떤지 물었다. 그녀는 동의했고 검은색과 갈색의 커다란 동굴 이미지를 그렸다. 그림이 주는 정서적인 느낌은 무섭고 삭막했다. 나는 그녀에게 마치 그림 속 장소로 들어가서 주변을 돌아보는 것처럼 할 수 있는지 물었다.

토비: 그러고 싶지 않아요. 그곳에 있으면 너무나 무서울 것 같아요.

브루스: 원한다면 내가 함께 갈게.

토비: 하지만 너무 어두워요.

브루스: 내가 네 그림에 그림을 그려도 될까?

(토비가 고개를 끄덕였고, 나는 밝은 노란 불빛을 내는 작은 등유램프를 그려 넣었다.)

브루스: 이제 우리에게 빛이 생겼어. 네가 여기에서 볼 수 있을 것 같은 것들을 그려 보렴.

(토비는 부서진 황금색 반지, 술병 그리고 놀이공원 입장권을 추가했다. 그리기가 끝나자 눈물이 그녀의 볼을 타고 주르르 흘러내렸다.)

토비: 다음에 얘기해도 될까요?

브루스: 네가 원한다면, 하지만 나는 이미 어느 정도 이해하고 있단다. 이런 것들을 보면 분명 마음이 아플 거야. (어두운 색 분필을 잡고 노란색 위에 칠하려는 듯 그림에 다가가서) 이 불을 꺼야 할 것 같아.

토비: 아니, 그냥 내버려둬요. 이제 그런 거 보는 거 괜찮아요.

그녀는 옆방으로 가서 손을 씻었다.

그다음 몇 주, 이후 몇 달 동안, 빛은 우리 회기에서 반복되는 은유가 되었다. 빛은 전형적으로 손전등 불빛이나 스포트라이트의 형태를 취했다. 조용하고 망설이는 태도로 토비는 점차 더 많은 것을 빛으로 가져오도록 자신에게 허락했다. 알코올 중독자 아버지의 학대 장면들이 조명되었다. 이혼 전과 이혼 중에 일어난 부모의 싸움에 대한 기억들도 보였다. 스포트라이트는 실망과 상실의 비극적인 드라마가 펼쳐지는 무대를 비추었다.

매 회기 토비는 더욱 편안해지고 덜 두렵게 되었다. 미술작업을 통해 그녀는 자신의 어두운 숲속에 숨겨 놓았던 감정과 생각들을 보고 느끼기 시작했다. 우리 회기가 만들어 낸 두 사람의 공동체에서 이러한 감정들을 공유하면서 그녀는 이해받는 기쁨을 경험했다.

내가 어렸을 적에 넘어져서 무릎이 까졌을 때 상처 난 무릎을 어머니에게 보여 주는 것은 항상 고통스럽고도 다정한 경험이었다. 어머니는 하던 일을 멈추고 몇 분 동안 나를 무릎 위에 놓고 안아 주었다. 내가 가져온 고통이 무엇이든 간에 어머니에게 보살펴지고 사랑받는 것은 항상 상황을 더 좋게 만들었다. 나는 곧 어머니의 무릎에 앉을 것을 알았기 때문에 소독약의 따끔거림을 늘 이겨 낼 수 있었다. 나는 우리의 빛 그림과 토비를 이해하는 나의 능력이 바로 그런 경험이었다고 믿는다. 그녀는 오직 그녀의 성장과 향상만을 추구하는 누군가에게 사랑받고 보살핌을 받는다고 느꼈다.

마지막 회기에서 토비와 나는 숲속의 빈터에 있는 동물로 서로를 묘사했다. 오랜 시간이 지나서 내가 그녀를 어떻게 상징했는지 기억할 수 없지만 그녀가 나를 어떻게 묘사했는지는 결코 잊지 못할 것이다. 나는 사자나 말 같은 공격적인 동물로 묘사되는 데 익숙했는데 토비는 나를 밤비(사슴)로 그렸다. 그녀는 그림에 대해 이야기하면서 밤비의 온화함과 부드러움에 대해 말했다. 내담자가 나에게 그러한 면이 있다고 설명한 것은 처음이었고 나는 감동받았다.

토비가 병원을 떠난 후 몇 년 동안 나는 그녀에게서 크리스마스 카드를 받았다. 그녀와 만나지 못한 동안 그녀에게서 받은 카드들에는 그림 속에 항상 어떤 빛이 포함되어 있었다. 어느 날 내가 미술치료 콘퍼런스에서 발표할 때 한 젊은 여성이 다가와서 "나를 기억하나요?"라고 물었다. 거기엔 어른이 된 토비가 서 있었다. 그녀는 대학원에 다니고 있다고 했다(나는 그녀가 훌륭한 치료사가 될 것이라고 생각한다).

미술작품을 만드는 것은 사랑의 행위다. 치료를 제공하는 것 또한 사랑의 행위다. 둘 다 노력이 필요하다. 미술치료사로서의 자아초월은 기본적인 인간의 타성에 도전한다. 이 도전에 직면하고 누군가 다른 사람의 행복을 위해 행동하는 것은 용기 있는 행동이다.

치료사와 내담자 간의 사랑은 연민 어린 용기라고 정의할 수 있다. 치료를 제공하고 다른 사람에게 주의를 기울인다는 것은 용기와 노고를 요구한다. 치료사는 자신의 욕구와 기준들을 제쳐 두고, 내담자의 이야기를 주의 깊게 듣고, 진실하게 사랑하는 것이 필수적이다.

나는 이 마지막 문장들에서 나 스스로 약간 이론적 틀에서 벗어난다는 것을 안다. 내가 늘 흥미롭게 여기는 점은 치료 및 상담사례 발표에서 발표자들이 그 일이 갖는 사랑의 본질에 대해서는 거의 이야기하지 않는다는 사실이다. 미술치료 문헌에서 사랑에 대한 언급을 찾기 위해서는 행간을 읽을 수밖에 없다. 내가 내담자에 대한 사랑을 인정할 때 나의 동료들이 내 뜻을 오해하지는 않을까 염려된다. 때때로 나는 동료들에게 내 일을 사랑한다고 고백하는 것이 어색하게 느껴진다. 매우 많은 동료가 합리적이고 측정 가능하며 과학적으로 입증 가능한 치유의 길을 따르기 때문에 아마도 이런 내 철학에 의문을 제기할 것 같다. 결국 노력은 정량화하기 어렵고, 용기는 정신측정 도구에 안 맞고, 사랑은 주관적이고 비합리적이며 과학적인 방법으로는 분석될 수 없다.

나는 수년간 전이와 역전이에 대해 부정적인 관점에서 생각해 본 결과, 내담자가 나에게 갖는 감정과 내가 내담자에게 갖는 감정들을 정상으로 받아들이게 되었다. 나는 이런 감정을 피하기보다는 실존주의 미술치료 과정에서 필수적인 것으로 본다. 펙(Peck, 1978)에 따르면, "치료사가 성공하기 위해서는 내담자를 사랑하는 것이 필수적이며 치료가 성공한다면 치료관계는 서로 사랑하는 관계가 될 것이다". (p. 175)

나는 캔버스 앞에 서서 내가 한 일을 보고 내가 내담자 이야기에 귀를 기울이면서 주고받을 수 있는 일과 용기와 사랑에 경외감을 느낀다. 딜런(1965)이 〈Love Minus Zero/No Limit〉에서 노래했듯이.

십센트 상점과 버스 정류장에서,

사람들은 상황에 대해 이야기한다

책을 읽고 인용구를 반복하고,

벽에 결론을 내린다

어떤 사람들은 미래에 대해 말한다

그녀가 부드럽게 말한다

그녀는 실패와 같은 성공이 없다는 것을 알고 있다

그리고 그 실패는 전혀 성공하지 못한다

그래도 보이지 않는 것을 측정하기는 어렵다.

언어로서의 미술

그림과 회화, 조각, 교향곡, 시, 춤, 드라마는 아이디어 그 이상이다. 그것들은 삶의 스냅사진이며 감정과 경험 그리고 아이디어로 구성된 현실의 조각들이다. 예술가는 각각의 붓터치와 움푹 꺼진 곳, 조화, 내부의 리듬, 동작, 몸짓으로 세상에 다음과 같이 선언한다. "나는 여기에 있었고, 나는 할 말이 있었다. 여기 있다!"

미술작품의 형태(gestalt, 역주: 게슈탈트는 독일어로 전체, 형태, 모습이라는 의미)는 종종 말로 표현할 수 없다. 호퍼(Hopper, 1942)는 〈밤을 지새우는 사람들(Nighthawks)〉에서 정확히 무엇을 말하려고 했는가? 커밍스(Cummings, 1940)는 〈예쁜 도시에 사는 모든 사람들(Anyone Lived in a Pretty How Town)〉에서 무엇을 말하려고 했는가? 멜 친(Mel Chin, 1990~1993)의 환경예술 〈부흥의 장(Revival Field)〉이나 앤더슨(Anderson, 1982)의 〈거대과학(Big Science)〉 퍼포먼스에 잠재된 의미는 무엇인가? 이런 질문들은 토론과 논쟁을 불러일으킬 수 있지만 나는 그 답을 안다고 주장하는 사람들을 경계한다. 예술가는 생물학적 · 사회적 · 문화적 · 가족적 그리고 대내외적으로 역동적인 창작자로서 복합체다. 구경꾼이 할 수 있는 최선의 것은 그들의 다층적인 소통을 엿보는 것이다. 이와 같이 힐끗 보는 것에서 예술가와 관람자 사이에 첫 번째 대화 단어가 형성된다. 미술관에서 한 작품 앞에 서면 나는 시간을 가로질러 울려 퍼지는 희미한 메아리를 듣는다. 내가 주의를 기울이면 예술가의 붓이 캔버스를 쓰다듬거나 두드리는 소리를 들린다. 소리가 점점 커지면서 나는 투덜거리는 소리나 한숨이나 어쩌면 웃음까지도 포착한다.

모든 언어는 그 기원을 보면 상상력이 풍부하고 생각과 감정을 표현하는 것이었다. 미술과 실존주의 미술치료에서 표현적 기능들은 미술작품 속에 융합되어 있다. 나는 미술의 언어가 인지와 정서뿐만 아니라 신체와 영혼으로도 구성된다고 믿는다. 미술을 감상하는 사람으로서 나는 정서와 신체적인 특성과 작품의 혼을 배제하고는 작품에 표현된 생각에 초점을 맞출 수 없다. 작품 분석은 미술과 예술가에게 노골적으로 상징적인 폭력을 행사하는 것이다. 특히 내담자 작품과 관련해서는 더욱 그렇다. 미술치료사는 항상 미술을 통해 전달된 이야기의 모든 측면에 대해 경외심과 존중하는 마음을 갖고 내담자 작품에 접근해야 한다.

보니것(Vonnegut, 1987)은 그의 소설 『푸른 수염의 사나이(Bluebeard)』(역주: 프랑스 전설로, 무정하고 잔인한 남자가 차례로 아내를 여섯 명이나 죽임)에서 모든 예술가에게 적용될 수 있는 두 작가 사이의 대화를 보여 준다. 대화의 초점은 왜 사람들이 예술을 창작하는가이다.

> 비꼬는 듯 농담조로 "사람들은 누구나 자신이 작가가 될 수 있다고 생각하지요."라고 남자가 말했다.
>
> "노력하는 게 죄라고 말하지 마세요."라고 여자가 말했다. 그러자 그가
>
> "그게 쉽다고 생각하는 건 범죄예요. 하지만 정말로 진지하다면 당신은 그것이 가장 어려운 일이라는 걸 금방 알게 될 거예요."라고 말했다.
>
> "그러니까, 당신은 할 말이 전혀 없어요. 그게 바로 사람들이 어렵다고 생각하는 주된 이유라고 생각하지 않으세요? 만약 그들이 완전한 문장을 쓸 수 있고 사전을 사용할 수만 있다면, 그들이 글쓰기가 어렵다고 생각하는 유일한 이유는 그들이 아무 것도 모르거나 관심이 없기 때문이에요."라고 그녀가 말했다(p. 24).

내담자가 물감에 적신 붓으로 캔버스를 살살 칠하거나, 종이에 낙서를 휘갈기거나, 장미나무로 만든 기타 위에서 굳은살이 박힌 손가락들을 춤추게 할 때마다 예술

가는 세상에 다음과 같이 선언한다. "나는 뭔가 알고 있어. 나는 관심이 있어." 미술 치료사는 이러한 선언을 볼 때 예술가의 지친 근육과 상처 입은 감정, 경주하는 마음, 요동치는 영혼과 대화하려고 모색해야 한다. 치료사는 내담자 예술가의 의사소통 전체를 경청해야 하며 정서적 내용과 인지적 요소, 감각적 흔적, 예술가의 영적 특성 등을 각각 고립시켜 분석하고 싶은 유혹에 매번 저항해야 한다. 나의 아내 캐서린(Catherine Moon, 1989)은 〈말로 표현할 수 없는 말(Word Beyond Words)〉이라는 시에서 다음과 같이 썼다.

언뜻 봄
어슴푸레한 생각
연기로 가득 차서
나는 기침을 하고 깜짝 놀란다
내면의 세계를 더듬는다
바람 불고, 휘감고, 나를 씻겨 주고
나를 호되게 꾸짖고
으르렁거리며
뱀처럼 내 머리를 휘감아
그리고 나는 너에게 이 말을 한다
나는 시들어버렸어
나는 너의 주시하는 눈 아래 지쳐 있어
너를 언뜻 볼 수 있기를 바라며
물론 네가 그걸 잡으려고 할 거라는 걸 알고
(달리고, 뛰고, 다이빙하고, 팔을 벌리고)
팔꿈치가 긁히고 멍이 든 채 떠난다
연기로 인한 기침
깜짝 놀란
언뜻 보기

소통으로서의 미술

이야기하기

어렸을 적에 무릎이 까지거나 노랑나비를 보았을 때 또는 개똥지빠귀(robin)의 알이 왜 푸른색인지 궁금할 때, 나는 항상 어머니의 무릎이 이야기하고 질문하기에 안전한 곳이라고 확신했다. 어머니만의 마법적인 방법으로 어머니는 항상 이해해 주는 것 같았다. 그 이후로 지금까지 나는 어른들의 세상은 나를 안아 주지 못하고 나의 질문을 이해하지 못하고 나의 질문에 대답해 주지 못한다는 교훈을 얻었다. 그래서 나는 그림을 배웠고 다른 사람들에게도 그림을 가르친다.

미술을 통한 생각과 감정 그리고 느낌의 표현은 관람자에 의해 관람자를 위해 시작되는 경우는 거의 없다. 오히려 미술은 대부분 자신으로부터 자신에게 하는 표현이다. 예술가는 때때로 자신의 표현 특성에 대해 관람자만큼 놀라기도 한다.

스튜디오에서 작업할 때 내가 새로운 캔버스를 준비하고 있으면 내담자들은 대부분 "무엇을 그릴 건가요?"라고 묻는다. 나의 대답은 보통 "모른다."다. 이는 종종 질문을 회피하는 것으로 오해되곤 하지만 그것이 내가 줄 수 있는 가장 솔직한 대답이다. 나는 작업이 거의 끝나갈 때까지 무엇을 만들지 전혀 모른다. 내가 자연이나 정물화를 그릴 때조차도 내가 왜 그 주제를 선택했는지 또는 내 내면의 자아가 어떻게 작업을 지시하고 영향을 미칠지 알지 못한다.

나는 스튜디오에서 나 자신의 예술적 행위를 개방함으로써 자기탐구에 대한 전염성 있는 열정적 분위기를 만들어 낸다. 이는 실존주의 미술치료사에게 필수적이다. 내가 내담자 앞에서 미술작품을 색칠하고 조각하고 공연할 때 나는 미술과의 관계가 좋든 나쁘든 내담자에게 영향을 미친다는 것을 안다. 나는 다른 사람들에게 내 이야기를 들려주면서 미술치료 순례의 기반이 되는 이야기 나누기 무대를 마련한다. 비록 예술적인 소통과정이 고통스러울 수도 있지만 나는 그것이 고무적이라고 생각한다. 내가 미술작품을 창작하고 들여다보고 들으면서 축하할 수 있는 그 용기는 전염성이 강하다. 이는 내담자가 창조적인 자기탐구에 참여할 수 있도록 안전한 환경을 조성한다. 내담자가 예술적인 열정에 감염되면 그들의 표현이 새어나오고 펴지면서 화지와 환경 속으로 흘러든다. 만약 내가 그들의 표현을 이해할 수 있을 만큼 충분히 개방될 수 있다면, 내담자는 감정을 명확히 알고 표현하는 데서 오는 기쁨과 다른 사람에게 이해받는 치유경험에서 오는 기쁨을 동시에 느낄 것이다.

나의 집에서

'상상의 집(The House Fantasy)'은 내가 가끔 내담자에게 사용하는 유도된 이미지 그리기다. 잠시 동안 이완을 위한 호흡을 하고 약간의 침묵을 가진 후 다음 지시문으로 시작한다.

> 당신이 오랫동안 잠들어 있었다고 상상해 보세요. 당신은 이제 막 깨어나서 하품을 하고 기지개를 켭니다. 잠에서 깨어나 한 번도 가 본 적이 없는 집에 당신이 있다는 것을 깨닫게 됩니다. 이곳은 어떤 곳입니까? 주위를 둘러보세요. 무엇이 보이나요?
>
> 이제 완전히 깨어나서 당신은 이 장소를 탐험하기 시작하고 이곳을 알아가기 시작합니다. 걷다 보니 지하실로 이어지는 계단이 나옵니다. 망설이다가 마침내 당신은 호기심이 생겨서 지하실로 내려가기로 결정합니다. 계단을 내려가자 공기가 더 차가워지고 조명이 더 어두워집니다. 계단 아래 저 멀리 오래된 돌담이 보입니다. 이 지하실에서 또 무엇을 볼 수 있나요? 어떤 냄새가 나죠? 손으로 벽을 따라가 보세요. 어떻게 느껴지나요?
>
> 이제 돌담에 기대어 계단 쪽을 돌아보는 자신을 발견합니다. 갑자기 돌 하나가 떨어져 나가면서 이 벽 뒤에 또 다른 방이 있다는 것을 깨닫게 됩니다. 비밀의 공간이죠. 느슨한 돌을 몇 개 더 빼내면, 더 많은 빛이 비밀 장소로 들어가고 거기에 무엇이 있는지 보이기 시작합니다. 돌을 계속 빼내어 마침내 당신이 충분히 넘어갈 수 있을 정도로 구멍이 커집니다. 왠지 이곳은 중요한 곳 같아요. 들어가서 주위를 둘러보세요. 물건들을 집어 들고 만져 보면, 당신은 이 비밀의 방을 알게 됩니다.

이 유도된 이미지를 경험한 후에 나는 내담자에게 큰 종이를 주고 다음과 같이 나누어서 그림을 그리도록 요청한다. 즉, ① 잠에서 깨어난 방, ② 지하실, 그리고 ③ 비밀의 방이다.

여러 해 동안 나는 청소년을 위한 집단미술치료에서 데브라(Debra DeBrular)와 공동치료사로 일했다. 이 집단의 내담자들은 학습장애, 또래나 권위자와의 관계문제, 분노조절 문제 등 다양한 어려움을 가지고 있었다. 그들의 적개심 기저에는 부적절감과 자기혐오감이 자리 잡고 있었다. 집단의 초기단계에 소년들은 경계하고 의심스러워하면서 마초 같은 외모에 관심을 갖는 경향이 있었다.

그런데 3명이 갑작스럽게 빠지면서 이 집단은 매우 힘든 시간을 보냈다. 몇 주 동안 이 집단은 두 명의 내담자와 데브라 그리고 나로 구성되었다. 그런데 또 한 내담자가 보조치료 프로그램으로 이관되어 집단에서 빠졌다. 결국 보통 5명이나 6명의 내담자와 2명의 치료사로 이루어지는 집단이 2명의 치료사와 1명의 내담자로 축소되었다. 집단에 몇 자리가 비었다는 소문이 빠르게 퍼져서 우리는 4개의 의뢰서를 받았다. 이 일들은 공동치료사인 데브라가 2주간의 휴가를 떠나기 직전에 발생했다. 우리는 한 번에 한 명의 내담자를 집단에 합류시킨다는 원칙을 가지고 있었지만, 데브라가 떠나 있는 동안 새로운 집단원을 받고 싶지 않았고 내담자를 한 달 이상 기다리게 하고 싶지도 않았고 의뢰서들도 모두 적절해서 우리는 모두 집단에 들어오도록 허락했다.

새로운 개인을 기존 집단에 합류시키는 것은 계획과 인내를 요하는 민감한 문제일 때가 많다. 4명의 새로운 집단원을 동시에 참여시킨다는 것은 말할 필요도 없이 큰 도전이었다. 이는 자연스럽게 저항 패턴의 강화로 이어졌다. 집단 내에는 확립된 긍정적인 문화규범이 없었고, 구성원 간의 상호작용은 치료와 관련된 모든 것들에 대한 평가절하와 회피와 적대적인 표현들로 인해 악화되었다. 데브라가 휴가를 떠났을 때 나는 5명의 성난 소년들과 함께 남겨졌다.

그런 분위기에서 나는 그들의 상상력을 자극하면 적대적인 태도가 누그러져 나와 관계를 맺는 데 도움이 될 거라는 기대를 갖고 '상상의 집' 활동을 실시했다. 내가 유도된 이미지 부분을 시작하자, "도대체 뭐하는 거야." "멍청한 짓이야"와 같은 야유와 신경질적인 웃음소리가 오갔다. 그러나 유도된 이미지에서 지하실로 내려가는 지점에 이르렀을 때 조용하고 호기심 어린 기운이 방안을 가득 채웠다.

유도된 이미지 경험이 끝난 후 내가 그리기 작업에 대한 지시를 내리자 소년들은 처음으로 주의를 기울였다. 그러고 나서 그들과 나는 망설임 없이 그림을 그리기 시작했다. 작품을 완성한 후에 우리는 둘러앉았고 나는 내 그림 이야기를 시작했다.

내가 깨어난 곳은 거대한 통나무집이었다. 그것은 거의 저택 같았지만 통나무로 만들어졌다. 바닥에는 먼지가 쌓인 두꺼운 장미빛 카펫이 깔려 있었다. 첫 번째 방에서 나의 눈길을 사로잡은 것은 울창한 숲으로 이어지는 두 개로 된 커다란 프랑스 문이었다. 봄날인 것 같았다. 지하실로 내려갔을 때 나는 놀랐다. 그곳은 마치 내가 자란 집의 지하실 같았다. 지저분한 바닥과 하얀 벽이 있었다. 하지만 거기에는 정말로 깔끔한 오래된 난로와 나무로 된 골동품 공구상자가 있었다. 난로에는 불을 들여다 볼 수 있는 창이 있었다. 나는 어렸을 때 이 난로를 좋아했었다. 나는 그것에 대해 온갖 이야기를 지어내곤 했다. 나무로 된 공구상자에는 손잡이 톱, 드릴, 낡은 망치, 드라이버와 같은 오래된 공구들이 들어 있었다.

그러고 나서 나는 비밀의 방을 발견했다. 안으로 들어갔을 때 나는 두꺼운 버건디색 카펫을 보았다. 양탄자 위에 놓여 있는 것은 촛불이었다. 촛불의 불빛이 하얀 호랑이 사진을 비추었다. 벽에는 도서관 같이 책들이 줄 지어 있었다.

목소리가 크고 반항성이 강한 소년들 중의 한 명인 칼(Carl)이 내게 물었다.

칼: 그래서 그게 다 뭐죠?

브루스: 무슨 뜻이야?

칼: 선생님은 항상 이런 것들이 뭔가 의미한다고 했잖아요. 그럼 이 모든 것들의 의미가 뭐죠?

브루스: 잘 모르겠어, 칼. 그것이 나를 좀 불안하게 한다는 건 알지만, 왜 그런지는 잘 모르겠어

칼: (비웃으며) 선생님은 아직도 그것이 비밀스러운 의미를 갖고 있다고 생각해요?

브루스: 뭔가 의미가 있을 거야.

칼: 저 호랑이는 무엇에 관한 거라고 생각해요?

브루스: 칼, 네가 물어봐 줘서 기쁘구나. 나로서는 아마도 그것이 이 그림에서 가장 혼란스러운 점인 것 같아. 너는 어떻게 생각하니?

칼: 글쎄요, 나는 치료사가 아니에요. 하지만 호랑이는 나쁘다고 생각해요. 내 말은 그

들이 원하면 선생님을 갈기갈기 찢어 버릴 수도 있다는 뜻이에요.

브루스: 칼, 너는 거기에서 뭔가 느끼는구나. 네가 그렇게 말했을 때, 내가 누군가를 갈기갈기 찢어 놓겠다는 것은 아니지만 이렇게 억눌린 에너지를 갖고 서성거리는 호랑이 이미지가 떠올랐어.

스튜(다른 집단원): 그것들은 우아한 것 같아요.

브루스: 글쎄, 아무도 나를 우아하다고 비난한 적은 없었어.

스티브(다른 집단원): 선생님은 그걸 좋아하지 않을 수도 있지만 여기에서 선생님은 강력해요.

칼: 그래요, 선생님은 여기에서 힘이 있고, 선생님은 그것을 좋아하지 않을 수도 있지만 선생님은 원한다면 우리를 찢어 버릴 수도 있어요.

브루스: 나는 나 자신을 그런 식으로 생각하지 않지만, 그 그림은 나에게 힘에 대해 상기시켜 주는 것일지도 몰라.

칼: 당신은 이름표와 열쇠를 가지고 있잖아요.

브루스: (당황하며) 그게 내가 네 눈을 통해 내 자신을 보는 걸 어렵게 만들었구나. 아마도 이 호랑이는 내가 주의를 기울여야 할 나의 일부일지도 몰라.

내 그림에 대한 이야기를 나누고 우리는 다른 그림으로 넘어갔다. 내가 나의 비밀의 방에서 나온 호랑이에 대해 기꺼이 작업함으로써, 집단원들이 이야기할 때 각 집단원의 부분에 대해 특별한 호기심을 가질 수 있도록 발판을 마련했다.

칼의 순서가 되었을 때 그는 집단원들의 이야기에 주의를 기울이기보다는 자신의 이미지에 대해 생각하고 있었다고 말했다. 그는 자신의 비밀의 방에서 큰 쥐를 쫓는 고양이를 발견했고 그 방은 어둡고 무서웠다고 했다.

칼: 거기에 들어가고 싶지 않았어요. 악취가 났고 나는 고양이가 어떻게든 살해당할까봐 걱정이 되었어요. 쥐는 교활할 수 있어요.

브루스: 고양이를 좋아하니?

칼: 네, 고양이는 착해요 .

브루스: 쥐는?

칼: 쥐는 악마예요.

브루스: 칼, 너는 내 그림이 무엇을 의미하는지 이야기했어. 그것이 내게 도움이 되었단다. 너 자신을 위해서도 그렇게 할 수 있겠니?

칼: (아래를 내려다보며) 모르겠어요. 너무나 강렬해요. 다음에 무슨 일이 일어날지 몰라요.

브루스: 네 그림을 보니 마치 무슨 전쟁 같다.

칼: 전쟁 맞아요. 항상 전쟁이에요.

브루스: 칼, 네가 이 집단에 참석하는 걸 달가워하지 않았다는 걸 알아. 괜찮아. 하지만 잠시 동안 휴전할 수 있는 장소가 되었으면 좋겠어. 이 생존경쟁에서 누구나 가끔은 휴식이 필요하거든.

칼: 그럴지도 모르지요.

집단의 마무리 의식은 각 집단원에게 무엇이 남았는지 묻는 것이었다. 전형적인 반응은 '내 손에 분필이 묻었다.' '머리가 아프다.' 또는 '아무것도 없다.'와 같은 표현이다. 그날 칼은 "잘 모르겠어요. 기분이 좋은 것 같아요. 여러분은 제 말이 무슨 뜻인지 알 거예요."라고 말했다. 그는 잠시 말을 멈추고 얼굴을 붉히며 이렇게 중얼거렸다. "이거 당황스럽네."

칼의 당황스러움 속에는 따뜻한 느낌이 있었다. 그것은 사람들이 서로에게 진정으로 이해받는다고 느끼는 순간에만 오는 수용되는 느낌이었다. 이후 회기에서 칼은 정기적으로 과거의 끔찍한 감정적 사건의 이미지들을 집단에 가져왔다. 예술적이고 언어적인 표현력이 향상되면서 그는 다른 사람들에게 알려지는 성장의 기쁨을 배우게 되었다. 병원을 떠날 무렵 그의 거친 침묵은 따뜻하고 외향적인 삶에 대한 접근으로 바뀌었다. 마지막 회기에서 그는 지하실의 카펫 위에서 함께 자고 있는 쥐와 고양이를 그렸다.

놀이로서의 미술

『웹스터 사전(Webster New World Dictionary)』(1988)에 따르면, 놀이라는 단어는 "가볍게, 빠르게 또는 불규칙하게 움직이는 것; 흔들다… 부주의하게 또는 가볍게 만지고, 처리하고, 일을 벌이고, 행동을 계속하는 것"(p. 1035)을 의미한다. 지금까지 이 책의 대부분은 예술의 놀라운 치유력이 갖는 함의를 논의하면서 진지함을 유지했다. 이제 나는 독자(그리고 나 자신)에게 미술은 놀이일 수 있다는 것을 상기시키려고 한다. 확실히 모든 사람 속에 악마와 영웅과 함께 어릿광대가 숨어 있는데, 그들의 즐거움은 고통만큼이나 진실하고 깊다.

예술은 결국 내부와 외부 세계 모두의 현실과 연결되어 있다. 그것은 카타르시스적이고 구조화되고 통합될 수 있다. 나의 멘토 돈 존스는 종종 '예술화(arting out)'라는 표현으로 내담자가 하는 작업을 묘사했다. 예술은 그들의 표현을 위해 안전하고 구체적인 구조를 제공하면서 감정을 유발하고 강화한다. 나는 내담자와 대부분 깊고 원초적인 예술적 표현에 초점을 맞추면서 일한다. 그러한 표현에 대한 논의는 진지하고 엄숙한 경향이 있다.

아마도 장난스럽고 재미있는 미술의 특성은 미국 가정의 냉장고 문에서 가장 잘 증명된다. 미국에는 자녀들이 크레용으로 그린 그림을 부모에게 보여 주는 문화적 관습이 있다. 작품을 냉장고 문에 테이프로 붙여 놓을 때 아이들의 얼굴에는 빛과 반짝임이 몇 번이나 나타난다. 미술작품이 재미있어서 오랜 시간 만드는 미술활동에 몰두해 온 꼬마 미술가에게는 이것이 여정의 종착점이다.

성인 예술가에게도 역시 창작은 재미있고 즐거운 것일 수 있다. 성인 미술치료 내담는 자신의 미술에 나타나는 투쟁과 일 그리고 고통에 대해 더 많이 알지만, 예술가가 자기표현이라는 부담을 반복적으로 직면할 수 있도록 해 주는 것은 활동 자체가 주는 즐거움과 놀이다.

미술작품(artmaking)은 환경과의 진실하고 감각적인 관계를 촉진한다. 댄서는 발로 몸무게를 느낀다. 그들은 또한 바닥의 부드러움과 근육의 긴장감도 느낀다. 기타리스트는 굳은 손가락으로 스트링의 홈과 현의 진동을 감지한다. 화가는 유화물감과 테레빈유 냄새를 맡으며 물감이 채워진 붓으로 팽팽한 캔버스를 애무할 때 탄력 있는 저항을 느낀다. 미술은 예술가가 세계를 감동시키도록 강요한다. 빛과 그림자가 어떻게 드리워지는지 충분히 살펴볼 수 있을 만큼 감각 블라인더를 제거하는 것, 전자 기타에서 첫 번째 줄을 만질 때의 긴장감, 그리고 밤새도록 춤을 춘 후 잠이 깰 때 느끼는 근육통 등에는 치료적 가치가 있다. 이러한 각각의 감각적인 경험에는 예술가의 고조된 자기 인식(self-awareness)이 들어 있다.

미술작품의 마법 같은 특성은 내담자가 종종 억제해 온 감정과 경험의 세계로 들어갈 수 있게 해 준다. 심미적인 비평가 기준에서 본다면 치료에서 창조된 미술작품은 좋거나 나쁘다고 판단될 수도 있다. 하지만 선이나 악은 놀이와 관련이 없다. 놀이활동은 개인과 사회 모두에게 역동적인 에너지원이다. 놀이의 목표는 그 과정을 즐기는 것이다. 그것은 모든 문화권에서 발견된다. 나는 놀이가 필요 이상으로 과잉 성장한 모든 문명은 그 지속에 대한 관심이 부족해서 소멸 위기에 처해 있다고 믿는다.

노는 것을 어려워하는 사람이 많다. 주요 스포츠는 상업과 언론의 관심사가 지배하고 있고 종종 게임의 즐거움보다 돈이 더 중요해 보인다. 결과적으로 사람들은 놀이의 비물질적인 이익을 잃어 가고 있는 것 같다. 어린 선수에게 가해지는 압박감을 보려 한다면 리틀리그 야구경기를 보면 된다. 나는 청소년 야구와 농구 코치 경험을 통해 자녀의 경기와 상대 코치의 행동 또는 '눈이 먼' 심판이나 심판에 대해 화가 난 부모들의 적개심에서 비롯된 사건들을 많이 보았다. 솔직히 말해서 내 아들이 홈플레이트를 건너거나 3점 슛을 했을 때 나 또한 정복에 대한 욕망의 섬광을 느꼈다. 내가 팀 선수들에게 중요한 것은 참여하고 즐기는 것이라고 해도 그들은 "그러나 이것은 게임 이상이니 승리하라!"와 같은 강력하고 노골적인 무언의 문화적 메시지를 받는다는 것을 알고 있다.

나에게 노래를 불러 줘

1960년대에 성장한 나는 비틀즈(Beatles)와 밥 딜런(Bob Dylan)의 영향을 받았다. 1964년 크리스마스에 어머니는 나에게 첫 기타를 주었다. 그것으로 음악과의 사랑이 시작되었고 지금도 진행 중이다.

기초 코드를 배울 때 나는 'The Blokes' 'Galaxy' 'B.T. Noah' 그리고 지금은 이름을 잊어버린 몇몇 록큰롤(rock 'n' roll) 그룹들을 만들기 시작했다. 우리는 양말만 신고 춤추기(sock hops), 댄스, 결혼피로연에서 연주했다. 그것은 모두 아주 재미있었고 고등학교의 일상에서 벗어나는 멋진 기분전환이었다. 우리는 보통 무료로 연주했고 공연들은 늘 어느 정도 간격이 있어서 결코 일처럼 느껴지지 않았다. 그래서 연주는 언제나 즐거움이었다.

나는 커피숍과 클럽에서 연주하면서 대학생활을 했다. 하지만 대학 졸업 후에는 시간이 부족해 밴드를 위한 시간을 낼 수 없었다. 내 음악가 친구들은 각자의 길을 갔고, 10여 년 동안 나는 내 방에서 홀로 나를 위해 연주했다. 이것은 다른 종류의 즐거움이었다. 내 기타는 외로울 때 친구가 되었다. 다른 분야에서 나의 역량이 초보 수준이었을 때 나는 항상 내 기술에서 위안을 얻을 수 있었다. 기타는 내가 슬픔을 이겨내고 기쁨을 전할 수 있는 수단이었다.

휴면 상태의 미해결된 잠재력이 일어나듯이 공연에 대한 나의 관심이 다시 떠올랐다. 1984년 친구와 나는 병원이 후원하는 사회 행사에서 배경음악을 연주해 달라는 요청을 받았다. 이것은 전문 음악가의 오래된 환상에 불을 지폈다. 내 친구 존 리스(John Reece)와 나는 연습할 수 있는 여가 시간을 찾았고 몇 달 후에는 데모 테이프를 가지고 지역 클럽에 찾아갈 준비가 되었다. 우리는 비교적 빨리 약간의 작은 성공을 거뒀다. 몇 달 동안 우리는 한 달에 한두 번 주말 연주를 했다. 우리가 벌어들인 여분의 돈과 함께 그 새로운 일은 우리의 '실제' 일상에서 기분 좋은 오락활동이 되었다.

어느 토요일 새벽 1시쯤에 손가락이 아프고 목이 따가웠다. 한 여성이 존과 나에게 다가와서 우리의 음악을 잘 즐겼다고 말했다. 그 순간 나는 연주를 즐겁게 하지 못하는 나를 떠올렸다. 실제로 나는 그것을 싫어했다. 공연에는 기쁨이 없었고 그것은 단조롭고 힘든 일이 되어 있었다. 그 후 얼마 지나지 않아 존과 나는 '밴드를 해체하기'로 결정했고, 우리는 여전히 동창회 콘서트에서 재미로 연주한다.

조니 미첼(Joni Mitchell, 1974)은 발라드 〈무료로 진짜 좋은(Real Good For Free)〉에서 무료로 아름답게 연주하는 길거리 음악가의 초상을 그려 내면서 비슷한 이슈를 다루었다. 이것은 그녀의 자기비판적 가사와 대조된다. "나는 당신이 돈이 있거나 당신이 나에게 친구라면 연주할 거예요."

내가 몇 년 동안 가르쳤던 컬럼버스 미술디자인 대학(College of Art and Design: CCAD)에서도 비슷한 현상이 나타났다. CCAD 학생들은 종종 예술적 생산물에 대한 학교의 요구에 순응하면서 즐거움을 잃어버렸다. 비록 일시적인 상황이었지만 학생들은 창조적인 충동을 조절하는 것을 배웠기 때문에 가치 있는 것일 수도 있다. 그래도 졸업 후에 모든 과제가 완료되고 모든 기술적 문제가 해결되면 그들이 미술 작품의 즐거운 특성을 다시 발견하기를 항상 나는 희망했다.

미술로 놀기

자신을 예술가라고 여기지 않는 사람들도 적절한 상황이 되면 미술의 유희성을 경험할 기회를 갖는다. 미술은 보통 일반인을 위한 전문가의 길로 여겨지지 않기 때문에 경쟁적이고 물질적인 힘에 의해 덜 오염되었다. 나의 내담자 중 많은 수가 "나는 예술가가 아니예요." 또는 "나는 어린 시절 이후로 그려 본 적이 없어요."와 같은 말로 우리의 관계를 시작한다. 어떤 사람은 이러한 말을 낮은 자존감이나 억제의 근거로 보기도 하지만 나는 그것을 기회에 관한 표현이라고 본다. 내담자가 이러한 말에서 공유하는 것은 자신의 미술적 기술에 대해 선입견이 없거나 미술은 아동이 하는 것으로 여긴다는 것이다. 어느 쪽이든 그들은 자신을 미숙련자라고 여겼지만 미술의 즐거움과 장난기에 흥미를 느끼면서 그것은 미술치료 여정을 시작하는 놀라운 장소가 된다.

다시 놀아 봐, 빌

나는 창조적 예술 스튜디오와 집단미술치료에서 빌(Bill)의 치료사였다. 두 프로그램에서 빌은 미술을 통해 자신의 장난기 많은 부분을 재발견했다. 그는 성공적인 일중독 경영자이자 양심적인 아버지이고 성실한 남편이었다. 여러 가지 면에서 그는 아메리칸 드림을 구현했다. 그는 회사에서 현장노동자로 시작해서 지금은 그곳의 부

사장이다.

빌은 몇 달 동안 직장과 집에서 어려움을 겪은 후 하딩병원에 입원했다. 그는 더 이상 집중할 수 없고 아무것도 즐겁지 않다고 호소했다. 그는 30대 후반으로 수려한 외모에 학식 있고 사려 깊고 예의 바르게 행동했다. 하지만 자신에 대해 무언가가 불안했다. 그의 얼굴은 보이지 않는 어떤 짐들에 눌려 있는 것 같았고 눈은 지쳐 보이고 패배한 표정을 짓고 있었다. 그의 손은 미세하게 떨렸고 등은 약간 구부정하며 목소리는 피곤하게 들렸다. 그는 매우 슬펐다. 입원 초기에 빌은 창조적 예술 스튜디오에 의뢰되었고 몇 주 후에 집단미술치료에도 배정되었다. 그의 경험은 각 프로그램이 개인을 위해 어떤 도움을 줄 수 있는지 그 차이를 잘 보여 준다.

창조적 예술 스튜디오에서

내가 빌에게 스튜디오를 둘러보게 하고 감정과 생각을 예술적으로 표현하는 것이 우리의 목표라고 설명했을 때 그는 수동적으로 듣고 스포츠에 관한 콜라주를 만들었다. 그는 잡지에서 사진이나 단어를 체계적으로 찾았고, 기계적인 방법으로 자르고, 배열하고 붙였다. 가까이에서 그림 작업을 하던 중 나는 〈살아 있는 죽은 자의 밤(Night of The Living Dead)〉이라는 영화에 나오는 좀비를 연상케 하는 그의 로봇 같은 동작을 보았다. 빌은 유쾌했지만 그에게는 불안할 만큼 생기 없고 잊혀지지 않는 특성이 있었다.

사흘 때 되는 날 콜라주를 끝내자 그는 내 의견이나 제안 또는 승인을 구하기 위해 나에게 제출하는 완고함을 보였다. 그의 이미지는 축구장과 농구장, 야구장, 하이알라이[jai alai, 역주: 스쿼시와 비슷한 스페인 · 중남미의 실내 구기(球技)] 코트, 레이스 트랙, 내야와 외야, 축구장, 테니스장, 결승점, 페널티박스, 롤러장, 라켓볼장, 필드하키장, 승마장, 배구장, 아이스링크, 수영장 등 반듯하고 겹쳐진 사진들로 채워졌다. 하지만 사람은 없다. 경기장과 코트는 비어 있었고 그것들을 포함하는 것 같은 행동도 없었다. 그런 공허의 시각적 효과는 놀라웠다. 내가 말했다.

브루스: 당신의 콜라주는 흥미롭군요.

빌: (어깨를 으쓱하며) 당신이 가져요.

브루스: 고맙지만, 그럴 수 없어요, 빌. 당신이 오랫동안 한 작업인데, 정말 흥미진진하군요.

빌: 그럼, 그것으로 뭘 해야 하죠?

브루스: 숙소로 가져가서 당신 치료사에게 보여 주는 건 어때요?

빌: (성의 없이) 좋아요, 다음은?

나중에 내담자들이 모두 나가고 스튜디오를 정리할 때 나는 쓰레기통에 빌의 콜라주가 뭉쳐져 있는 것을 보았다. 나는 그것을 쓰레기통에서 꺼내서 할 수 있는 만큼 펴서 스튜디오 문에 테이프로 붙였다. 다음날 오후에 빌이 스튜디오에 들어와서 어색한 미소를 짓다가 자신의 콜라주를 보고 미소가 싹 사라지는 것을 나는 보았다. 그는 즉시 억제되고 무기력한 태도로 되돌아갔다. 하지만 나는 그와 연결하려는 나의 노력이 인정받았다고 느꼈다.

빌은 다양한 매체를 실험하면서 다른 창조적인 작업으로 나아갔다. 각각의 작업에서 그의 접근은 기계적이고 꼼꼼했는데 그의 작품들은 대체로 황량했다. 빌은 몇 달 동안 어떤 기쁨도 없이 프로젝트에서 프로젝트로 터벅터벅 나아갔다. 내가 관찰한 것은 정신과 치료팀에 속한 사람들이 전해 준 정보와 일치했다. 사회복지사는 빌의 결혼생활이 역기능적이라고 평가했다. 그녀는 빌의 결혼이 재미없고 실용적이라고 묘사했다. 간호사는 빌이 일정이 없는 시간에는 자기 방에서 혼자 지낸다고 우려했다. 나의 치료팀 동료들은 "그는 단지 동작을 거칠 뿐이다."라고 평했다.

빌은 시간의 흐름을 고무줄이라고 묘사했다. 그는 "하루가 일주일처럼 느껴진다. 매시간이 하루처럼 느껴진다."라고 했다. 여러 가지 면에서 빌의 첫 번째 콜라주는 스스로 즐기지 못하는 그의 무능력과 재미를 느낄 수 있는 그의 잠재력을 동시에 담아냈다. 시간이 지나면서 치료팀 회의에서는 빌의 예후에 대한 비관적 분위기가 형성되었다. 일부 팀원은 그가 병원에 입원한 몇 달 동안 무쾌감증(anhedonia) 외에는 그 어떤 것도 보이지 않았다고 주장했다. 나는 치료팀에게 빌의 사람이 없는 놀이터 콜라주를 상기시키고, 그 놀이터는 사용되기를 기다리고 있는 듯하고, 빌은 놀면서 삶을 즐길 수 있는 잠재력을 가지고 있다고 제안했다.

12월의 어느 날 오후 나는 치료사들과 내담자들이 계획하고 있는 성탄절 놀이에서 배경으로 사용할 버스 회사 로고를 4×10피트(약 1.2×3m) 분필 그림(chalk drawing)으로 작업하고 있었다. 빌이 스튜디오에 들어서서 내 그림을 보고 킥킥거렸을 때 나는 분필 먼지를 뒤집어쓴 모습이었다. 버스 로고의 커다란 그림 앞에 얼굴과 손에 분필 먼지를 뒤집어쓴 채 서 있는 나의 모습은 빌을 웃겼다. 그는 나에게 왜 그림을 그리는지 물었고 나는 크리스마스 이브에 버스정류장에서 사람들이 오도 가도 못하는 것을 발견하는 내용의 연극에 사용할 무대장치라고 설명했다.

빌: 도와줄까요?

브루스: 고마워요. 오렌지색 분필을 갖고 와서 이쪽을 칠해 주세요.

우리는 한 시간정도 나란히 서서 작업했다. 작업 중에 빌은 음영 넣기와 분필 혼합을 실험했다. 나는 겉으로는 작업하는 손에 집중했지만 한편으로는 빌이 이 먼지투성이에 얼룩투성이인 색깔 매체에서 얻고 있는 명백한 즐거움에 세심한 주의를 기울였다.

이후 몇 주 동안 빌과 나는 파스텔 분필과 크레용을 사용해서 다양한 미술연습을 했다. 그는 작업 공간뿐만 아니라 옷과 얼굴과 손을 엉망으로 만드는 것을 좋아하는 듯했다. 한 회기에서 그는 석고 메이소나이트(masonite, 역주: 미국 상표의 목재 건축자재) 판넬에 분필을 사용해 보자고 제안했다. 나는 이전에 그런 조합을 시도해 본 적이 없다고 말했으나 그는 자유롭게 경험할 수 있었다. 그는 준비된 메이소나이트 위에 분필, 크레용, 크레파스 등을 결합하는 기술을 개발했다. 그의 그림은 일반적으로 단색의 분필 배경에서 시작되었다. 그런 다음 대비되는 색으로 하나의 움직이는 선을 그었다. 그것이 그가 작업하는 토대였다. 그러고 나서 폴리우레탄 한 겹을 뿌렸다. 폴리우레탄이 건조되면 그는 일련의 덮어씌우기(overlay), 장식품, 세부 사항을 추가하곤 했다. 그는 꼼꼼하게 작업했지만 시각적 효과는 즉흥적이고 생동감 넘쳤다. 빌의 다층(multilayer) 그림은 삶의 즐거움과 점차적으로 다시 연결되는 것을 보여 주는 장난스러운 느낌을 갖고 있었다.

집단미술치료에서

빌은 창조적 예술 스튜디오에 참가한 지 몇 주 만에 집단미술치료에 의뢰되었다. 그는 집단실에 들어와서 느리게 움직였다. 다른 집단원들에게 그를 소개한 후 나는 그에게 감정을 그려 본 적이 있는지 물었다.

빌: 아니오, 크레용으로 그리는 나이가 지난 후에는 그림 그린 적이 없어요.

브루스: 음, 그럼 이건 정말 다를 겁니다.

빌: (한숨을 쉬며) 나는 그들이 왜 나를 이 집단에 넣었는지 모르겠어요. 이건 나에게 좀 쓸데없는 짓으로 보이는데.

브루스: 그렇게 보는 것도 한 가지 방법이죠.

빌: 어쨌든 우리 뭘 하죠?

브루스: 보통 우리는 감정에 대해 그립니다. 회기가 끝나면 그림을 버려도 좋아요.

빌: (약간 놀란 표정으로) 버리다니 무슨 말이죠? 우리는 그것을 가질 수 없나요?

브루스: 원한다면 그림을 가질 수 있지만 그게 중요한 건 아닙니다.

(집단원들 중 몇 명이 가끔은 자신들이 그린 작품을 구겨 버리는 것이 좋게 느껴진다며 내 말에 맞장구를 쳤다.)

브루스: (집단을 향해) 워밍업 그림을 그리려고 해요. 자신의 화지를 4개 영역으로 나눈 후 한 칸은 행복, 한 칸은 슬픔, 한 칸은 분노 그리고 나머지 칸을 사랑이라고 명명하세요. 그리고 각 부분을 그 감정을 표현하는 색으로 선과 형태를 사용해서 채우세요.

빌: (행복 부분에 웃는 얼굴을 그리기 시작함)

브루스: (재빨리) 빌, 여기에 사물을 그리면 안 됩니다. 선이나 색만 사용하세요.

빌: 그럼 어떤 것처럼 보여서도 안 된다는 건가요?

브루스: 맞습니다.

빌: (다시 그리면서 이번에는 연하고 희미한 표식을 사용함. 분노 부분에서 작업함)

브루스: 빌, 당신은 색으로 칸을 채워야 합니다. 부끄러워하지 마세요.

빌: (빨간색 분필을 짜증스럽게 들어 종이에 세게 문지름)

브루스: 좋아요, 그게 더 좋아요.

모두가 그림을 끝냈을 때 우리는 원형으로 돌아가면서 서로의 작품을 보았다. 빌은 자신의 그림과 동료들의 그림 사이에 비슷한 점이 있는 것을 발견하자 얼굴이 눈에 띄게 밝아졌다. 몇몇 분노 그림은 짙은 빨간색, 보라색, 검은색의 날카로운 선들을 포함하고 있었다. 슬픔 부분은 파란색이 지배적이었다. 몇몇 행복 그림은 노란색과 다른 밝은 색들을 사용했다. 그 그림들은 매우 다양했지만 서로 유사해서 우리 문화에서 인간의 일부인 미술이 미술교육을 받았든 안 받았든 간에 공통된 언어라는 논의를 자극하기에 충분했다. 미술이 전 세계적으로 보편적인 언어라고 생각하지는 않지만 서양 문화에서 대부분의 사람은 블루스를 노래하고, 화가 났을 때나 햇살을 느낄 때 빨간색을 보고, 질투심으로 녹색이 된다는 것을 안다. 이러한 문화적 진리(cultural truisms)는 색과 선의 특성에 대한 심리적 반응의 결과들이다. 미국인에게 칠판이 있다고 상상하면서 화난 선을 만들어 보라고 하면 거의 항상 주먹을 쥐고 거칠고 각진 불규칙한 동작을 할 것이다. 선과 색은 2차원 시각예술의 근간이며 모든 사람은 예술적으로 자신을 표현하기 위한 토대를 가지고 있다.

작업이 끝난 후 집단원들은 서로의 그림을 살펴보았다.

브루스: 이제, 오늘의 주제 그림을 위해서 여러분이 자주 느끼는 감정을 같은 방법으로 색과 선을 사용해서 종이 전체에 채워 보세요.

빌: (의자에 털썩 주저앉으며) 어떻게 해야 할지 모르겠네요.

브루스: 빌, 당신이 제일 좋아하는 색이 뭐죠?

빌: 오렌지.

브루스: 오렌지는 당신이 가장 좋아하는 색이기 때문에, 그것이 사랑과 행복 그리고 기쁨과 같은 삶의 모든 좋은 감정들을 나타낸다고 상상했으면 좋겠어요.

빌: 나에게 원하는 게 뭐죠?

브루스: 함께 작업을 합시다. 당신이 오렌지를 쓰니까, 나는 반대색인 파랑을 쓸게요. 파란색은 죄책감, 슬픔, 절망과 같은 모든 나쁜 감정들을 나타낸다고 합시다.

빌: 당신 뜻대로.

[빌과 나는 벽에 고정한 3×4피트(약 0.9×1.2m)의 갈색 크라프트지에 작업했다.]

브루스: 우리는 경주를 하려는 겁니다. 나는 페이지를 반으로 나눌 겁니다. 당신은 한쪽에서 나는 반대쪽에서 작업할 겁니다. 이렇게 생각해 보세요. 당신은 적어도 30년 이상을 살 수 있으니까 평균해서 똑같이 나눌 겁니다. 나쁜 감정 15년과 좋은 감정 15년이라는 뜻입니다. 공평해 보이죠.

(내가 파란색으로 내 쪽 공간을 색칠하기 시작하자 빌은 내 옆에 서서 어리둥절해했다.)

브루스: (빌에게 고개를 돌리며) 어서, 빌. 너무 쉽게 만들고 있어요.

빌: (자기 쪽을 분필로 긋기 시작함)

브루스: (빨리 작업했기 때문에 내 쪽 공간이 부족함) 내 쪽은 다 채워졌어요. 빌, 내가 당신의 행복 부분을 5년만 차지해도 될까요?

내가 빌의 페이지에 그리기 시작하자 빌은 순간적으로 그리기를 멈추고 믿을 수 없다는 듯이 나를 쳐다보았다. 나는 추가된 5년 부분을 칠하고 그에게 돌아서며 건방지게 말했다.

브루스: 당신이 신경 쓰지 않는 게 분명하니까, 나는 당신 쪽에서 5년을 더 그릴 수 있겠어요. 그러면 당신이 앞으로 살아야 할 미래의 30년 중 5년만 행복하면 되는 겁니다. 그게 좋겠어요. 아, 뭐, 가끔 그런 식이지요. (빌의 오렌지색 위에 나의 파란색을 칠하기 시작함)

빌: (목소리를 높여) 됐어요!

브루스: (못들은 척함)

빌: (소리를 지르며) 그만 하면 충분하다고!

브루스: (속도를 늦추지 않고) 빌, 그럼 보여 줘.

그때 쯤 나는 파란색으로 크라프트지를 거의 다 덮었다. 빌은 벽에다가 그의 오렌지색을 쾅 치고 내 팔을 밖으로 밀어낸 후 오렌지색으로 파란색에게 공격적으로 덤벼들었다. 나는 밀려났고 몇 분 동안 우리는 종이 공간 위에서 왔다 갔다 씨름을 벌였다. 고함과 신음소리가 들여왔다. 공중에는 분필가루가 가득했고 우리는 둘 다

땀을 흘렸다. 어느 순간 빌이 웃기 시작했다. 끝날 무렵 우리 둘은 마치 형형색색의 탄광(coal mine)에서 나온 사람처럼 보였다. 다른 집단원들은 환호했고, 빌은 그들이 자신의 오렌지색 승리를 칭찬할 때 계속 빙그레 웃었다.

언뜻 보면 이 삽화는 혼란스러울 수도 있다. 어떤 사람은 어딘가 존재하는 억눌린 분노를 되살린 데 초점을 맞추고자 할 것이다. 빌에게는 분명히 이러한 일이 일어났지만, 나는 빌이 짓눌리고 지루한 삶에 대한 접근을 깰 수 있도록 도움을 준 것은 밀고 당기는 감각과 그 모든 땀과 우스꽝스러움이었다고 믿는다. 이것은 어쨌든 마법의 치료법은 아니었지만 그의 놀이 능력을 회복시키는 단계였다.

회기가 끝날 때 직원 한 명이 빌과 함께 걸어 나가면서 "당신은 전쟁을 치른 것 같군요."라고 말하는 것을 나는 우연히 들었다. 빌은 "네, 그래요, 즐거웠어요."라고 대답했다.

그 후 몇 달 동안 빌은 탁구대와 배구장 그리고 피아노와 창조적 예술 스튜디오에서 오랫동안 잊혔던 기술들을 재발견했다. 그는 뛰어난 시각예술가가 되었고 그의 삶에서 일과 놀이의 균형을 배우게 되었다. 물론 빌이 창조적 예술 스튜디오에서 장난기 있는 스타일을 개발하고 탁구 기술을 연마하고 집단에서 그의 감정에 형태와 이미지를 부여하려고 애쓰는 동안 똑같이 중요한 작업이 그의 언어적 상담사와 다른 직원들과도 진행되었다. 치료적 퍼즐의 모든 조각은 상호 의존적이었고 각각은 다른 것들에 의해서 촉진되었다. 그래도 빌의 장난기 넘치는 잠재력을 처음으로 알아챈 것은 그의 미술작업에서였다.

기도로서의 미술

1988년 6월 오하이오 주 클리블랜드에 있는 우르술린(Ursuline)대학이 '영성과 예술(Spirituality and the Arts)'이라는 제목으로 컨퍼런스를 개최했다. 발표가 끝난 후 나의 동료인 데브라 드브룰러(Debra DeBrular)는 자신에게 예술을 한다는 것은 기도하는 것과 같다고 말했다. 나의 아내이자 동료인 캐서린 문이 자리에서 움직이며 데브라에게 신나게 속삭였다. "우리가 우리 일의 이런 면에 대해서 말한 적이 없다니

믿을 수가 없어. 나도 그래, 나는 종종 예술을 기도라고 생각해 왔어. 사실 내 논문에도 그렇게 썼어".

감리교 신학교에서 수년간 공부했음에도 불구하고 나는 예술을 그런 식으로 생각하지 않았다. 나는 여러분이 어떤 것에 너무 가까이 있으면 그것을 볼 수 없다고 생각한다. 우르술린에서 열린 콘퍼런스 이후 나는 미술작업을 할 때 기도를 한다는 생각에 흥미를 갖게 되었다.

유대기독교 전통에서 기도는 일반적으로 찬양, 참회, 기원, 감사라는 네 가지 기능 중 하나를 제공한다. 이러한 기능들을 나의 미술 실제와 관련지어 생각해 보니 기도의 찬양, 참회, 감사의 측면은 미술가와 음악가로서의 나의 작업에 쉽게 연결할 수 있었다. 하지만 기원이라는 개념은 연결하기 어려워서 나는 한동안 그 측면에 대해 생각하는 것을 보류했다. 어느 날 우연히 오래된 작품 사진을 훑어보고 있을 때에야 비로소 미술작업을 겸허한 기원으로 삼겠다는 생각이 분명해지기 시작했다.

이 그림(그림 31)은 캐서린과 내가 첫아이를 임신했다는 사실을 알게 된 직후인 1978년에 그렸다. 나는 이 작품의 많은 요소를 요약하기가 힘들다. 외국전쟁 참전용사의 홀 밖에 서서 조용히 내 방향을 바라보는 아버지 영혼의 희미한 초상화, 시선을 돌리고 캔버스 약간 왼쪽에 있는 내 모습, 왼쪽 아래에 아이를 가졌던 침대에

그림 31. **기도로서의 미술,** 아크릴

앉아 있는 나의 아내, 포도 정물화, 포도주 한 병, 불이 켜진 허리케인 램프. 그 위는 더렵혀진 미국 국기의 일부분이고 마지막으로 그 위는 풍경이다. 오른쪽 하단에는 바다 경치가 있다. 이 그림은 내가 서명한 날부터 줄곧 나에게 미스터리였다. 이유는 모르겠지만 그것은 내가 가장 좋아하는 작품 중 하나였다.

어느 날 오후 내 작품 사진들을 훑어보고 있을 때 이 '기도로서의 미술'이라는 작품이 마침내 나에게 의미를 갖기 시작했다. 사실 그것은 기원하는 기도였다. 나는 앞에서 내가 아기였을 때 아버지가 돌아가셨기 때문에 나는 그에 대한 기억이 없다고 말했다. 그래도 영광스럽고 무서운 이야기들과 함께 전해진 나의 아버지인 이 남자는 제2차 세계대전에서 부상을 입었고, 술을 너무 많이 마셨고, 디지 딘(Dizzy Dean, 역주: 개성이 강한 미국 프로야구 투수)을 잘 알았고, 나의 어머니가 사랑한 유일한 남자였고, 그의 부재로 인해 나의 삶에 부정할 수 없는 영향을 준 사람이었다. 아버지라는 현실에 다가가면서 나는 흥분했지만 겁도 났다. 내가 아버지라는 것에 대해 무엇을 알고 있었나? 내가 다 잘못했으면 어쩌지? 부모로서 캐서린과의 관계를 어떻게 바꿔야 하나? 뭔가 잘못되면 어쩌나? 출산하다 무슨 일에 생기면 어쩌지? 내 머릿속에는 이런 질문들이 계속 맴돌았지만 내 안에는 축하의 뜻으로 소리치는 공간도 있었다. 마침내 나는 진정한 부자 관계가 어떤 것인지 알게 될 것이다.

지금 이 그림을 보면, "하느님, 나를 도와주소서."라는 겸손한 기원(祈願)이 들린다. 이 그림은 내가 아버지로서 다가갈 때 내 모든 부분을 하나로 연결해 주었다. 깊이와 광활함을 가진 바다, 한 번도 없었지만 언제나 있었던 아버지의 영혼, 나와 함께 이러한 것들을 마주할 만큼 용감했던 나의 아름다운 아내, 삶의 상징인 포도주 이미지, 어둠 속의 빛, 땅에서 강하고 단단하게 자라나며 넓고 깊게 뿌리를 뻗는 나무. 이 모든 요소들이 하나의 시각적인 기도에 결합되었다. "하느님, 태어나지 않은 이 아이에게 내가 충분히 좋은 아버지가 되도록 도와주소서, 아멘!"

하느님과 여러 신(神) 또는 생명 그 자체 등 신앙의 종류에 상관없이 믿음은 사람이 만드는 미술에 반영된다. 실존적 미술치료사로서 나는 내 작품을 내담자와 내가 공유하는 신성한 탐구라고 여긴다. 우리 의사소통의 주된 방식은 우리가 만드는 미술이며 미술작품은 우리 순례의 시각적인 기도다. 정신병원의 창조적 예술 스튜디오나 공동체의 시끌벅적한 거리에서 사람들이 미술을 만들 때 고해성사가 행해지고, 감사를 나누고, 찬송이 불린다. 이것이 미술을 만들고 상처를 치유하는 미술치료사가 하는 신성한 일이다.

광야의 존 이야기

존(John)은 몇 차례 가슴 통증으로 응급실을 드나들다가 하딩병원에 입원했는데 매번 검사를 받았고 건강하다는 판정을 받았다. 하지만 그는 모든 의사들이 틀렸고 자신은 곧 죽을 것이라고 확신했다.

개신교 목사인 존은 그런 직업을 가진 사람들이 그렇듯이 주변 사람의 요구에 부응하려고 노력해 왔다. 그는 교파 내에서 꾸준히 승진하여 처음에는 작은 시골교회 두 곳에서, 그 후 교외의 적당한 규모 교회에서, 그리고 마침내 큰 도시 교회에서 성도들을 섬겼다. 교회를 옮길 때마다 그는 시간과 에너지를 더 많이 쏟아야 했고 이로 인해 아내와의 관계에 긴장이 생겼고 가족과 멀어졌다. 그가 느끼는 스트레스는 직장의 업무를 방해했고 그럴수록 그는 더욱 열심히 일하고자 했고 아내와는 그 어느 때보다도 더 멀어졌다. 이 생활이 반복되었다. 그의 관계와 수행이 악화되자 담임목사는 압력을 가했고 이것이 어려움을 더 고조시켰다. 존은 매력적인 교회 비서와의 관계에서 위안을 찾았고 이로 인해 죄책감과 고립감과 구속감을 느끼게 되었다.

집단미술치료에 들어온 첫날 존은 '자신이 어디에 있는지' 그리라는 주제에서 광야에 서 있는 세례 요한 이미지로 자신을 표현했다. 그는 "문제는 내가 선포한 것이 무엇인지 잊었다는 것이다."라고 말했다. 나는 "광야에 홀로 서 있는 기분이 어떤가요?"라고 물었다. 그는 신학과 세례 요한 관련 성경에 대한 이야기로 대답했다. 하지만 그림에서는 어떠한 느낌도 확인할 수 없었다. 말 그대로 은유적으로 존은 길을 잃은 것 같았다. 그는 자신의 감정과 요구에 접촉하지 않고 홀로 광야에 외로이 있었다.

다음 회기에 나는 존스(Jones G.W., 1962)의 『혁신자(The Innovator)』 중 「고해는 감옥에 좋다(Confession is Good for the Cell)」라는 이야기를 하면서 시작했다.

하이미(Hymie, 역주: 유대인을 일컫는 속어)는 발길질을 하고 비명을 지르며 감옥으로 끌려갔다.

"하지만 난 결백해. 정말이라고!" 교도관이 그의 감방 문을 쾅 닫았을 때 그는 755번째 외쳤다.

"그래, 우린 모두 결백해, 친구." 옆 감방에서 거친 목소리가 들려왔다. "난 교도소장만큼 결백하지만 억울한 누명을 쓴 채 여기에 15년 동안이나 있었어."

하이미는 자신의 결백함에 대해 몇 주 동안 목이 쉬도록 소리치다가, 마침내 그 모든 불의에 대해 곰곰이 생각한 후, 옳은 사람들 앞에서 자신의 결백에 대한 진실을 밝히는 계획을 세우면서 일상을 보내기 시작했다. 하이미는 자신의 감방에 주지사가 직접 사면을 전달하면서 당황하는 모습을 공상하면서 많은 시간을 보냈다. 주지사가 이처럼 고귀하고 결백한 사람을 투옥한 것에 대한 극도의 자책감으로 얼굴이 붉어지고 식식거리며 말을 더듬을 때, 하이미는 근엄하고 알 수 없는 표정을 유지하곤 했다. 주지사는 하이미를 달래기 위해 온갖 유혹—새 자동차, 수영장과 당구대가 있는 교외의 멋진 집, 작은 사업체 등—을 할 것이다. 하지만 하이미는 모든 것을 거절하고 고소할 것이다. 그의 복수는 그들이 그에게 퍼부은 불의만큼이나 엄청날 것이다. 그의 결백이 승리할 그날의 정신적 그림(mental picture) 속에서 술을 마시던 하이미의 작은 눈이 독방의 어둠 속에서 반짝거렸다.

그 동안에 하이미는 후방에서 할 수 있는 일을 했다. 상원의원과 하원의원에게 10쪽짜리 편지를 쓰지 않을 때에는, 감방 문에 기대어 지나가는 모든 사람에게 결백을 외쳤다. 대부분의 편지에 대해 답장을 받지 못하자, 그는 교도소장이 연방정부 우편물에 손을 댔다고 비난하며 소리치기도 했다.

감방에 갇힌 지 거의 일 년이 되어 가던 어느 날, 하이미는 몽당연필로 긴 편지를 쓰느라 눈이 피로해졌다. 눈을 쉬게 하려고 감방 창가로 가서 안마당을 내다보았다. 푸른 잔디와 꽃봉오리가 터지는 광경은 그에게 충격을 주었다!

어쨌든 바깥세상이 있다는 것, 아니 적어도 그의 창살 너머에는 삶과 시간 그리고 세상이 여전히 돌아가고 있다는 것을 그는 잊고 있었다. 그는 자신의 삶이 투옥으로 중도에 멈춰 버렸기 때문에 마치 증오하는 감옥에서 나올 그날, 하이미의 무죄가 승리하는 그 찬란한 날을 숨죽이며 기다리기라도 하듯이 온 세상이 멈췄다고 스스로 상상하도록 내버려두었던 것이다.

잔디와 꽃봉오리 그리고 그를 제외한 모든 것이 살아 있고 자라고 변화한다는 것이 하이미에게는 너무나 벅찼다. 그는 갇혀 있었다. 하이미가 분주하게 휘갈겨 쓰고 소리치는 동안 세상이 가사(假死) 상태에 있었던 것이 아니었다. 나머지 세상이 그의 곁에서 들끓고 있는 동안 호박 속의 벌처럼 꼼짝 못하고 덫에 갇힌 것은 하이미였다. 숨이 턱 막힌 하이미는 정성 들여 썼던 편지들을 침상에서 쓸어내리고는 신음하며 그 위에 쓰러졌다.

저녁식사가 올 때면 감방 안은 어두웠다. "여기 있네, 결백 씨." 교도관이 하이미의 식판을 철문의 구멍으로 밀어 넣으면서 농담을 했다.

"난 결백하지 않아." 모든 것에 지친 하이미는 낮고 거친 목소리로 말했다. "난 유죄야. 큰 죄를 지었어."

"뭐라고 했어?" 교도관은 묘하게 흥분한 채 대답을 얻어내려고 숨을 고르며 물었다.

"유죄." 하이미가 한숨을 쉬었다. "난 유죄라고."

즉시 자물통에서 열쇠가 덜거덕거렸고 하이미가 고개를 들자 문이 제대로 보이지 않았다. 그가 일어나서 주저하며 문을 밀자 어스름하고 인적 없는 복도로 문이 활짝 열렸다.

복도를 소심하게 내려다보며 하이미는 정문으로 가는 모든 문이 자기 앞에 열려 있는 것을 보았다. 거기에는 그에게 푸른 잔디와 피어나는 꽃봉오리를 엿볼 수 있게 해 줄 햇빛이 아직 남아있었다 (pp. 63-65).

이 이야기를 마쳤을 때 나는 존의 얼굴에 눈물이 흘러내리는 것을 보았다. 나는 집단에게 하이미 이야기에 대한 자신의 반응을 그리도록 요청했다. 존은 교회 성소 앞 계단에 앉아 설교단에 기대고 있는 자신을 그렸다. 신도석에는 그의 아내와 자녀들, 그의 비서, 담임목사, 그리고 그가 섬기는 모든 신도가 있었다. 내가 이 그림에 대해 집단과 함께 무엇이든 공유해 달라고 요청하자, 그는 "나는 내가 진짜 누구인지, 그리고 내가 정말로 생각하고 느끼는 것을 그들에게—그리고 나에게—말할 필요가 있다고 생각합니다."라고 말했다.

존은 병원에 한 달 정도 입원했다. 그는 집단미술치료에 '고해실'이라는 별명을 붙였다. 존과 나 외에는 집단에서 아무도 그의 외도나 입원하게 된 이유들에 대해 아는 사람이 없었다. 그들이 존에 대해 알고 있는 것은 그가 종종 두려워하고 화를 내며, 음탕하고, 행복하고, 궁핍함을 느낀다는 것이었다. 이렇게 해서 그들은 존이 진짜 어떤 사람인지 알게 되었고 존은 광야에서 안으로 들어올 수 있었다.

리사는 주는 방법을 기억한다

리사(Lisa)는 외래환자 치료와 단기 입원에 몇 차례 실패한 후 하딩병원으로 왔다. 그녀는 알코올 및 약물 남용, 성적 문란, 가게 도둑질, 자살 제스처 등 다양한 자기

파괴적이고 자기패배적인 행동을 해왔다.

리사는 몇 차례 청소년 집단미술치료에 참여했다. 전형적으로 그녀는 동료들에게 무례했고 나와 공동치료사에게 적대적이었고 치료과정을 파괴하고 평가절하했다. 어느 날 리사와 내가 복도를 걸어가고 있을 때 우리는 우연히 가족 방문을 위해 온 리사의 남동생과 여동생을 마주치게 되었다. 리사는 몇 주 동안 가족을 전혀 보지 못했었다. 네 살과 다섯 살인 이 아이들을 보자 그녀는 울음을 터뜨리며 그들에게 달려가서 끌어안았다. 그동안 내가 함께 작업했던 성난 여성과 얼마나 대조적인 모습인가! 집단에서 리사가 자기 가족에 대해 이야기할 때 그녀는 항상 자신의 부모에 대해 격분했다. 이처럼 따뜻하고 부드러운 모습은 황량한 풍경 속에 한 줄기 희망이었다.

그때까지 리사의 치료는 유기와 자기혐오에 대한 감정을 창조적으로 탐구하는 데 초점을 두고 있었다. 이런 문제들이 그녀의 어려움에서 분명히 두드러진 부분이었지만 내가 관찰했던 형제자매들과의 상호작용은 새로운 탐구 방향을 제시해 주었다. 나는 삶의 의미란 오직 자기초월에서만 찾을 수 있다는 프랭클(Frankl, 1959)의 주장을 떠올렸다.

다음 회기에 나는 모든 집단원들에게 화지 상단에 자기 이름을 쓴 다음 자신의 오른쪽 사람에게 화지를 넘기라고 지시했다. 모두 그렇게 했을 때 내가 말했다. "우리는 다른 사람들에게 무엇을 제공해야 하는지 종종 쉽게 잊어버립니다. 우리가 기분 나쁠 때는 특히 더 그렇습니다. 여러분이 지금 마주하고 있는 화지에 화지의 주인을 생각하며 그 사람을 위한 선물을 그리기 바랍니다. 여러분은 그들에게 필요하다고 생각되는 것은 무엇이든 줄 수 있는 힘을 가지고 있습니다. 마치고 나면 오른쪽 사람에게 화지를 넘기고 자기 화지가 되돌아올 때가지 계속 합니다."

종종 빈정대고 파괴적이었던 리사는 열정적으로 그림을 그렸다. 한 동료에게 그녀는 사람들이 서로를 사랑하는 집을 주었다. 또 다른 동료에게는 기대서 울 수 있는 어깨를 주었고, 다른 동료에게는 스스로 큰 소리로 말할 수 있도록 메가폰을 주었다. 공동치료사에게는 약간 열려 있는 문을 주었고, 나에게는 평화로운 장소인 해변의 한 장면을 주었다. 선물에 대한 리사의 설명은 감수성이 뛰어나고 감동적이었다. 매번 전쟁터 같았던 집단실의 분위기가 이 날은 따뜻하고 배려 깊었다.

집단원들이 모두 자신의 그림을 공유한 후에 내가 말했다.

브루스: 우리가 창조한 모든 것이 부분적인 자화상이라고 믿습니다.

리사: (자신이 그린 것들을 조용히 다시 바라본 후) 아니요. 그게 나일 리가 없어요. 나의 내면은 썩고 죽었어요.

브루스: 리사, 난 너를 믿는다. 끔찍하게 느끼는 부분도 있겠지만 난 다른 부분도 본단다. 난 네가 여동생을 안고 있는 걸 봤고, 지금은 여기에서 네가 사람들에게 준 선물을 보았어.

이후 회기에서 리사는 다른 사람들과의 관계를 통해서 자신의 좋은 자아, 즉 잠재력을 더 많이 받아들이게 되었다. 동시에 그녀는 자신의 추하고 손상된 부분에 대해서도 온화해지고 사랑하는 법을 배웠다. 그녀의 그림은 검은 연기가 나는 쓰레기더미에서 연약한 야생화로 바뀌었다. 자신의 전부를 받아들이게 되자, 그녀는 미술작품에다 '우라질 세상' '난장판' 등이라고 휘갈겨 쓰던 틀에 박힌 슬로건을 버렸다.

리사의 마지막 그림은 대극의 화합이었다. 그녀는 악마의 모습과 성자가 줄다리기를 하는 모습을 묘사했다. 밧줄 가닥에 엮여 있는 단어는 '감사합니다'였다.

숙달로서의 미술

내담자는 종종 자신의 삶에서 통제 불능을 느끼고 숙달감(a sense of mastery)을 갈망하면서 미술치료를 시작한다. 많은 사람에게 치료의 시작은 삶이 아무 의미도 없다는 것을 고통스럽게 인정하는 것이다.

코끼리와 남자: 우화

한 남자가 몇 달 동안 시골을 떠돌며 그것의 의미를 찾고 있었다. 그동안 그는 다양한 사람들을 만났고 그 땅은 마법의 장소였기 때문에 말하는 선인장과 춤추는 바위 같은 것들도 만났다.

오늘 그가 숲을 걷고 있을 때 멀리서 이상한 나팔 소리가 들리기 시작했다. 소리의 근원에 가까워지자 그는 땅이 흔들리는 것을 느끼기 시작했다. 마침내 그의 길은 개울가로 이어지고 그곳에는 거대한 회색 코끼리가 서 있었다. 그 옆에는 늘씬한 갈색 피부의 남자가 있었다. 방랑자는 그 작은 남자가 손을 드는 것을 보았다. 이 신호에 따라 코끼리는 곧추 서서 두 뒷다리로 균형을 잡으며 코를 들어 올려 나팔 소리를 냈다. 그러고 나서 앞다리는 땅이 흔들릴 정도로 둑을 두드리면서 앞으로 떨어졌다.

방랑자는 그 광경에 넋을 잃었다. 그는 속으로 생각했다. '오, 저런 동물의 주인이 되다니! 이것이 무슨 힘인가! 이 사람은 분명 그것의 의미를 알 거야.' 방랑자는 코끼리와 그 주인에게 다가갔다. 그는 자신을 소개하고 그 남자에게 자신의 탐구를 설명했다. 그런 다음 그가 물었다. '선생님, 그것의 의미가 무엇인지 말씀해 주시겠습니까?'

그 남자는 코끼리를 툭툭 치며 껄껄 웃었다. "도대체 왜 내게 묻는 거요?"

방랑자가 대답했다. "이렇게 거대한 동물을 다스리려면 엄청난 지식과 힘을 가지고 있는 게 분명하니까요."

주인의 웃음은 큰 웃음으로 바뀌었다. "내가 그를 지배한다고 생각합니까?"

"물론이죠. 전 그렇게 생각합니다. 내가 봤어요." 방랑자가 말했다. "선생님이 손을 올리자 그 동물이 두 다리로 일어섰죠."

주인은 마음을 가다듬고 다시 코끼리의 단단한 가죽을 쓰다듬었다. "웃어서 죄송합니다." 그가 말했다. "무례하게 굴 생각은 없어요. 그저 내가 그를 조종한다는 생각이 놀라울 뿐이오."

방랑자가 당황하여 물었다. "하지만 분명히 선생님이 주인이지요, 그렇죠?"

그 남자는 한숨을 쉬며 말했다. "나는 내가 주인이라고 생각하지만 당신이 설명하는 그런 종류는 아닙니다. 당신이 본 대로 내가 손을 들었을 때 나의 큰 친구가 한 것은 그가 나에게 기꺼이 주는 선물입니다."

"무슨 말입니까?" 방랑자가 물었다.

"내가 주인입니다. 그건 사실이에요." 주인이 말했다. "나는 건초를 가져와서 그가 먹도록 하고, 그의 가죽을 문지르고 씻어 주고, 우리가 건조한 지역에 있을 때는 물을 길어다 주고, 그의 눈에서 파리를 쫓아주고, 그의 동료들과 멀리 떨어져있을 때 그에게 말을 걸어 주는 주인입니다. 이 모든 일에 내가 할 수 있는 최선을 다합니다. 나는 수년 동안 이런 일을 해왔고 나는 내가 잘 한다고 믿습니다."

"하지만 코끼리는 선생님이 시키는 대로 하잖아요," 방랑자가 말했다.

"아니, 아니요." 주인이 말했다. "그는 언제나 마음대로 할 수 있어요. 어떻게 내가 그를 막을 수 있겠어요? 그건 아마도 나의 숙달된 먹이주기와 이야기하기 그리고 목욕시키기에 대한 선물이고, 그가 나에게 감사하는 방법입니다."

내담자들은 종종 이 이야기의 방랑자처럼 느끼면서 자기 삶의 의미에 대해 궁금해하고 숙달을 갈망하면서 미술치료를 시작한다. 많은 사람에게 치료를 시작한다는 것은 망가졌다는 느낌을 극적으로 상징한다. '난 쓸모가 없어.' '아무것도 상관없어.' '난 하잘것없어.' '형편없는 인생'과 같은 한탄은 흔한 일이다. 이런 부정적인 자기평가는 실존주의 미술치료 여정을 시작하는 장면에서 두드러지게 나타난다.

토리 이야기

토리(Tori)는 수줍고 내성적인 소녀였다. 학교 검사에서는 평균 지능이 확인되었으나 학교 성적은 매우 형편없었다. 그녀는 사회적으로 미숙했고 선택의 여지가 있다면 주변의 활동에 참여하기보다는 방에 혼자 있는 것을 더 좋아했다. 그녀는 사람들을 멀어지게 하는 연약한 분위기를 가지고 있었다. 아무도 그녀에게 상처주기를 원하지 않았다. 토리는 창조적 예술 스튜디오에 들어와서 특이한 요구를 했다.

토리: (머뭇거리고 떨리는 목소리로) 유리컵 그리는 방법을 배우고 싶어요.

브루스: 유리컵?

토리: 유리컵이요.

그래서 우리는 유리컵을 그리기 위한 기술을 숙달(master)하기 위해 미술적 순례를 시작했다. 나는 그녀에게 원형과 사각형, 직사각형, 원뿔형, 삼각형 등 기본 도형을 그리게 했다. 세상에 대한 토리의 억제되고 자기비하적인 접근은 매체를 소심하게 사용하는 것에서도 뚜렷이 나타났다. 단단한 연필심을 선택해서 그린 그녀의 첫 번째 그림은 작고 매우 흐려서 멀리서는 거의 보이지 않았다. 그녀가 몇 회기 동안 엄격하고 제한된 그림을 그린 후에 나는 새로운 매체를 소개했다. 나는 스튜디오에서 잘 사용하지 않는 벽장에서 오래된 포스터 분필을 몇 개 찾아냈다. 이 분필들은 직경이 약 1인치(약 2.5cm)였고 길이가 약 3~4인치(약 7.5~10cm)였다. 나는 벽에 3×3피트(약 0.9×0.9m)짜리 갈색 크라프트지 몇 장을 테이프로 붙여놓고 그녀에게 기본 도형을 다시 그려 보라고 했다. 나는 각 도형의 지름이 최소한 1피트(약 0.3m)는 되어야 한다고 제안했다.

토리: (한숨을 쉬며) 이건 어려울 것 같아요.

브루스: 그래, 그럴 거야. 하지만 나는 네가 할 수 있다고 믿어, 토리.

그녀는 두꺼운 검은색 분필로 연습하면서 몇 회기를 보냈다. 가끔 그녀는 내게 이런 도형들을 그리는 것이 유리컵과 무슨 관련이 있는지 물어보곤 했다.

브루스: 사람은 처음에 뒤집기를 배우고 다음에 기고 걷고 달리지. 바로 지금 우리는 뒤집기를 배우고 있단다.

도형 그리기에 점점 능숙해 지면서 토리는 자신의 선에 대해 덜 조심스러워졌다. 그녀는 종이를 단단히 누르고 자신만만하게 움직일 수 있었다. 다음 학습 단계는 선의 질과 관련되었다.

브루스: 이번 주에는 토리, 직선만 그렸으면 좋겠구나.

토리: 농담이죠?

브루스: 아니, 토리, 농담이 아니야.

그녀는 다음 네 회기 동안 직선을 그렸다. 그녀는 분필에 가하는 압력에 변화를 주어 선의 굵기를 바꾸는 법을 배웠고 분필을 종이에 살짝 대고 면도칼처럼 얇은 선을 그리는 법도 배웠다. 그녀는 계속해서 선을 그렸다.

그 다음 월요일에 나는 배구공을 스튜디오에 가져와서 큰 창문 앞 탁자 위에 놓았다. 그날은 화창해서 공의 창문 쪽 측면은 눈부시게 빛났고 빛으로부터 먼 쪽에는 짙은 그림자가 드리워졌다.

브루스: 토리, 오늘은 배구공의 윤곽을 그렸으면 해.

토리: (재빨리 원을 그림)

브루스: (눈살을 찌푸리며) 자, 토리. 네가 그린 이 선은 줄곧 똑같구나. 너에게는 이렇게 보이니?

토리: 무슨 뜻이죠?

브루스: 내 말은, 공을 볼 때 넌 뭐가 보이냐는 거지. 가장자리에 있는 선의 질이 모두 똑같니?

토리: 아, 알겠어요. 지난 주 그 선들처럼?

그녀는 햇빛이 닿는 부분에는 매우 가늘고 가벼운 선을 사용해서 공을 다시 그렸다. 다른 쪽 선은 어둡고 굵었다. 그 선의 성질에서 빛과 그림자를 볼 수 있었다. 나는 그녀에게 HB연필로 바꿔서 다시 공을 그리라고 제안했다. 그림을 끝내면서 그녀가 미소를 지었다.

토리: 나 잘 했죠, 그렇죠?

브루스: 그렇구나, 토리,

우리는 형태에서 선으로 음영으로 그리고 마침내 유리컵으로 발전했다. 각 단계마다 토리의 자신감이 커졌고 동시에 이런 기본적인 그리기 기술을 내면화하면서 그녀가 스튜디오에서 다른 사람들과 그리고 나와 상호작용하는 방식도 덜 소심해졌다. 하지만 유리컵을 그리기 시작한 날 그녀는 자신이 습득한 모든 기술을 포기했다. 그녀는 그것을 원하는 대로 보이게 하는 데 너무 신경을 썼기 때문에 그동안 연습했던 기술을 사용하는 것을 잊었다. 토리는 짜증을 내며 종이를 구겨 쓰레기통에 버렸다.

브루스: 토리, 지금 뭘 한 거지?

토리: 내가 그린 유리컵 그림을 던져 버렸어요.

브루스: 아, 그게 문제였을거야.

토리: (화난 목소리로) 뭐라고요?

브루스: 네가 그린 유리컵 그림을 던져 버렸다고 했잖아. 넌 형태, 선, 빛, 그림자를 그리기로 했었지.

브루스: (다른 종이를 한 장 건네며) 자, 다시 해보자.

그녀의 두 번째 시도는 거칠고 어색했지만 첫 번째 시도에 비하면 대단한 발전이었다. 토리는 여러 회기 동안 유리컵을 그렸다. 그녀는 연필, 펜과 잉크, 분필, 목탄, 크레파스 등을 사용해서 유리컵을 그렸다. 그녀는 유리컵의 대가가 되었다. 그녀는 유리컵의 앞, 뒤, 거꾸로, 똑바로 모두 알게 되었다. 얼마 후 그녀는 병과 꽃병, 거울, 컵 등 다른 유리로 된 물건들로 옮겨갔다. 그녀는 각 대상을 잘 표현할 수 있을 만큼 충분히 오래 머물렀다 옮겼다. 그 동안 그녀는 스튜디오에서 사람들과 더 자발적으로 상호작용하면서 목소리도 커지고 자신감을 갖게 되었다.

그녀가 자신의 연약하고 스스로 제한하는 상호작용 방식을 극복할 수 있게 된 것은 유리컵 그리기에 숙달된 때문이라고 확실하게 말할 수는 없다. 하지만 나는 이것이 그녀 치료의 심장을 상징한다고 믿는다. 그녀는 두려워하고 통제 불능인 상태에서 입원했다. 퇴원할 때 그녀는 자신의 취약성에 대해 숙달되었다.

치료가 끝날 무렵에 나는 잰슨(Janson, 1971)의 『미술사(History of Art)』를 스튜디오에 가져갔다. 토리는 페이지를 휙휙 넘기면서 색이 있는 그릇이나 흑백 사진에서 가끔 멈췄다. 그녀는 특히 마네(Manet)의 〈폴리 베르제르의 술집(A Bar at the Folies Bergère, 1881~1882)〉을 좋아했다. 토리는 이렇게 비평했다. "그는 유리컵을 아주 잘 다루었네요."

10장

최첨단에 있는 예술가들

실존주의 미술치료사로서 나는 우리가 창조하는 모든 것이 부분적인 자화상이라고 생각한다. 이는 하나의 창작품이 그 예술가를 완벽하게 설명해 준다는 뜻이 아니라, 각각의 창조적 행위가 끊임없이 진화하는 창작자의 프리즘적인 초상화의 한 단면이라는 뜻이다. 내가 40년 동안 그린 의미 있는 그림들을 되돌아보면 내가 누구인가 엿볼 수 있다. 책을 쓰는 것은 그림을 그리고 노랫말을 쓰는 것만큼이나 창조적인 행위다. 각각의 창조적인 노력들은 마치 희미하게 불이 켜진 방에서 거울을 보는 것처럼 미완성의 초상화를 조금씩 보여 준다. 새로운 작품들은 불빛을 더 밝게 해주므로 나는 점점 더 선명하게 볼 수 있다. 거울을 들여다보는 것은 때로는 즐겁고 때로는 괴롭다. 어떤 날은 보는 것이 좋고 어떤 날은 눈을 가리고 싶다.

이 장에서 다루려는 것은 문화적인 이미지, 즉 개인 문화의 창작물에서 나타나는 공동체 정체성의 부분적 초상화와 이것이 치료사 개인의 정체성에 미치는 영향이다. 초판에서 이 장을 쓸 때 매우 힘들었는데 20여 년이 지난 지금도 이 일은 여전히 어렵다. 이 주제만 생각하면 나는 묘하게 매력적이기도 하고 불편하기도 한 이상한 자기력(magnetic force)을 느낀다. 나는 이 반대되는 힘들의 근원에 대해 걱정해 왔다. 한동안 나는 이것이 이 장이 끝날 때 독자가 나를 어떻게 생각할지에 대한 염려라고 생각했다. 하지만 지금은 그것은 너무나 편리한 설명이라고 생각한다. 내 직감에 정말로 내가 밀고 당긴 것은 내 문화의 집단 이미지 그리고 내 자신의 선과 악에 빛을 비추면서 내가 본 것을 내가 좋아할지 염려하는 것이다. 나는 나 자신을 선한 사람이라고 생각하고 싶고 내 안에 숨어 있는 악은 나의 일부에 지나지 않는 척하고 싶다. 나의 악은 기껏해야 나의 긴 미덕 목록에 들어 있는 삽입 어구 정도에 불과하기를 바란다. 나는 이 장에서 선과 악에 대한 문화적 이미지를 다루고자 노력하면서 또한 내 안에 있는 그러한 힘들과 씨름해야 한다.

부분적인 문화적 초상화에 대해 본격적으로 쓰기 전에 나는 제2차 세계대전 후에 태어난 베이비붐 세대임을 밝힌다. 몇 년 전 한 내담자는 나를 '퇴물이 된 히피족'이라고 묘사했다. 해가 갈수록 이 별명이 정확히 맞는 것 같다. 나 역시 지난 40년간 세계가 겪어 온 우여곡절에 영향을 받았다. 선과 악에 대한 나의 인식은 부모 세대와는 다르다. 부모 세대가 옳고 그름을 구별하는 것은 내가 하는 것보다 더 쉬웠는지 궁금하다. 어쨌든 나는 다르다고 확신한다.

제2차 세계대전 동안 미국은 악에 대해 분명한 이미지를 가지고 있었다. 히틀러와 나치 독일은 괴물 같은 잔혹 행위의 극단적인 예를 세상에 제공했다. 홀로코스트의 참상은 미국인들이 악의적이라고 여기는 모든 것을 나치에 투사할 수 있도록 했다. 그 총통은 모든 나쁜 것의 전형이었다. 이에 반해 미국인들은 자신을 미덕과 선량함의 전형으로 여겼다. 아메리칸 드림은 좋은 것으로 여겨졌고, 그 시절에 미국인들은 신이 자신들 편이라는 안도감을 느꼈다.

이 자비로운 자아상은 미국이 베트남 전쟁에 빠져들면서 1960년대에 도전을 받았다. 딜런(Dylan, 1965)은 모든 전쟁을 끝내기 위해서 스페인 전쟁부터 인도 전쟁 그리고 제1차 세계대전부터 제2차 세계대전까지 전쟁사를 추적하는 노래를 통해서 이를 반성했다. 딜런은 노랫말에서 간접적으로 의문을 제기한다. 독일은 어떻게 그 짧은 시간에 무서운 적군에서 가까운 친구이자 동맹국으로 바뀌었을까?

그들이 600만 명을 죽였지만

그들이 오븐에서 구웠지만

지금은 독일인들도

그들 편에 신이 있다

딜런은 계속해서 하나의 적인 독일을 또 다른 적인 러시아로 맞바꾼 것에 대해 이야기한다.

나는 러시아인을 증오하는 법을 배웠다

내 평생

또 다른 전쟁이 시작된다면

우리는 그들과 싸워야한다

나는 내가 자랄 때 러시아인에게 가졌던 두려움과 증오를 기억한다. 어느 날인가 나는 울면서 학교에서 집으로 돌아갔던 것을 기억한다. 나의 선생님은 핵폭탄으로 인한 참상을 사진으로 자세하게 설명했고 흐루쇼프(Kruschev)가 어떻게 유엔에서 구두를 벗어 탁자를 치면서 "우리가 너희를 매장할 거야!"라고 선언했는지 설명했다(나는 아직 묻힐 준비가 되어 있지 않았다). 나는 가끔 내가 아무리 버릇없이 말을 안 들어도 어머니는 적어도 내가 러시아인이 아니어서 기뻤을 거라고 생각했던 것도 기억난다. 선생님은 핵폭발 시 대피 요령으로 책상 밑으로 기어가는 방법을 가르쳐 주었는데 이는 어린 시절의 불안감을 덜어 주지 못했다. 3학년이 되었을 때 나는 이미 투사(projection)라는 훌륭한 심리적 방어를 배웠다.

베이비붐 세대는 미국인은 좋고 러시아인은 나쁘며 제니스(Zenith) TV가 최고이고 일본에서 제작된 모든 것은 미국 제품을 모방한 싸구려라는 인식을 갖고 안전하게 고등학교로 진학했다. 같은 시기에 미국의 인권운동은 국가의 집단적 양심에 가끔씩 흠집을 내던 수준에서 보기 흉한 상처 수준으로 발전했다. 신문에 나오는 장면들은 생생했다. 학교 계단에 서서 흑인 아이들의 출입을 막고 있는 월리스(Wallace), 자유의 탑승자(역주: 1961년에 일어난 인종차별 반대 민권운동이었던 'freedom ride'에 참가하는 사람)와 불타는 버스, KKK 집회와 불타는 십자가, 그리고 비무장한 사람을 곤봉으로 때리는 경찰들. 미디어 덕분에 이러한 이미지들은 사라지지 않을 것이다.

미국의 베트남전 개입에 대한 불만이 커지자 미국의 미덕에 대한 독선적이고 의기양양한 공동의 관점도 기초부터 무너지기 시작했다. 매일 저녁 6시가 되면 전국 모든 가정의 거실로 충격적인 영상들이 들어 왔다. 앨라배마의 자동차길이든 베트남 콴 나이(Qwang Nai) 지역의 흙길이든 간에 그 이미지를 통해서 '아메리칸 드림랜드에서 모든 것은 좋지 않다.'는 괴롭고 잠재적인 메시지가 전달되었다.

미국 문화는 이 시기에 전례 없는 극단적 대립을 경험했고 21세기 첫 10년 동안 미국 문화는 또 한 번 양극화되었음을 알게 되었다. 이는 지난 200년 동안 결코 분열된 적이 없었다는 뜻이 아니다. 전국 방방곡곡 집집마다 설치되어 있는 TV는 이전보다 더 많은 사람이 무엇이 일어났는지 알게 했고 관심을 갖게 했고 걱정하게 했다. 이는 다음과 같은 구호들을 낳았다. '미국, 사랑하라 아니면 떠나라.' '흑인의 힘' '빨갱이보다 죽음이 낫다.' '민중에게 힘을' '검은색은 아름답다.' '좋게 느껴지면 그렇게 하라.' '지옥 No, 우리는 가지 않겠다.' '이제 평화를.' '전쟁이 아닌 사랑을' '나에게는 꿈이 있다.' 그리고 내가 가장 좋아하는 말, '30세 이상의 사람은 절대 믿지 말라.'

어떤 이들은 마틴 루터 킹(Martin Luther King)을 선견지명이 있는 성인(聖人)으로 보았고, 다른 사람들은 위험한 혁명가로 보았다. 어떤 이들은 징병 카드 불태우기를 용기 있는 행위로 보았고, 다른 이들은 반역 행위로 보았다. 어떤 이들은 간디의 지혜를 보았고, 다른 이들은 시민 불복종에서 어리석음을 보았다. 어떤 이들은 스머더스 브라더스(Smothers Brothers)의 유머를 보았고, 다른 이들은 검열할 근거를 보았다. 어떤 이들은 맥거번(McGovern)을 희망의 상징으로 보았고, 다른 이들은 나약함의 상징으로 보았다. 어떤 이들은 비틀즈가 그리스도보다 더 인기 있다고 보았고, 다른 이들은 악마가 활동하는 것으로 보았다. 하지만 모든 사람이 세대와 인종, 정치, 도덕, 종교의 차이를 보았다.

이런 틈바구니에 낀 베이비붐 세대에게 국가와 문화와 자신에 대한 미국의 관점을 영원히 바꿔 놓는 일련의 사건들이 일어났다. 고등학교를 졸업하고 대학이나 직장에 취직할 즈음에 그들은 유명 인사들의 암살 사건에 큰 충격을 받았다. 바비 케네디(Bobby Kennedy)와 마틴 루터 킹이 사망했다. 월리스는 목숨을 노리는 습격을 받아 마비되었다. 1968년 3월 16일 찰리(Charlie) 중대는 마이 라이(My Lai)의 작은 마을에 진입해 500명에서 600명의 아동과 여성과 노인들을 모아 놓고 학살했다. 그들 중 어느 누구도 베트콩이 아니었다. 1970년 5월 4일 오하이오 주 방위군의 확인되지 않은 구성원들이 켄트 주립대학교 대학생 4명을 살해했다. 1972년 존 딘(John Dean)이 워터게이트(Watergate) 호텔 침입 사건과 이후의 은폐 사건에 대해 폭로하자 미국은 놀라움을 금치 못했다. 닉슨 대통령의 대화록에 담긴 '욕설 삭제'라는 문구에 미국인들은 경악했다.

이 모든 사건은 권력자의 선량함에 대한 미국의 신뢰를 흔들어 놓았고 옆집의 잠재적인 미치광이에 대한 두려움을 고조시켰다. 미국인들이 더 이상 다른 사람이 악하다고 손가락질하거나 선언하는 것은 불가능했다. 미국은 선량함을 확신하기 위해 거울을 보면서 위안할 수 없었다. 자기비판과 성찰의 고통을 감내하고자 하고 충분히 개방적이었던 사람들에게 이러한 사건들은 순수의 죽음을 의미했고, "우리는 적을 만났고 그가 우리다."라는 포고(Pogo, 역주: 매카시즘 시대의 정치 풍자만화의 주인공인 주머니쥐)(Kelly, 1970)의 만화 메시지를 낳았다.

많은 우리 세대 사람이 당국에 대한 신뢰를 잃었다. 우리는 우리 부모가 틀렸다고 확신했다. 군수산업단지 공작에 소름이 돋았고, 나라의 편협한 사람들과 강경파와 거물들에게 혐오감을 느꼈다. 환멸을 느낀 우리 세대는 이상주의적인 열정을 갖고 세상을 바꾸겠다고 맹세했다. 우리는 여기저기 행진하고 자원봉사를 하고 서부로 이동하여 종교집단과 공동체(communes), 평화봉사단(Peace Corps), 비스타(Vista, 역주: 미국 빈민지구 파견 자원봉사 활동)에 합류했다. 우리는 부모가 했던 것과 같은 실수를 하지 않을 것이라는 거창한 신념을 키워 갔다. 우리는 집단적으로 투사라는 심리기술을 익혔다.

세월이 흘러 인종폭동이 가라앉았고 미국은 베트남에서 철수했고 닉슨은 사임했다. 더 이상 항의할 것이 별로 없었다. 어느 날 아침에 깨어나 보니 우리는 결혼하고 아이를 낳고 이혼하고 융자를 받고 리모컨으로 작동하는 DVD 플레이어와 티보(TiVo, 역주: 디지털 비디오를 녹화하는 자동 녹화기)가 장착된 여러 대의 TV와 자동차 두 대를 소유하고 있었다. 이제 우리는 일요일 아침에 골프를 치고 외설적인 농담을 하고 누가 좋은 사람인지 알기 어렵다는 것을 발견한다.

우리가 만드는 모든 것이 부분적인 자화상이라는 생각은 개인 예술가뿐만 아니라 더 큰 공동체에도 해당된다. 아마도 현재의 선과 악에 대한 가장 선명한 거울은 평면 TV와 인터넷에서 흘러나오는 이미지에서 찾을 수 있다.

600개의 채널을 스캔하고 인터넷 서핑을 하면서 내가 배운 것은 이렇다. 편리한 전자레인지용 저녁 식사와 편리한 건강관리 서비스 제공 기관, 편리한 조기 임신 테스트, 편리한 질 세척 그리고 편의점 등과 같이 편리한 것은 좋다. 입냄새와 체취, 두통, 믿을 수 없는 전화 서비스, 생리통 등과 같은 것은 나쁘다. 겨드랑이 탈취제 광고에서 어떤 스포츠 선수는 자신이 땀에 젖은 것을 아무도 알아채지 못하게 할 수 있다고 나에게 장담했다. 한 탄산음료 광고는 제품에 카페인을 첨가했다고 자랑하고, 또 다른 광고는 카페인도 칼로리도 없다고 자랑했다. 낮 시간대 TV 드라마의 두 주인공은 배우자가 모르면 간통해도 괜찮다는 것을 보여 주었다. 토크쇼 진행자는 최근에 성범죄 때문에 설교단에서 쫓겨난 백만장자 TV 전도사를 인터뷰했다. 미국의 이라크 침공 후에 정부 관리가 대량 살상무기가 발견되지 않았다는 것이 왜 중요하지 않은지 설명하려고 애쓰는 것을 지켜보면서, 나는 정말 길을 잃었다. 요즘에는 사자와 기독교인을 구별하기가 어렵다. 나는 이 모든 제안들에 압도되어 웹을 끊고 텔레비전을 꺼 버렸다.

편리함은 좋거나 나쁠 수 있다. 고통과 불편함 그리고 불안은 사람이 그것을 통해 배우거나 성장하는 상황이라기보다는 약물 복용의 조건이다. 이 시대의 특징은 사람이 고통이나 역경을 가치 있게 여기지 않는다는 것이다. 작은 알약 두 알을 먹기 전의 절박한 사람과 약 복용 몇 분 후에 미소 짓는 유능한 사람을 나란히 보여 주는 진통제 광고들이 넘쳐난다. 사람들은 쉬운 것을 좋아한다. 쉬운 관계와 쉬운 직업, 쉬운 성관계, 쉬운 패스트푸드, 쉬운 낙태, 쉬운 이혼, 쉬운 오락. 사람들은 삶을 편안하게 사는 것을 좋아하고 일반적으로 쉽게 죽기를 바란다.

어찌된 일인지 미국인들은 고군분투에 대한 감상을 잃어버린 것 같다. 펙(Peck, 1978)은 명확하고 직선적인 문장으로 『아직도 가야 할 길(The Road Less Travel)』의 서문에 "인생은 어렵다(Life is difficult)."(p. 1)라고 썼다. 처음 이 문장을 읽었을 때 나는 안도감이 들었다. 그것은 다른 사람이 나의 마음을 이해한다는 사실을 알게 되면서 오는 안도감이었다. 마침내 나는 '삶은 힘들다.'는 신념을 나 혼자만 가진 것이 아니라는 것을 알았다. 1950년대 꿈의 시대에 성장하여 60년대와 70년대의 격동적인 이상주의 속에서 성인이 된 나는 오랫동안 막연한 불안감을 느꼈다. 나는 대공황에서 살아남은 부모보다 내 삶이 더 좋을 것이라는 생각에 빠져 있었다. 공공연하거나 은밀한 의사소통들은 나에게 행운의 특권을 부여하는 것 같았다. 나는 나이가 들수록 뭔가 잘못되었다고 생각하기 시작했다. 삶이 그렇게 쉬운 것만은 아니었음을 발견했다. 사실 20대 중반이 되자 나는 삶이 힘들다는 확신을 갖게 되었다. 그래서 펙의 이 세 마디 말(Life is difficult)은 모든 일이 쉽지 않다는 것은 괜찮을 뿐만 아니라 정상이라고 나를 안심시켰다.

더 큰 세상 속에서 그리고 자기 내부에서 선과 악의 이미지들과 씨름하려면 많은 에너지가 필요하다. 가능성에 대해 생각하는 것만으로도 벅찰 수 있다. 프롬(Fromm, 1955, 역주: 독일 태생의 미국 정신분석학자. 1950년대 중반 미국 사회당 당원으로 활동하며 민권 · 반핵 · 반전 · 환경 운동에 참가함)은 예언적인 사회논평에서 다음과 같이 말했다.

> 오늘날 인간은 가장 근본적인 선택에 직면해 있다. … 로봇주의(자본주의와 공산주의 모두 다)인가 아니면 휴머니즘적 공동체주의 사회주의(Humanistic Communitarian Socialism)인가. 대부분의 사실은 인간이 로봇주의를 선택하고 있다는 것을 보여 주는 것 같다. 결국 그것은 광기와 파괴를 의미한다. 그러나 이 모든 사실이 인간의 이성과 호의와 분별력 있는 온전한 정신에 대한 믿음을 파괴할 만큼 강력하지는 않다. 우리가 대안을 생각할 수 있는 한 우리는 길을 잃지 않는다. 우리가 함께 의논하고 함께 계획할 수 있다면 우리는 희망을 가질 수 있다. 하지만 실제로 그림자는 길어지고 있고 그 목소리들은… 점점 더 커지고 있다(p. 315).

프롬(1955)이 정의한 근본적인 선택은 사회적 · 정치적 차원뿐만 아니라 개인 차원에서도 이루어진다. 나는 그림자가 계속 길어지는 것을 보고 목소리가 높아지는 것을 듣는다. 그래도 나는 문화에 대해서는 비관적이지 않다. 쾌락주의와 천박한 물질주의라는 증거가 있지만 나는 세계의 예술가들 때문에 여전히 희망을 잃지 않는다. 예술가들—명성 있는 전문가, 취미로 하는 아마추어, 그리고 고군분투하는 내담자들—은 여전히 선과 악을 가리는 것에 관심이 있는 것 같다. 결국 미국의 양심을 뒤흔들고 베트남 전쟁에 저항하고 항의하는 데 필요한 정서적 에너지를 만들어 낸 것은 딜런(Bob Dylan), 바에즈(Joan Baez, 역주: 미국의 여성 싱어송라이터), 비틀즈(Beatles)와 같은 음악가와 시인들이었다. 우드워드(Woodward)와 번스타인(Bernstein)같은 작가들은 워싱턴에서 권력자들과 대면하고 워터게이트 사건에 대해 이야기할 용기가 있었다. 피카소(Picasso)는 게르니카(Guernica, 역주: 스페인 북부의 소도시로 스페인 내란 때 독일 비행기의 무차별 폭격으로 파괴됨)를 그렸고, 달리(Salvador Dali, 역주: 스페인의 초현실주의 화가)는 〈삶은 콩으로 세운 부드러운 구조물: 내전의 예감(Soft Construction with Boiled Beans: Premonition of Civil War)〉을 그렸고, 이 두 예술가는 양심을 일깨우기 위해 서정적이고 언어적이며 시각적인 이미지를 세상에 선사했다. 음악가 스팅(Sting, 1987)은 다음과 같이 썼다.

> 우리는 같은 생명작용을 공유한다
>
> 이데올로기를 떠나서
>
> 내가 당신에게 말할 때 나를 믿어라
>
> 러시아인들도 그들의 아이들을 사랑하기를 바란다

모스크바 어딘가에서 스팅의 상대역이 청중에게 "미국인들도 그들의 아이들을 사랑하기를 바란다."라고 노래하기를 우리 모두 진심으로 바랄 수 있다.

예술가들은 오래전부터 사회적 양심의 최첨단에서 살려고 애써 왔고 이는 새로운 예술장르에서 행해지고 있다. 예술에 대한 정의는 지난 30년 동안 급진적인 변화를 겪어 왔다. 펠신(Felshin, 1995)은 활동가 예술(activist art)이란 형식과 방법이 과정 지향적이고 시간적이며 협업, 공동체 구축, 팀워크, 상호 참여, 포용을 지향하는 작업이라고 설명한다.

사람들이 생각하는 예술의 경계를 확장시킨 예술가들을 살펴보자. 미술치료사 게일 서치(Gayle Sutch)는 밧줄과 무명실로 묶은 나무 묘목들로 대규모 설치작품을 만들었다(Moon, 2002). 30피트(약 9.1m) 크기의 이 미술작품은 관람객들에게 즉각적인 영향을 주었다. 엄청나게 큰 작업임에도 불구하고 나무들은 부자연스러운 형상으로 붕대로 감겨 있어서 취약한 느낌이 부각되었고 견인되는 자연이라는 인상을 자아냈다.

그녀의 작업에 대해 자발적으로 연상하고 비평하는 많은 관람자와 대화를 나누느라 나무들을 빙빙 돌려서 감고 묶는 서치의 강박적인 작업과정들은 간간이 중단되었다. 몇 달 후 예술적인 과정은 붕대를 절단하는 의식으로 끝이 났고 이것은 자연을 자유롭게 했다.

* * * *

링 올레이스(Ling Olaes), 제이미 피터슨(Jaimie Peterson), 지원 윤(Jiwon Yoon), 팅팅 장(Tingting Zhang)은 최근에 시카고 예술대학원에서 예술심리치료 석사학위를 받았고, 이들은 무작위 친절 행위(random acts of kindness)가 주는 사람과 받는 사람 모두에게 주는 변화와 행복을 만드는 힘을 신뢰했다. 자신들이 '버터 스틱스(Butter Stix)'라고 명명한 이론을 실험하기 위해 기쁨을 선사하고 즐거움을 누리는 요리와 공연예술을 결합한 사회실험을 12번 이상 수행했다. 예를 들어 '극기연습(Exercising Self-Restraint)'에서는 레이크 쇼어 드라이브 달리기 길 위에 과자 테이블을 설치하고 운동하는 사람들에게 치즈 케이크, 브라우니, 레몬바, 커피를 제공했고, '무작위 컵케이크 행위(Random Acts of Cupcakes)'에서는 리본과 핑크색으로 손수레를 장식하고 미시건 애비뉴를 지나가는 사람들에게 설탕가루를 뿌린 컵케이크를 나눠 주었고, '여행쿠키 여성 공동체(Sisterhood of the Traveling Cookies)'(그림 32)에서는 사우스 삭스 35번가와 노스 사이드 애디슨 사이의 레드 라인 'L' 통근자들에게 큰 초코칩 쿠키를 나눠 주었다.

그림 32. **버터 스틱스,** (행인이 촬영, 큰 초코칩 쿠키와 교환함)

버터 스틱스의 임무는 세상 사람들에게 친절한 행동은 모두 중요하고 성실하게 도미노 효과를 낼 수 있다는 것을 한 번에 한 사람씩에게 상기시켜 주는 것이라고 한다. 모든 실험은 사진을 찍고, 준(準)과학적인 연구 형식으로 기록하고, 음악을 넣은 디지털 슬라이드 쇼로 전환하고, 그들의 웹 사이트에 업로드했다. 그들은 시카고 예술가들의 철야 축제인 루프토피아(Looptopia)와 몇몇 미술치료 콘퍼런스에서 작품을 전시했고 작품 설치에는 늘 방문객을 위한 무료 수제 케이크가 포함되어 있다. (그들 역시 특별한 대접을 받고 무작위 친절 행위의 기쁨을 체험할 수 있다).

일시적이면서도 사색적인 또 하나의 치료적 미술작품 사례는 마운트 메리 대학(Mount Mary College: MMC) 졸업생인 제시카 라파엣-리드(Jessica Lafayette-Reed)의 공연이었다. 매년 MMC 미술치료학과 학생들과 핵심 교수진은 위스콘신 중부의 한적한 숲에서 진행되는 주말 프로그램에 참여해 숀 맥니프(Shaun McNiff)와 MMC 교수진의 지도하에 미술작품 제작에 몰입한다. 토요일 밤에 학생들은 공연예술로 반응, 생각, 감정을 발표한다. 제시카의 공연은 보석, 안경, 겉옷, 머리핀을 빼서 모두 허리까지 내리는 의식을 진행한 후 무릎을 꿇고 작은 손거울을 집어 드는 것이었다. 약 8분 동안 진행된 그녀의 멈춤 동작은(그림 33) 절제된 자기반성 표현으로 청중을 사로잡았다.

토지 개간 문제를 다루는 예술가 멜 친(Mel Chin)도 희망을 불러일으키는 활동가 예술(activist art)의 한 예다. 〈리바이벌 필드, 1990~1993(Revival Field)〉 (역주: 오염된 토양으로부터 중금속을 끌어당기도록 설계된 정원)는 미네아 폴리스의 워커 아트 센터(Walker Art Center)가 지원하는 생태복원 프로젝트다. 이 프로젝트는 미네소타 주 세인트폴에 있는 돼지 눈(Pig's Eye) 매립지 60평방피트(약 1.6평)를 해독하는 시도였다. '리바이벌 필드' 프로젝트는 식물의 바이오매스(biomass)를 통해 매립지 토양에서 중금속을 추출하는 특수한 집단식재 방법을 사용해 독성 폐기물을 정화하는 중요하고도 새로운 자연적 방법을 탐구했다. 친의 예술과 사회적 양심 그리고 과학의 통합은 지구상의 삶에 대한 관람자의 인식을 바꾸고, 건강하고 생태 의식적 접근에 기초한 생태 지역의 중요성에 대해 새로운 인식을 심어 주고자 했다.

그림 33. **제시카 라파엣 리드,** 브루스 문 촬영

* * * *

'당신을 더 사랑하는 법 배우기(Learning to Love You More)'는 그렇게 의도된 것은 아니지만 치료에 도움이 되는 참여적이고 협력적인 예술경험이다. 이것은 예술가인 미란다 줄리(Miranda July)와 하렐 플레쳐(Harrel Fletcher)가 제시한 과제를 보고 일반인들이 만든 작품들로 구성한 웹사이트이자 일련의 프레젠테이션이다. 참여자들은 과제를 수락하고 간단하지만 구체적인 지침에 따라 과제를 완료한 후, 필수적으로 보고서(사진, 문서, 영상, 등)를 제출하고 작품을 온라인상에 게시한다. '당신을 더 사랑하는 법 배우기'는 전 세계에 걸쳐서 일어나는 변화무쌍한 일련의 전시이자 영화이자 라디오 방송이다. 2002년에 시작되어 5천 명이 넘는 사람들이 이 프로젝트에 참여했다.

역사의 방향이 바뀔 때마다 예술가는 자신이 세상에서 본 것들과 기꺼이 씨름하고 그에 대응하여 미술작품을 창조해 왔다. 예술가는 선과 악의 세력과 창조적으로 싸울 때 항상 상처 입을 위험을 무릅쓴다. 대중의 비판과 검열 그리고 거부라는 잠재적인 고통에도 불구하고 예술가는 계속해서 감지하고 창조한다. 예술가는 아마도 점검하거나 숙고하지 말고 세상의 요구에 순응하라는 압력에 굴복하지 않게 하는 본질적인 특성을 지닌 것 같다. 이 본질적인 특성은 미술과정의 본질과 관련 있다. 나는 미술과정을 묘사하기 위해 잰슨(Janson, 1971)의 출생 은유로 다시 돌아간다. 이상적으로 예술은 사랑의 행위에서 시작된다. 그것이 다정하든, 공격적이든, 즐겁든, 무섭든 간에. 출산은 고통스럽고 즐겁고 놀라움으로 가득 차 있지만 일반적으로 힘든 일이고 고군분투다. 신학대학에 다닐 때 한 교수님은 나에게 "이 일을 꼭 해야 할 필요가 없다면, 제발 하지 말게."라고 하셨다. 예술가도 마찬가지라고 할 수 있다. 만약 그들이 예술을 만들 필요가 없다면 그들은 하지 않을 것이다.

예술을 창조하는 일은 고통 속에 있는 예술가를 위로하지만 너무나 편안한 예술가를 괴롭힐 수도 있다. 나는 임상작업에서 이러한 위로와 괴롭힘을 보았고 이것은 나에게 희망을 준다. 나는 정서적으로 큰 고통을 겪고 있는 내담자가 사악한 괴물을 창조하여 표현하고 그것을 길들이는 것을 보았다. 그들의 영웅적인 자아가 미술작품에서 유형의 형태를 갖게 되는 것을 보았다. 내담자가 자신에 대해 이야기하는 것을 들었고 그들이 타인에 대한 의미 없는 비난을 버리고 자기 삶에 대한 책임을 용기 있게 수용하는 이야기를 들었다. 최선을 다해 나는 그들이 생각과 감정에 예술적 형태를 부여하도록 돕고 그들의 출생 투쟁에서 산파 역할을 한다. 때때로 나는 그들이 창조적이고 치유적인 전투를 할 때 싸움의 대상이자 일시적인 적이 되고, 다른 때에는 내 앞에 펼쳐지는 미술작품의 의미를 이해하고 싶어 하는 주의 깊은 청중이 된다.

고야(Goya), 루소(Rousseau), 뭉크(Munch) 등과 같은 예술적 선배들이 그들 시대의 괴물들과 기꺼이 대면할 수 있었던 것처럼 내담자도 자신의 어두운 면과 창조적인 싸움을 벌인다. 나는 내담자가 발휘하는 용기를 보며 매번 경외감을 느낀다. 나는 미국 문화도 이런 일을 하기 바란다. 우리는 자신이 선한 것처럼 속이기 위해 악을 구현하는 적을 찾아내는 방어적인 과정을 중단하기를 바란다.

우리 모두에게 희망이 있다. 선과 악의 최첨단(cutting edge)의 균형을 이해하려면 물감과 펜 그리고 원하는 매체를 꺼내서 거울 속을 들여다보는 것에서부터 시작해 보라. 그리고 스스로 창조하기 위해 고군분투하라. 여러분은 자기 안에 숨어 있는 세상의 모든 악을 찾아낼 것이고 여러분이 찾아낸 모든 괴물들 뒤에는 세인트 조지(St. George)가 있을 것이다. 무엇보다도 토마스 아퀴나스(Thomas Aquinas)가 말한 "미덕은 중간에 서 있다(Virtue stands in the middle)."라는 지혜를 경험해 보기 바란다.

미술치료사는 자신의 그러한 부분을 알고 수용해야만 내담자의 악하고 추하고 상처 입은 부분들을 다룰 수 있다. 캐서린 문(& B. Moon, 1988)은 이러한 과정을 퇴비더미에 은유하여 설명했다.

> 나는 잠시 물러서서 방금 내가 한 일을 살펴본다. 밝은 오렌지색 당근, 붉은 사과 껍질, 하얀 달걀껍질은 그 더미 맨 위 있을 때 눈부시게 빛난다. 그래도 악취가 나는데 … 이제 수 주 동안 이 더미에 머물며 말 거름과 부패한 음식들은 새로운 가능성을 갖는다. 썩고 악취가 나는 것은 자양분이 되고 새로운 삶을 살게 될 것이다. 만약 내가 미술치료에서 정직하게 있으려면 나 또한 끊임없이 내 쓰레기인 나 자신의 악과 접촉해야 한다. 내가 가진 이미지는 나의 내면에 닿아 조심조심 마지못해 더럽고 끈적한 점액과 독과 줄줄 흐르는 진흙을 뽑아낸

다. 그것은 악취가 나고 나는 그것이 싫지만 떨쳐 버릴 수가 없다. 할 수 있는 것이라곤 그것을 붙잡고, 그것과 함께 하고, 그것을 사랑하려고 노력하는 것뿐이다.

자기 성찰

다시 말하지만 나는 내가 좋은 사람이라고 생각하고 싶고 다른 사람들도 이에 동의하기를 바란다는 것을 인정한다. 지금까지 내 인생에서 이러한 관점을 유지하는 건 어렵지 않았다. 나는 교회에 다니는 착한 감리교 신자로서 성가대에서 노래를 하고 좋은 성적을 받고 축구를 하는 착한 소년으로 자랐다. 나는 해서는 안 되는 사람을 임신시킨 적이 결코 없다. 베트남 전쟁 때는 양심적 병역거부자로서 옳다고 생각하는 도덕적인 선택을 했다. 나는 자원해서 수년 간을 신학대학에서 보냈고, 남을 돕는 직업을 선택했다.

하지만 대부분의 삶이 그렇듯이 계획하지도 원하지도 않았던 일들이 내가 전혀 예상치 못했던 방식으로 일어났다. 그런 일들이 캐서린과 내 인생에서 필연적으로 일어났다. 특히 어려웠던 시기에 나는 내 심정을 일기에 썼다. 그 일기장 한 페이지 한 페이지는 내가 이전에 결코 인정하지 않았던 내적인 힘과 감정들과 씨름할 때 나를 위한 안전장치가 되었다. 나는 그림을 많이 그렸지만 그림은 위안이 아니라 고통이었다. 캐서린에게 향한 분노와 내 안의 취약함으로 인해 내게는 매우 고통스러운 시간이었다. 그녀와의 관계문제뿐 아니라 내가 전혀 인식하지 못했던 내 안의 추악하고 증오에 찬 괴물과의 관계문제도 있었다.

어느 날 트럭에 앉아서 이 모든 것에 대해 쓰고 있을 때 선물 이미지가 떠올랐다. 나는 이 터무니없는 이미지를 보고 크게 웃을 뻔했다. 나는 궁금했다. 어떻게 이 기간이 선물이 될 수 있는가? 하지만 그 이미지는 사라지지 않았다. 계속해서 글을 쓰자 캐서린이 나에게 그 선물을 주었다는 생각이 들었다. 그 날 저녁 집에 도착해서 아이들이 잠든 후 우리만의 시간을 가졌고 나는 그녀에게 그 시를 읽어주었다. 우리는 서로 부둥켜안고 울었다. 되돌아보면 나는 아니 오히려 '우리'가 우리 관계를 치유하기 시작했다고 믿는다.

지난 몇 년간 나는 그 선물의 가능한 의미에 대해 계속 고민해 왔다. 아마도 캐서린과 나는 많이 성장했다. 우리는 모든 순간의 서로를 그리고 우리를 전적으로 받아들이고 사랑하는 법을 배웠다. 나는 한 사람으로서 나 자신을 알게 되었고 삶은 항상 낙천주의자의 대본처럼 진행되지 않는다는 것을 받아들이게 되었다. 나는 내 안의 악의 깊이에 대해 알게 되었고 그것은 내가 선을 행할 수 있는 능력에 엄청난 영향을 주었다.

예술가와 그의 악마

내가 데니(Denny)를 처음 만났을 때 그는 극도의 정신적 · 정서적 고통에 빠져 있었다. 그는 몇 달 동안 스스로 고립해 있다가 병원에 왔다. 그는 작은 원룸 아파트에 틀어박혀 있었다. 그는 타인에 대한 폭발적인 공격과 불로 자해하기, 옷 안 입고 숲 속을 돌아다니기, 이 외에도 오랜 기간에 걸친 많은 특이한 에피소드와 기이한 행동 전력을 갖고 있었다. 그는 환청을 듣거나 가끔 환시를 본다고 불평했다. 이번이 첫 입원이었는데 처음에 치료팀은 그가 심각한 우울증을 겪거나 정신병을 앓고 있다고 생각했다. 그는 신경안정제에 알레르기 반응을 보였고, 이는 상황을 더 복잡하게 만들었다.

그가 점점 편안해지고 정신과 의사와 간호사들을 신뢰하게 되면서 병의 심각성이 드러났다. 데니는 주기적으로 해리와 이인증(depersonalization, 역주: 자기에 대한 지각 영역에서 발생하는 현상으로, 현실 감각이 일시적으로 상실되거나 변화하는 것)을 겪었다. 그는 피해망상과 과대망상적 사고를 모두 보였다.

정신과 의사와 간호사들은 데니가 숙소에서의 일상생활뿐 아니라 치료 활동에서도 제대로 기능하지 못하는 것을 걱정했다. 그는 대부분의 시간을 방에서 혼자 보내거나, 그의 생각과 행동들이 자극 없이 안전하고 담아 주는 환경을 필요로 할 때는 특별한 보살핌 속에서 은둔했다. 데니는 생각과 충동 조절에 도움을 주는 약물치료를 견디지 못했기 때문에 그에게 다른 사람과 관계 맺는 활동을 제공하는 것도 어려웠다.

치료팀에서 이러한 우려에 대해 논의하던 중에 나는 데니를 내 표현적 집단미술치료에 합류시키자고 제안했다. 이는 사고장애가 있는 환자에게 창조적 표현은 적절하지 않다는 팀의 일반적인 철학과 맞지 않았다. 팀원들은 표현예술이 약한 자아

경계를 더 약하게 하지는 않을지, 그리고 감정과 충동에 압도당하는 위험에 처하게 하는 것은 아닌지 우려했다. 그들은 미술이 어떻게든 내담자를 더욱 혼란스럽게 하지 않을까 걱정했다. 나는 팀원들의 이론적 관점을 이해했지만 미술이 때로는 구조적인 요소가 되고 조직화 과정이 될 수 있다고 설득했다. 이러한 주장이 팀에서 큰 논란을 일으키자 결국 정신과 의사가 개입하여 나의 권유를 명심하겠지만 현재로서는 평지풍파를 일으키고 싶지 않다고 결론지었다.

그 후 몇 주 동안 데니는 더 심하게 고립되었고 자신의 세계로 더 많이 철수하는 것처럼 보였다. 또 다시 치료 회의에서 팀원들은 그가 다른 사람들과 너무 접촉이 적은 것에 대해 우려했다. 논의가 끝날 때쯤 한 간호사가 데니의 방 쓰레기통에서 '괴상한 그림'이 구겨져 있는 것을 발견했다고 말했다. 정신과 의사는 나를 쳐다보았고 데니와 소통하는 방법으로 미술을 사용하자는 생각에 다시 관심을 보였다. 하지만 그는 데니가 집단미술치료에 들어가는 것이 너무 이른 건 아닌지 걱정했다. 그가 내게 데니를 개별적으로 만날 수 있는지 물었다. 나는 이것이 앞으로 2년간 지속될 관계의 시작이라는 것을 깨닫지 못한 채 재빨리 동의했다.

첫 회기에서 나는 일주일에 두 번씩 한 시간 동안 미술재료를 가지고 방문할 거라고 설명하면서 우리 만남의 한계를 설정했다. 만약 다른 시간에 그림을 그리고 그것을 공유하기 원한다면 나도 그 작품을 보고 싶다고 데니에게 말했다. 말로 하지는 않았지만 데니의 비언어적인 의사소통은 이상하게도 모순되었다. 내가 탁자 위에 신문지와 파스텔을 놓았을 때 그의 얼굴은 밝아졌지만 그는 여전히 나를 피하는 것 같았다.

나는 이러한 비언어적 메시지를 우리 진행 방향의 중요한 단서로 삼아서 데니에게 종이 한 장을 주며 줄다리기를 주제로 그림을 그려 보라고 청했다. 그가 그린 그림은 두 팀이 서로 잡아당기는 혼란을 생생하게 묘사하고 있었다. 한 팀은 두 개의 데니 모습으로 구성되었는데 하나는 흰색이고 하나는 검은색으로 둘 다 밧줄을 움켜쥐고 있었다. 밧줄의 반대편 끝에는 여덟 명의 악마들이 미친 듯이 잡아당기고 있었다. 두 팀 사이에는 연기가 나는 검은 구덩이가 있었다.

그림을 완성했을 때 데니는 땀을 많이 흘리며 떨고 있었다. 나는 그에게 어디가 아픈지 물었다.

데니: 아뇨, 항상 비명만 지르는 거예요. 내가 견딜 수 있을지 모르겠어요.

브루스: 데니, 누가 비명을 지르니?

데니: (악마들을 가리키며) 그들, 항상 그들이에요.

나는 그림에 대해 이야기를 나누면서 그 악마들은 각각의 이름이 있고 데니의 세계에서 잘 발달된 역할을 갖고 있다는 것을 알게 되었다. 데니는 오랫동안 그들과 함께 있었다고 했지만 이 그림을 그리기 전에는 그 이름들을 아무에게도 말하지 않았다. 그는 나에게 하얀 데니는 공부를 잘하고 똑똑하며 온화하고 좋은 사람인 반면에 검은 데니는 강하고 공격적이며 방어적인 사람이라고 확인해 주었다. 그는 이 그림 속 모든 인물들은 다른 인물들과도 잘 안다고 했다.

이 줄다리기 그림은 앞으로 수년간 데니 안에서 펼쳐질 거대한 전쟁의 무대를 마련해 주었다. 우리의 첫 회기가 끝나갈 무렵 데니는 방구석에서 웅크리고 앉아 손으로 귀를 쳤다.

데니: (소리치며) 그들에게 닥치라고 해. (발로 그림을 가리키며) 그들이 너무 시끄러워.

브루스: 데니, 너는 그들을 조용히 시킬 수 있어. 이건 너의 그림이야. 네가 그린 거야.

데니: 아! 난 못해요!

브루스: 데니, 네가 그린 거야. 그러니까 조용히 시키고 싶으면 그림을 벽에서 떼어버려.

데니: (비명을 지르며) 못해요!

브루스: 데니, 네가 그린 그림의 주인은 바로 너야.

데니: (구석에서 몸을 떨고 계속 땀을 흘리며) 손댈 수가 없어요. (흐느끼면서) 내가 만지면 그들은 나를 절대 놓아주지 않을 거예요.

(나는 데니 그가 얼마나 깊은 영향을 받고 있는지 알 수 있었다. 그래서 그림이 걸려 있는 벽으로 천천히 다가갔다.)

데니: (소리치며) 하지 마! 그들이 선생님을 불태울 거예요.

브루스: 데니, 나는 그들이 두렵지 않아. 그들이 누구인지 보고 있거든.

(나는 모서리에 붙인 마스킹 테이프를 조심스럽게 떼어낸 후 그림을 돌돌 말아서 테이프로 붙였다. 데니의 떨림은 즉시 줄어들었고 호흡도 점차 정상으로 돌아오면서 자세가 편안해졌다. 나

는 돌돌 말은 그림을 들고 자리에 앉았다.)

데니: (나를 경이롭게 쳐다보며) 이제 그들의 소리를 거의 들을 수 없어요. 그들의 목소리가 작아졌어요. 선생님이 그들을 데려갔어요.

브루스: 잠시 뿐일 거야, 데니. 나는 네가 그들을 창조했는데 왜 그런지는 모르겠지만 그들이 너를 차지해 버렸다고 믿고 있어. 길게 보면 우리는 그들을 다시 원래대로 돌려놓아야 해.

데니: 내가 미쳤다고 생각해요?

브루스: 데니, 나는 네 마음속 감정을 살짝 보았을 뿐이야. 그게 미친 건지 잘 모르겠지만 너에게 얼마나 고통스럽고 힘든 일인지 알아.

그 후 1년 동안 데니는 흰색과 검은색 측면을 둘 다 가진 악마를 계속 그렸다. 그는 점차 개인치료에서 집단치료로 옮겨 갔다. 우리는 그를 괴롭히는 고문자들을 알게 되었다. 한 악마는 데니의 격노를 억제하는 임무를 맡았던 불의 주인이었고, 다른 악마는 성적인 감정을 담당했다. 또 다른 악마는 엄격한 근본주의 가정에서 자라면서 겪었던 신체적이고 정서적인 모든 학대의 상처들을 견뎌냈다. 또 다른 악마는 데니의 모든 불행을 무자비하게 비난했다.

데니를 담당하는 정신과 의사는 데니의 삶에서 가족에게 표현할 수 없었거나 허용되지 않았던 감정과 생각들을 상징하고 분류하기 위해 각각의 악마들이 창조되었다는 이론을 세웠다. 의사는 그 악마들이야말로 파괴적인 환경에서 균형을 유지하기 위해 필사적으로 만들어 낸 은유적 대처 메커니즘이라고 보았다. 그래서 데니의 적응 양식은 아프거나 미친 것이 아니라 건강한 것이라는 관점을 수립했다.

회기가 진행됨에 따라 악마 그림은 덜 끔찍하고 덜 위협적으로 되었다. 마침내 악마 형상은 그들을 탄생시킨 강력한 감정을 상징하는 형상으로 바뀌었다. 그림이 완성될 때마다 데니는 내가 그것을 말아서 내 사무실에 보관해야 한다고 주장했다.

악마 이미지가 점차 더 직접적인 감정표현으로 바뀌면서 하얀 데니와 검은 데니의 차이가 부각되었다. 하얀 데니는 철학과 신학을 하고 체스를 두는 반면, 검은 데니는 배구 코트에서 경기를 지배하고 외설적인 농담을 하고 역기를 들었다.

치료팀은 데니의 정신내적 분리(intrapsychic separation)나 구분(compartmentalization)

이 너무나 토착적이어서 고쳐질 가능성이 거의 없다고 체념했었다. 하지만 이러한 체념은 우리 삶에서 운명이 할 수 있는 강력한 역할을 고려하지 않은 것이었다.

사례관리자가 콘퍼런스 때문에 자리를 비운 일주일 사이에 데니의 친한 친구가 비극적으로 살해되었다. 치료팀은 그 소식을 듣고 누가 데니에게 그 사실을 알릴지 논의하기 위해 아침 일찍 회의를 소집했다. 우리 모두 그 비극적인 뉴스가 이미 라디오로 방송되었기 때문에 걱정했고 저녁 뉴스와 다음날 아침 신문에도 나올 것이라고 확신했다. 어느 누구도 데니가 친구의 죽음에 대해 그런 식으로 알게 되는 것을 원하지 않았다. 결국 내가 그 소식을 전하는 것으로 결론이 났다.

우리는 스튜디오에 몇 분 동안 묵묵히 앉아 있었다. 나는 데니가 울거나 소리 지르거나 아니면 믿지 않는 등 어떤 종류의 폭발을 할 거라 예상했었다. 하지만 침묵뿐이었다. 그러고 나서 하얀 데니는 그 친구의 삶이 얼마나 힘들었는지, 어쩌면 지금 그는 평화로울 수도 있으며 그리고 모든 것이 최선이었는지에 대해 긴 독백을 했다. 그는 지적으로 횡성수설 했지만 겉으로는 영향을 받지 않은 듯했다. 몇 분 후에 나는 그의 말을 끊으면서 그의 조용하고 이성적인 태도에 대해 우려를 표현했다. 그는 자신의 문제에 대해 동의하지만 마음속에 아무런 느낌이 없다고 말했다. 나는 그림을 그리자고 제안했다.

그때 데니가 그린 그림은 절대로 잊을 수가 없다. 한쪽에 그 친구와 빈 구명조끼가 뒹굴고 있는 바다를 묘사했다. 소용돌이치는 바다 위에는 번개 맞은 하얀 데니의 이미지가 떠 있었다. 그는 부들부들 떨면서 앉아 있었다.

나는 그림에 소리를 부여해 보라고 데니에게 청했다. 그는 오래도록 울부짖으며 비명을 질렀다. 숨이 가빠지자 그의 눈에 눈물이 그렁그렁했다.

데니: (울먹이며) 난 이걸 받아들일 수 없어. 난 받아들일 수 없어!

브루스: 하지만 너는 선택의 여지가 없어.

데니: 왜 선한 것은 다 죽어야 하는 거죠?

브루스: 데니, 나도 모르겠어.

(데니는 일어나서 보라색 파스텔을 들고 다시 그의 그림으로 갔다. 그리고 하얀 데니 뒤에 서 있는 또 다른 사람을 그렸다. 그 보라색 형상의 손은 하얀 데니의 어깨 위에 놓여 있었다.)

브루스: 무슨 일이지?

데니: (중얼거리며) 내가 저 나약한 녀석의 목을 조르겠어.

브루스: (자세히 본 후) 보라색 남자가 상대방의 어깨를 어루만지고 있는 것 같아.

데니: 뭐라고요?

브루스: (그림을 가리키며) 데니, 그 검은 사람이 너를 위로하고 편안하게 해 주고 있는 것 같아.

(데니는 그림에서 손을 떼더니 주먹을 쥐고 빈 구멍조끼 이미지를 가격했다. 그러고 나서 울었다.)

* * * *

데니의 미술치료 여정은 몹시 힘들었고 2년 이상 지속되었다. 그의 순례 목표는 내면의 반대 세력을 통합하는 것이었다. 창조적 예술 스튜디오와 정신과의사의 진료실에서 이루어진 표현과정을 통해서 그의 악마들은 정화되었다. 우리는 그 악마들의 이름을 알게 되었고, 악마가 분명하게 밝혀지자 악마는 악의를 잃게 되었다. 하얀 데니와 검은 데니는 결국 서로를 포옹할 수 있었다. 사실 하얀 데니는 검은 데니의 힘과 공격성에 의해 강화되었고, 검은 데니는 하얀 데니의 민감한 지성에 의해 길들여졌다.

치료 종결이 다가오자 우리는 어떻게 끝낼지에 관한 이야기를 나누었다. 여러 가지 방법이 떠올랐지만 데니는 나에게 자신의 그림들을 모두 갖고 있는지 묻고 그림들을 모두 한번 되돌아보자고 제안했다. 세어 보지는 않았지만 그림은 수백 점에 이르렀다. 우리는 회의실에 앉아서 하나씩 펼쳐보면서 지난 역사들을 돌아보았다.

데니는 동요하는 것 같았고 각각의 그림마다 불편감이 커지는 듯했다.

브루스: 데니, 우리 그만할까?

데니: 아니요, 단지 많은 기억과 아픔일 뿐이에요.

브루스: 정말 힘든 여정이었지.

데니: 네, 그래요.

마침내 그림들은 다 펼쳐져서 바닥에 수북하게 쌓였고, 우리는 조용히 앉아서 지옥에 갔다 온 우리 여정의 유물들을 바라보았다.

데니: 이건 옳지 않아요. 기분이 더 좋아야하는데. 그러니까 치료가 끝나면 기분이 좋아질 거라 생각했어요.

브루스: 데니, 작별 인사를 하는 것은 언제나 힘들어.

데니: 이건 마치 일종의 이사회나 오래된 악몽들 같기도 하고 전부 다 나의 조각들 같네요. 정말 기분이 이상해요.

브루스: 아마도 이사회 구성원들이 아직 제 자리를 잡지 못한 것 같아.

데니: 무슨 말이죠?

브루스: 음, 이사회에는 어떤 지정석이 있을 것 같아. 그러니까 회장은 테이블 맨 상석에, 부회장은 오른쪽에, 회계 담당은 왼쪽에 또 뭐 그런 거 있잖아. 너의 이사회는 어떤 식으로 배치해야 할까?

(데니는 몇 분 동안 그림들을 재배열했다. 몇 개는 다시 말았고, 몇 개는 의자에 테이프로 붙였고, 다른 것들은 테이블 밑에 엎어두었다.)

데니: (마침내 나를 보면서) 브루스, 여기 앉아요. (테이블 머리 쪽 의자를 가리키며) 선생님은 회사의 창조적인 컨설턴트입니다. (한 발 물러서서 자신이 창조한 드라마틱한 설치 테이블을 살펴본 뒤) 카메라가 있었으면 좋겠어요.

나는 비품실에서 필름을 몇 개 가져와 카메라에 넣었다. 데니는 이사회와 자기 삶의 모든 힘들(forces)을 사진으로 찍었다.

11장

질병의 변화하는 얼굴

개인의 역동과 사회문화적 맥락은 복잡하게 상호작용하므로 오늘날 사람들이 직면하고 있는 정서적 · 정신적 어려움은 아마도 프로이트와 융 그리고 그 시대 사람들이 도전했던 것과는 다를 것이다. 빅토리아 시대에 프로이트는 자신의 환자를 대상으로 면밀히 연구해 정신과 성격의 구조에 관한 정보를 수집했다. 개인역동에 대한 프로이트의 일반화된 이론들은 그의 환자들의 병리로부터 영향을 받았다.

지난 20년 동안 다양한 버전의 현실들이 동시에 존재한다는 생각에 점점 더 많은 관심이 모아지고 있다. 이는 보편적이고 객관적인 진리는 단 하나일까라는 회의로 이어졌다. "우리는 진리와 현실은 객관적이고 불변하는 사실이 아니라 역사와 맥락에 따라 이해되는 포스트모던 시대로 접어들었다."(Corey, 2005, p. 385). 알터-무리(Alter-Muri, 1998)는 모든 심리학 이론과 실제는 문화와 역사적 시기에 한정된다고 기록했다. 따라서 치료사는 내담자가 가져오는 가족문화와 종교문화, 기원문화, 경제문화, 공동체와 사회의 문화를 포함한 다문화를 반드시 알고 있어야 한다.

실존주의 미술치료사들은 치료사와 내담자 간의 관계란 언어와 시각적 이미지가 강력한 의미를 갖는 공유된 여정이라고 생각한다. 그들은 미술작품의 다양한 상징적 의미에 대해 보편적인 이념이나 규정된 의미가 존재한다고 믿기보다는 미술창작이 의미를 창조하는 방법이라고 생각한다. 의미를 표현하는 미술작품과 이를 창조하는 미술가들이 있는 만큼 의미도 많은 버전이 있을 것이다. 궁극적으로 사회적 행동이 근본적인 목표다.

정서적인 장애의 원인은 다면적이고 복잡한 유전학과 생물학, 가족환경, 사회사, 자연, 문화적 요인, 운명 그리고 개인 내적-대인관계적 역동 등에 있으며, 이들은 정서적인 건강과 장애 둘 다의 발달에 기여한다. 오늘날에는 프로이트와 그의 동료들이 묘사한 공포증이나 히스테리의 전형적인 증상들은 거의 보이지 않는다. 사람들은 존재의 공허함이나 인생이 무가치하고 무의미하다는 막연한 느낌에 직면할 가능성이 훨씬 더 높다.

실존주의 미술치료사의 관점에서 나는 그것들이 우리 시대, 즉 비역사성 시대의 지배적인 병리학에 적용되기 때문에 병인(病因)학적 요소들의 격변하는 혼합체를 탐구하고자 한다. 비역사성은 자기 문화에서 일어나는 강력한 변화와 직결된다. 내담자에게서 나타나는 비역사성은 타인과 진정한 연결성이 없다는 것이다. 대상관계이론은 유아와 어머니 그리고 유아와 양육자 사이의 미묘한 정서적 분위기에 관심을 집중시켜 왔다. 모성 역할이 다소 평가절하되고 직장에서 여성의 역할이 부각되는 때에 이러한 초기발달 경험에 주목하게 되었다. 이와 동시에 외벌이 수입만으로는 가족이 편안하게 생활할 수 있는 가능성도 점점 더 희박해지고 있다. 결과적으로 모성 역할에 대한 사회적 지원에 차질이 생겼다.

현대의 치료환경에서는 주로 진단과 개입, 측정 가능한 결과, 제3자 지급의 정당화와 같은 실용적인 문제에 초점을 맞춘다. 인간성이나 의미 그리고 내담자의 근본적인 실존적 관심에 대한 대화는 거의 없다. 나는 이 실용적인 초점에 대해 의구심을 가지고 있고 구체적인 진단명을 기록하는 것이 망설여진다. 미국에서 정신질환을 진단할 때 『정신장애 진단 및 통계 편람(Diagnostic and Statistical Manual of Mental Disordersc: DSM)』을 가장 자주 사용한다. DSM의 분류 체계와 증상 기준은 주로 미국 정신건강 전문가를 대표하는 정신과 의사들의 의견에 바탕을 둔다. 이 체계에 대한 비판은 진단 기준이 문화의 영향을 받는다는 점과 이러한 기준은 현대 사회 환경을 반영하기 위해 업데이트되어야 한다는 점이다. 따라서 정신장애로 간주되는 것들도 바뀔 수 있다.

초보미술치료사였을 때 나는 진단명 붙이기를 즐겼음을 고백한다. 나는 내담자의 어려움에 올바른 이름을 붙이면 그의 문제를 더 잘 이해하고 결국 그를 더 잘 낫게 할 수 있다고 생각했다. 나는 정신분열증과 우울증, 기분부전증, 신경과민과 같은 용어들을 좋아했다. 내담자를 만난 후에 "아, 이것은 조울병의 조증 국면이야."라고 혼잣말하면서 나 자신의 현명함을 느꼈다. 나중에 그 환자의 차트를 읽으면서 나의 진단적 인상이 정확했음을 확인했을 때 나는 내가 박식하다고 생각하며 의기양양해졌다. 진단명은 통제감과 안전감을 주었다. 유대 기독교 전통에서는 『창세기』에 신이 이름을 명명하여 생명체와 생물로 가득한 우주를 창조한다는 이야기가 나온다. 나는 초보 미술치료사 시절에 사람들을 머릿속으로 명명(labeling)하면서 사이비 신앙 같은 것을 경험했다.

오늘날의 나는 진단 범주에 흥미를 덜 느낀다. 사실 나는 임상 용어에 대해 점점 더 불편해졌고 종종 범주라는 함정에 빠지는 듯한 느낌을 받는다. 폴 사이먼(Paul Simon, 1965)이 노래했듯이.

사랑 이야기는 하지 마
전에는 그런 말을 믿었지만
지금은 내 기억 속에 잠들었지
그 잠을 깨우고 싶지 않아
이미 죽은 감정이야
사랑하지 않았다면
상처받지도 않았을 텐데
나는 바위고
나는 섬이야

아마 사이먼의 이 노래에 어울릴 만한 세 번째 가사는 '나는 경계선(borderline)이야.'일 수 있다. 진단명의 유용성에 대해서는 조심스럽지만 나는 경계선 성격장애를 가진 이 바위섬 같은 요새 속의 사람에게 흥미를 느낀다. 내가 그들을 치료하기 위해

치료용 그물을 던지면 그들은 어떻게든 나를 낚아챈다. 그들의 갈고리는 면도날처럼 날카롭고 가시가 있어서 종종 나의 감정을 찢는다. 나는 거울을 보면서 내가 왜 그렇게 고통스러운 탐험에 쉽게 자원했는지 생각하면서 많은 시간을 보냈다. 아마도 경계선 성격을 가진 사람은 내가 피할 수 없는 방법으로 나의 취약성을 드러내 주고 시간이 얼마나 소중한지를 상기시켜 주기 때문에 나는 그들에게 끌리는 것 같다.

몇 년 전 나는 경계선 병리에서 유기우울증(abandonment depression)에 관한 제임스 마스터슨(James Masterson) 박사의 강연에 참석했다. 내담자는 관계를 생각할 때 단절된 부분이 아닌 전체로 볼 수 없기 때문에 과거의 버림받은 트라우마를 현재도 계속해서 행동으로 옮길 수밖에 없다. 과거 관계와의 단절은 현재의 모든 관계에도 영향을 준다.

타인과 관련해서 내담자에게 과거는 없고 오직 지금 여기밖에 없다. 과거가 없는 것 외에도 내담자에게는 미래에 대한 믿음도 없다고 가정해도 무방하다. 현재의 내담자 행동은 직접성의 원시적 감각과 힘을 지니고 있다. 바위섬 같은 그들의 특성은 아마도 존재 전체가 그들이 현재 무엇을 하느냐에 달려 있다. 그들에게는 역사가 없고 그들은 미래를 예측할 수 없다.

오늘날에는 과거와의 연속성과 근저의 전통적인 원천들이 흔들리거나 사라지고 있다. 과거에는 누군가의 가족과 고향, 교회 또는 이들이 모두 합쳐져 삶의 흐름 속에 자리 잡은 느낌(a sense of place)을 제공했다. 사람들은 개인이나 공동체의 미래가 모두 예측 가능하고 신뢰할 수 있다고 믿었다. 현기증을 일으키는 급속한 사회변화 속에서 이러한 오래된 경계들이 무너졌다. 양(兩)부모 가족이라는 전통은 지금은 규칙이라기보다는 예외가 되었고 개인의 이동성 때문에 대가족은 분열되었다. 나는 심포지엄에서 이 주제에 관한 논문을 발표하면서 청중에게 자신이 자란 마을에서 살고 있는 사람이 얼마나 있는지 질문했다. 소수의 사람만이 손을 들었다. 뒤이어서 조부모로부터 100마일 이내의 거리에 살고 있는 사람이 얼마나 있는가 물었다. 소수만이 손을 들었다. 그래서 나는 이런 방식으로 뿌리를 내린 사람은 거의 없다고 결론 내렸다. 이 모든 변화는 인류가 스스로 재앙적인 파괴 수단을 만들어 냈다는 보편적인 인식과 결합하여 과거로부터 육체이탈(disembodiment)된 문화적 형태와 미래에 대한 회의론을 남겼다. 우리는 비역사성의 시대에 살고 있고 각 세대는 이전 혹은 이후 시점과 관계 맺거나 참조하지 않고 연대표에서 탈선한 상황에서 자신의 정체성을 형성해야 한다. 우리 세대는 현재에 갇혀 있다.

서구 문명에서는 시간을 시각화할 때 일반적으로 시작과 끝이 있는 연대표(timelines)를 상상한다. 그러나 이는 인류 역사에서 볼 때 비교적 최근의 생각이다. (유대교의) 율법(Torah)이 집필되기 이전에는 시간이 다르게 해석되었다는 증거가 있다. 원시인들은 아마도 시간을 달의 위치와 월경 주기 그리고 계절과 연관되는 원형으로 보았던 것 같다. 생활주기 자체가 원시적이고 비선형적인 관점을 보여 준다. 결과적으로 원시인들은 작년을 돌아보거나 내일을 기대하는 것과 같은 이야기를 이해하지 못했을지도 모른다. 존재하는 시간은 모든 지점이 연결되어 있기 때문에 원에 시작점이 없는 것처럼 시간은 오직 그 순간에만 존재하고 모든 시간은 각각의 순간에만 존재한다.

보니것(Vonnegut, 역주: 미국의 소설가)의 소설『죽은 눈 딕(Dead Eye Dick)』(1982)에는 현재 시제만 있는 원시언어를 쓰는 섬사람이 나온다. 그 섬사람이 죽은 여인에 대해 "그녀는 지금 어때?"라고 물을 때 주인공은 신기하기도 하고 약간 불안하기도 하다.

항상 현재에 있다는 것은 비역사성으로 고통받는 사람들이 겪는 곤경이다. 타인과 관계 맺을 때 그들은 무엇이 일어날지 전혀 알지 못한다. 그들은 치료사와의 이별을 어머니의 보살핌 없이 살아남아야 하는 유아처럼 천지가 진동하는 충격으로 경험한다. 합리적이고 건강한 '정상적인' 사람은 항상 과거 및 미래와 싸워야 하고 실제로는 현재의 경험을 희석시키는 데 비해, 비역사적인 내담자는 극적이고 강렬한 직접성(immediacy)을 구현한다. 이러한 직접적인 감각은 치료사에게 막연한 부러움을 줄 수 있고, 그들이 오래전에 그랬던 것처럼 삶의 깜빡거리는 거울 이미지가 될 수 있다.

나는 심리학 박사인 존 리스(John Reece)와 1980년에『희생자들, 악당들과 영웅들: 경계선 내담자의 치료 은유(Victims, Villains and Heroes: Treatment Metaphors of Borderline Clients)』란 논문을 공동 집필하면서 처음으로 이 극적인 분야에 민감해지게 되었다. 우리는 그 작업에서 비역사성 내담자들은 살아서 숨 쉬는 은유들, 즉 바위섬 같은 존재라는 관점을 공식화했다.

수천 년 동안 자신을 이해하고 타인과 함께하고 삶에서 의미를 찾던 인간의 지혜는 종종 측정 가능한 목표와 과학적 입증이 가능한 데이터를 찾는 것으로 대체되었다. 우리는 우리를 인간답게 만드는 걱정들을 줄여 왔고 그렇게 하면서 삶의 가치를 규정하는 은유들을 놓치곤 했다. 이 책의 원판을 쓰고 있던 어느 날 소아정신과 의사인 마르셀 훈지악(Marcel Hundziak)이 병원 복도에서 집필이 어떻게 진행되고 있는지 물었다. 그는 실존주의에 대한 나의 관심을 칭찬하면서 다음과 같이 말했다. “훌륭해. 우리는 항상 더 심오한 것들을 기억할 필요가 있어!” 이 대화가 나를 격려했고 은유에 대한 나의 사랑을 강화시켰다.

은유가 갖는 언어적 속성 때문에 실존주의 미술치료와 관련하여 그것을 논하는 것은 위험하다. 미술치료사로서 나는 비록 언어적 은유를 존중하지만 내담자의 미술과정에서 드러나는 시각적이고 행위적인 은유에 더 관심이 있다. 미술치료사가 비역사성 내담자를 대하는 데는 은유, 의식 그리고 행위를 통해서 상징적으로 상호작용하고자 하는 노력이 포함되어야 한다.

미술치료사가 이러한 내담자를 위해 할 수 있는 구체적인 역할을 탐구하기 전에 나는 경계선 성격장애의 병인학적 이론적 틀을 검토하고자 한다. 왜냐하면 나는 그것이 비역사성 내담자 치료에 도움이 된다고 믿기 때문이다. 현재 이 장애에 대한 이해는 유아가 어떻게 현실에 대한 지각과 이해를 발달시키는지, 그리고 어떻게 관계를 형성하고 자신과의 관계 속에서 타인을 지각하는지를 설명하는 대상관계이론에 뿌리를 두고 있다.

생후 3개월 동안 유아와 어머니의 관계는 공생이다. 유아는 아직 자신과 대상, 즉 어머니나 환경과의 분리를 인식하지 못한다. 유아는 완전히 분리된 두 가지 정서 상태를 갖는 것으로 생각된다. 하나는 먹여 주고 안아 주고 보살핌을 받는 느낌에 해당하고, 다른 하나는 젖고 춥고 배고프거나 외로운 경험이다. 전자의 정서 상태는 모든 즐거운 감정의 원천이고 리비도적이다. 후자의 정서 상태는 격노로 모든 부정적 감정을 촉발하고 공격적인 추동과 관련이 있다.

다음 수개월 동안 유아는 자아경계를 형성하기 시작하고 환경과의 분리를 인식하게 된다. 이러한 분열과정은 대상이 좋든 나쁘든 또는 존재하든 존재하지 않든 간에 대상에 대한 단일 이미지를 유지할 수 있는 능력인 ‘대상항상성(object constancy,

역주: 유아의 대상관계의 질적 발달과정을 설명하기 위해 하트만이 도입한 개념)' 발달에 매우 중요하다(Moon, B. L. & Reece, J., 1980). 유아는 자신과 세상에 대해 현실적인 심상을 형성할 뿐만 아니라 향후 정확한 현실 검증을 위해 부정적인 경험과 긍정적인 경험을 연결하는 방법을 찾아야 한다.

'분열(splitting)'은 다른 정서 톤으로 분리된 경험을 유지하기 위해 발생한다. 분열은 고착화되어 방어기제의 속성을 띠게 된다. 마스터슨(Masterson, 1985)은 분열의 발달은 하나의 방어 전술로서 유전, 양육 그리고 운명으로부터 올 수 있다고 제안한다. 만일 타고난 것이라면 유아는 유전적으로 좌절에 대한 내성(耐性)이 낮아 잦은 분노나 심한 분노를 경험할 수 있다. 운명에서 온 것이라면 어머니의 죽음이나 전쟁 그리고 자연재해와 같은 재앙이 발달단계를 방해하고 부정적인 정서를 일으킬 수 있다. 가장 흔한 원인으로 여겨지는 양육에서 온 것이라면 어머니의 병리가 경계선 성격장애일 때 유아와 어머니 관계는 제한을 받는다. 이 경우 어머니는 자신의 병리 때문에 분리-개별화 단계에 있는 유아의 자아 활동을 강화하지 못한다. 대신에 그녀는 유아가 초기단계의 공생 방식으로 행동할 때는 보상하고 유아가 독립을 시도하면 사랑을 철회한다. 결과적으로 유아는 좋은 어머니와 나쁜 어머니의 이미지를 하나의 안정된 독립체로 결합시킬 수 없고 대상항상성을 성취하지 못한다. 대상항상성을 성취하지 못하고 분열을 방어기제로 유지하는 것은 경계선 성격장애를 가진 내담자 증상의 기초가 된다.

분열방어의 가장 잘 알려진 특징은 모든 사람을 선한 사람과 악한 사람으로 분류하고 그 중간은 없다. 또한 분명한 기억이나 자각 없이 특정한 사람에 대한 감정이 한 극단에서 다른 극단으로 돌변한다. 이 분열은 컨버그(Kernberg, 1975)가 '원시적 이상화(primitive idealization)'라고 명명한 것과 관련 있는데, 이는 내담자가 다른 사람을 '나쁜' 사람으로부터 보호하는 좋은 사람으로 본다는 것을 의미한다.

'투사적 동일시(projective identification)'는 경계선 병리에서 흔히 볼 수 있는 또 다른 증상이다. 이는 사람들이 자신의 내적 격노를 위험하고 위협적이며 혼란스러운 것으로 인식하여 이를 외부 환경에 놓아 두는 것이다. 공격적 감정의 격렬함 때문에 자아경계가 약해진다. 임상현장에서 이 메커니즘의 공통적인 영향은 내담자가 위협적이라고 인식되는 사람들의 행동을 통제하려고 시도하는 것이다.

분열의 마지막 양상은 전능함과 평가절하를 결합하는 것이다. 경계선 성격장애를 가진 사람은 이 두 메커니즘을 이용해 마법의 힘을 가진 것으로 인식되는 사람과 끈끈한 관계를 구축하려는 욕구와 그 욕구가 충족되지 않을 때 그 사람을 평가절하하거나 무시하는 것 사이에서 오간다. 결과적으로 이상화된 사람은 내담자 욕구의 확장자로서 방어적인 대상이 된다. 만약에 외부 대상(이상화된 사람)이 더 이상 만족감이나 보호를 제공하지 못하면 내담자는 그를 무시하고 평가절하하는데 이는 거절당한 사람이 박해자를 두려워하고 증오하는 것을 막는다.

대상항상성의 결여는 그 자체로 결함이다. 방에 없는 어떤 사람의 이미지를 만들 수 없는 내담자는 아마도 그 사람이 영원히 사라졌다고 확신할 수도 있다. 이러한 경험은 내담자에게 고의적인 유기로 내면화되곤 하는데 이러한 상황에 수반되는 격노와 슬픔은 외현화된다. 이러한 내담자가 보이는 대상항상성의 진정한 결여는 이미 죽었거나 그를 '유기'한 중요한 사람을 애도할 수 없다는 것을 의미한다. 게다가 경계선 성격장애를 가진 사람은 긍정적인 관계를 기억하지 못하기 때문에 그러한 관계가 현재나 미래에 가능하다는 것을 믿지 못한다. 따라서 그들의 세계는 위협과 불안, 공허, 비현실성 그리고 마술로 가득 찬 현재의 순간 밖에 없고 그들은 그 안에 갇혀 있다.

그렇다면 갇혀 있고 공허하고 화가 난 이들을 위해 치료사는 무엇을 할 수 있을까? 정신보건당국이 할 수 있는 일은 거의 없다고 믿던 시절이 있었다. 아마도 그들은 자해로 인한 신체적 상처와 정서적 상처를 치료사가 일단 봉합하고 다음 위기까지 내담자가 하던 대로 둘 수밖에 없다고 생각했을 것이다. 나는 동의하지 않는다. 왜냐하면 나는 비역사성 내담자는 성공적으로 치료한 치료진의 일부였고, 그들이 개인 역사를 창조하는 것을 목격했고, 그들이 머뭇거리며 자신의 뿌리를 뻗어갈 때 그들과 고통을 함께 했기 때문이다. 이 모든 일은 내가 그들과 함께 작업하고, 그들에게 마음을 열고, 그들의 고통을 존중해 주는 바로 우리 관계의 일부로서 일어났다.

과잉보호 이야기

케리(Kerry)는 자기 차로 교량의 콘크리트 기둥을 들이받았고 부상이 회복된 후 입원했다. 그녀는 사고 당일 밤에 술을 마셨고 사건에 대한 진술은 서로 엇갈렸다. 부모는 그녀가 자살하겠다고 위협했다고 했고 케리는 그렇지 않다고 말했다. 케리의 가정은 부유했고 그녀는 21세 대학생인데도 집에서 살고 있었다. 내가 보기에 그녀는 너무 오냐오냐 받아주어서 원할 때마다 원하는 것을 얻는 것에 익숙한 것 같았다.

케리의 치료팀은 독립에 대한 그녀의 저항에 초점을 맞추었지만 소용이 없었다. 부모로부터 멀어지는 것이 거론될 때마다 그녀는 공황발작을 일으키곤 했다. 나의 미술치료집단에 들어왔을 때 그녀의 입장—① 나는 아무 문제가 없으므로 여기에 있을 이유가 없다, ② 자동차 사고는 정말 사고였다, ③ 부모와의 관계에 대한 언급은 불가능하다—은 확고했다.

초기에 나는 자신의 파괴적인 행동과 부모와의 관계는 전혀 관련이 없다고 그녀가 완강하게 저항하는 바람에 좌절했다. 미술작품에 대한 그녀의 설명을 듣고 그녀와 대화를 나누면서 나는 내가 독립할 때 겪었던 안전하지 못한 느낌과 버림받은 느낌이 기억났다. 우리 상황은 달랐지만 감정들은 다르지 않았다.

나는 다음 이야기로 집단 회기를 시작했다.

얼마 전 시내에서 떨어진 곳에서 한 남자가 자동차에 기름이 다 떨어졌다. 그는 기름통을 들고 시내를 향해 걸어가다가 끔찍한 광경을 목격했다. 낡은 집 옆에 오래된 개집이 있었다. 늙은 개 한 마리가 그 앞에 누워 옆구리에 난 상처를 핥고 있었다. 그는 불쌍한 마음이 들어서 개에게 다가갔다. 가까이 갈수록 학대의 흔적이 더 많이 눈에 띄었다. 그 동물은 더럽고 흉터가 있었다. 한쪽 눈은 퉁퉁 부어올라 있었다. 그는 처참하다는 생각이 들었다. 그가 개에게 말했다. "오, 이 불쌍한 녀석."

이곳은 마법의 장소였기 때문에 그 개가 머리를 들고 말했다. "나한테 하는 말이오?"

그가 말했다. "그래, 어쩌다 이 지경이 되었지?"

망설이지 않고 개가 대답했다. "나의 주인이요. 그는 살면서 많은 스트레스를 받고 있어서 저녁에 집에 오면 스트레스를 풀기 위해 나를 때리지요."

분노와 동정심을 느끼면서 그가 말했다. "그렇다면 너는 왜 여기에 있는 거지? 네 목걸이는 낡았어. 너는 그것을 끊고 도망칠 수 있어."

개는 한쪽 눈을 껌뻑거리며 말했다. "하지만 주인은 항상 잘 먹여 주거든요."

나는 집단원들에게 이 이야기에 대한 반응을 미술작품으로 만들어 보라고 요청했다. 케리의 그림은 개 주인에 대한 분노로 가득 차 있었다. 이어지는 토론에서 그녀가 불쑥 말했다. "음, 내가 말할 수 있는 것은 그 음식이 틀림없이 훌륭했을 거라는 거야!" 다른 집단원이 케리를 쳐다보며 물었다. "음, 케리. 얼마나 좋은데?"

케리는 씩씩대다가 웃다가 울었다. 그녀는 학대받은 개의 은유에서 자기 삶의 진실을 발견했다. 그녀의 부모는 결코 그녀를 때리지 않았지만 그들은 지나치게 과잉보호하고 오냐오냐 하면서 그녀의 정서적인 성장을 방해했다. 사실상 그녀의 부모는 그녀의 부적절한 의존을 조장하면서 그녀가 성장하지 않는 것에 대해 보상했다. 정말로 그들의 음식은 훌륭했다. 그녀의 통찰은 독립문제 탐색에 대한 그녀의 노골적인 저항을 끝내게 했다.

이 회기는 나에 대한 그녀의 인식도 변화시켰다. 그녀는 원래 나를 자신의 세계에 대해 냉담하고 무신경한 적으로 분류했었다. 이 회기에서 나는 동맹군이 되었다. 치료의 한 측면은 나에 대한 이 두 가지 관점을 화해시키는 것이었다. 종결 회기 때 그녀가 나에게 선물을 그려 주며 말했다. "당신은 그냥 사람이에요. 나는 당신을 좋아해요. 나는 당신을 미워하지도 않고 당신을 사랑하지도 않아요." 이것은 훌륭한 선물이었다.

과거란 무엇인가

도나(Donna)는 16세 때 반항행동과 도벽, 권위에 대한 저항과 거짓말 때문에 병원에 입원했다. 그녀는 1970년대의 십대 부모의 자녀였다. 도나의 출생 후 수년 동안 그녀의 부모는 그녀의 할머니와 같이 살았다. 세대 간 경계와 가족의 역할은 종종 모호했다. 어머니가 도나의 남동생을 임신했을 때 마침내 그녀의 가족은 스스로 독립했다. 남동생이 태어난 직후 도나의 부모는 별거했고 결국 이혼했다. 부모 모두 곧 재혼했고 도나의 양육권은 몇 년 동안 여러 번 바뀌었다. 도나는 적어도 일고여덟 번 이사를 해서 다 셀 수 없다고 말했다. 그녀는 자신의 문제를 친구 부족 탓으로 돌렸다.

사회복지사가 도나가 과거에 대해 어떻게 느꼈는지 수집하려고 했을 때 그녀의 비역사성이 분명하게 드러났다. 어머니가 준 어린 시절 사진들의 시각적인 자극에도 불구하고 그녀는 어떤 감정적인 기억도 떠올리지 못했다. 도나와 같은 비역사성 내담자를 위한 치료에서 치료적 과제는 "그들이 과거를 가지고 정체성을 창조하도록 우리가 어떻게 도울 수 있는가?"다. "뿌리 내리기 병이 꺾꽂이 식물에게 제공하는 것처럼 뿌리가 자랄 수 있도록 안전하고 영양분 있는 장소가 되는 치료환경을 어떻게 내담자에게 제공할 수 있을까?"다. 이 질문들은 치료팀의 각 분야에 시사하는 바가 크다.

내 경험에 비추어 보면, 많은 비역사성 내담자는 자발적으로 미술을 창조하는 것에 대해 자연스러운 친근감을 갖고 있었다. 때때로 그들은 스케치북을 보관하겠다고 하기도 하는데 이것은 시각적인 일기가 된다. 이들은 보통 다른 여러 형태의 치료에 저항적이지만 대체로 미술창작을 위해서는 어떠한 유혹도 필요 없다. 그것은 마치 내부의 이미지가 밀고 나오는 것 같다. 비역사성 내담자의 미술창작에는 공허함 속에서 울리는 드라마틱하게 직접적인 무언가가 있다. 창조적인 출산과정에서 자극되는 강렬한 즐거움과 고통 그리고 분투야말로 내담자의 상상력과 노력을 붙잡는 지금-여기(here-and-now)의 갈고리(hook)이다. 그것은 그들의 극적인 현재성(now-ness)에 공명하고 초월하는 세상과의 만남이다.

내담자가 창조하는 미술작품은 끊임없이 진화하는 자화상의 부분들로서 내담자가 점차적으로 은유적 자기표현을 발견하고 그것에 형태를 부여할 수 있게 한다. 잰슨(Janson, 1971)은 미술적 전통의 모든 가닥들로 이루어진 미술의 망(web)이라는 은유를 제안했다. 각각의 새로운 미술작품들은 이전에 왔던 것들로부터 떠오른다(emerge). 그래서 도나와 같은 내담자가 미술을 창조할 때 그들은 전통의 망에 가닥을 더하여 그들 스스로를 과거와 연결시킨다. 창조적 예술 스튜디오의 두 번째 과제는 내담자가 자신의 뿌리에 대한 호기심을 키우고 자기 발견과 자기 창조의 즐거움에 참여하도록 돕는 것이다. 이 과제와 관련해서 미술의 행위성과 은유성 그리고 의례적인 특성은 매우 훌륭하고 그것은 힘든 여정에 어느 정도 안전을 제공한다.

나는 비역사성 내담자를 은유적 자기 탄생에 참여시켜서 이미지 속에서 개인적인 역사를 창조하고 기록하도록 시도한다. 더 깊은 수준에서 내담자는 세상과 관계를 맺기 시작한다. 부모가 되는 과정이 과거로부터 끌어내어 미래의 그와 묶는 것처럼, 예술가는 예술의 역사에서 이미 일어났던 모든 것과 공조하고 자신이 현재 창조하여 미래에 있게 될 모든 것과 공조한다.

스튜디오에서 도나의 작업은 해질녘 도시 거리를 그린 그림으로 시작되었다. 거리는 텅 비어 있었다. 가게 앞에 주차된 자동차와 창문에는 '영업 중(OPEN)' 표시가 있었지만 사람들은 없었다. 잊을 수 없는 공허한 느낌이 있었다. 나는 그녀에게 그림에 대해 나쁜 감정이 드는지 물었다. 그녀는 하품을 하며 말했다. "아니요. 그냥 다 끝내서 다행이에요."

그녀의 두 번째 작품은 첫 번째 작품의 약간 큰 버전이었다. 세세한 부분은 바뀌었지만 정서적 분위기는 그대로였다. 나는 "너의 스타일을 보면 인상파 화가들이 떠올라."라고 말했다.

그녀가 물었다. "그 사람이 누구죠?"

그녀가 갑자기 일어나 싱크대로 걸어가서 손을 씻으며 한 남자 동료와 대화를 할 때, 나는 인상주의에 대해 설명하기 시작했다.

내가 스튜디오에 없는 날이면 그녀가 작은 옆방에 스스로를 소외시킨 채 혼자 작업하는 것이 분명하다는 이야기를 내 동료에게서 들었을 때, 나는 도나에 대해 좀 더 희망을 갖기 시작했다. 이는 그녀가 평소 스튜디오 한 가운데에 위치했던 것과 비교되었다. 내가 없을 때 도나가 철수하는 행동은 나에 대한 애착과 구조(structure)의 필요성에 대한 그녀의 인식을 암시했다. 내가 거기 있을 때에는 내가 충분한 구조를 제공했으므로 그녀가 스튜디오의 자극과 소란 가운데 있는 것이 안전했다. 내가 거기에 없을 때에 그녀는 고립됨으로써 스스로 구조화할 수 없다는 것을 인정했다. 도나는 장난기 가득한 '브루스의 그림'(번호와 반대되는)이라는 말을 만들어 냈고 이것 또한 우리 사이의 연관성을 암시했다.

창조적 예술 스튜디오에서 도나의 여정이 진행될 때 나는 가끔 미술사 교과서나 한 미술가의 작품집을 가져오곤 했다. 그녀는 그림들을 대충 훑어보면서 때때로 그림에 대해 질문하거나 의견을 말하기 위해 멈추곤 했다. 그녀는 자신의 작품에서 추상적 표현주의(abstract expressionism)와 미니멀리즘(minimalism)의 혼합이라고 할 수 있는 스타일을 개발했다. 언뜻 보기에는 그림이 혼란스럽고 산만해 보였지만 도나가 사용한 과정은 매우 체계적이었다. 그녀는 캔버스 전체를 단색으로 덮는 것으로 시작했다. 바탕색이 마르면 그녀는 선과 기하학적 형태의 윤곽을 표현하기 위해 가느다란 마스킹 테이프를 사용했다. 그런 다음 대조적인 색과 상호 보완적인 색을 바탕색과 테이프 위에 무작위로 떨어뜨렸다. 최종 작품은 혼돈 그리고 빽빽하고 정확한 색상과 경계선 블록들의 다층적인 혼합물이었다. 이 그림들을 완성하는 데 시간이 걸렸다. 나는 그녀의 작업과정을 보면서 자신이 느끼는 내면의 혼란을 구조화하려고 노력하는 것이라고 이해했다. 도나는 이 그림들에 대해 이야기하면서 "난 그것들이 좋아요. 그것들은 내게 좋은 느낌을 줘요."라고 말했다.

도나가 스튜디오에서 이런 스타일의 그림을 개발하고 있을 때쯤, 그녀는 나와 간호사 로리 브라운(Lori Brown)이 공동으로 진행하는 소녀 미술치료집단에 의뢰되었다. 집단에는 6명의 청소년기 소녀가 있었는데 모두 같은 치료시설에 거주했다. 도나는 다른 집단원들에게 잘 알려져 있었고 일부는 그녀의 합류를 좋아하지 않았다. 그들은 도나가 몇몇 아이와 계속 갈등이 있고 아무도 그녀를 좋아하지 않는다고 로리와 나에게 알려 주었다.

이 집단에 선발된 내담자들은 유기와 분노, 자기혐오, 외로움의 문제들로 어려움을 겪고 있었다. 집단은 대체로 노골적으로 적대적이고 평가절하하는 분위기였다. 인생에서 안전했던 시간이나 장소를 그리도록 한 지시는 도나에게 중요한 계기가 되었다. 도나는 그녀의 화지를 검붉은 얼룩들로 덮었다. 그것은 집에서 제일 좋아하는 방이나 해변 또는 고향의 어떤 장소를 그린 집단원들의 그림과는 달랐다. 안전하다고 느낀 곳은 세상 어디에도 없었다는 것을 집단과 공유하면서 그녀의 목소리가 갈라졌다. 그녀는 자신이 아무리 강인하고 자신감 있게 보여도 항상 슬프고 두려웠다고 덧붙였다.

이것은 집단원들이 본 도나의 모습 중 가장 개방적이고 취약한 모습이었다. 잠시 동안 그녀는 실재하고 다가가기 쉬웠다. 나중에 다른 내담자가 어머니의 재봉실 그림을 보여 주자, 도나는 "네가 소속해 있다는 것을 알게 되어 좋겠구나."라고 말했다.

도나가 자신의 역사 감각을 창조하고 뿌리를 성장시키고자 하는 분투를 보여 주는 일화가 많다. 그녀는 1960년대의 나를 상상하며 내 초상화를 그렸다. 그녀는 가족의 은유적 초상화도 그렸다. 그녀가 얼마나 그렇게 되기를 바랐는지 오래전에 그랬을 수도 있고 지금도 그러하다. 도나의 가장 가슴 아픈 이야기는 표현집단에서 나왔다. '인생은 힘들다'라는 주제의 그림을 완성한 후 이미지에서 치료받는 경험까지 비유해서 그렸다. 그녀는 자기 작품에 대해 자발적으로 다음과 같이 해석했다. "나는 내가 진짜 감정을 가질 때 기억을 갖는다는 것을 압니다. 기억은 나에게 감정을 갖게 해요. 그것은 아파요."

과거와의 연결감이 없다는 것은 고통스럽고 혼란스럽다. 미술창작은 비역사성 내담자가 기능하는 데 필요한 개인적인 감정 역사를 창조하도록 도울 수 있다. 미술작품은 내담자가 오직 현재에만 사는 것이 아니라 미래에 기능하는 과거를 창조하기 위해 고군분투하면서 다른 사람들이 들여다볼 수 있도록 허락하는 창문이다 (Huestis, in B. Moon, 1990).

12장

집단미술치료에서 실존적 리더십: 기본 과제

이 장에서는 미술치료사의 기본적인 과제를 살펴보고 집단치료에서 단독 리더와 공동치료사의 장점과 단점을 비교하고자 한다. 치료사와 내담자 사이의 지속적이고 긍정적인 관계는 치료사의 모든 노력과 과제의 기저가 된다. 미술치료사는 내담자가 삶의 의미를 찾는 여정에서 겪는 고통과 투쟁 그리고 위험 감수에 대해 관심을 갖고 수용하면서 기꺼이 내담자와 함께 하려는 의지를 가져야 한다. 미술치료사는 때때로 치유를 위한 창조적 예술 스튜디오 작업에서 자신의 페르소나(persona)를 보여 주기도 하지만, 보통 치료사의 임무는 내담자가 스스로 탐구의 의미를 발견할 때 그들과 동행하는 것이다. 미술치료사는 내담자의 고통과 괴로움과 불안이 가치 있다는 메시지를 예술적으로 행동적으로 그리고 언어적으로 전달해야한다.

얄롬(Yalom, 2005)은 집단치료사의 세 가지 기본 과제를 설명했다. 첫째, 집단을 창조하고 유지한다. 둘째, 문화 형성으로 치료사는 집단의 상호작용을 안내하는 행동규칙을 정한다. 셋째, 집단의 초점을 지금-여기에 유지하는 것이다.

이 세 가지 과제는 미술치료사의 역할을 분명하게 한다. 첫째, 미술치료사는 회기의 시간과 빈도를 정하고 미술매체를 제공하며 스튜디오 공간을 유지하고 집단의 문지기 역할을 한다. 미술치료사는 문화 구축자(culture-builders)로서 암묵적으로나 명시적으로 회기의 기대와 관례를 형성한다. 나는 회기를 확실하게 제시간에 시작하고 끝낸다. 나는 시간을 엄수하고 정해진 시간에 작업할 수 있도록 준비해 둠으로써 강력한 암묵적 메시지를 준다. 집단이나 개인 내담자는 관찰을 통해서 우리의 시간이 소중하다는 것을 배우고, 나의 모델링에 따라 집단문화가 만들어지고 강화된다.

미술치료사의 열정과 직업윤리는 치료 여정을 떠나고자 하는 내담자의 의지에 직접적으로 영향을 준다. 미술치료사 자신의 미술창작 작업은 예술적인 전염 문화를 자극한다. 나의 미술과정에 대한 열의, 삶은 의미 있다는 신념, 시간 엄수 그리고 개방성이 회기의 분위기에 영향을 준다.

집단미술치료 문화는 집단원들이 집단의 역사나 명시적인 규칙을 새로운 집단원들에게 전달하기 위해 적극적인 역할을 할 때 더 확장된다. 이런 식으로 집단은 자신의 생명을 유지한다. 몇 년 전에 내담자들이 했던 공헌이 종종 집단의 마음속에 여전히 살아 있다는 사실이 나를 끊임없이 놀라게 한다. 예를 들어, 몇 년 전 여자 청소년 집단에서 신입 집단원의 뺨을 더럽히는 의식이 시작되었다. 이를 처음 시작한 사람은 이미 떠났지만 뺨 더럽히기 전통은 신입 집단원에 대한 수용의 표시로 계속되고 있다. 또 다른 집단에서는 집단원이 퇴원할 때 가장 가까이 지냈던 동료가 그의 자리를 차지하는 전통도 있었다.

이러한 전통은 집단 내에서 소유권이 형성되었음을 나타낸다. 나는 이러한 전통은 개인과 집단 사이의 동맹을 상징하기 때문에 이를 지켜보라고 강조한다. 가슴 아픈 자기 폭로 사건이 일어날 때마다 집단미술치료 문화가 강화된다. 이러한 사건들은 항상 사실적인 일들을 되짚어보는 것뿐만 아니라, 종종 미술작품에 대한 감정과 연상을 나누는 지금-여기 순간에 대한 것이기도 하다. 이때 예상대로 집단원들은 동료를 지지하기 위해 모이고 집단의 응집력을 강화하여 구성원들이 회기에 가져오는 고통과 투쟁에 직면하는 데 필요한 안전감을 조성한다.

마지막으로 미술치료사는 절차상의 의식을 일관성 있게 지켜서 치료회기 문화를 형성한다. 나의 경우는 내가 스튜디오의 문을 닫고 앉으면 집단회기가 시작된다. 모든 집단회기는 워밍업 경험과 주요 미술경험 그리고 마무리 과정으로 구성된다. 이러한 절차는 거의 예외가 없다. 회기의 흐름은 집단 문화의 일부로 스며든다. 이 구조는 고통의 격렬함에 사로잡힌 내담자들을 안심시킬 수 있다. 그들은 문을 나서기 전에 마음을 가라앉히고 스스로를 가다듬을 수 있는 기회가 있음을 알기 때문에 회기 중에 감정을 더 충분히 자유롭게 경험할 수 있다.

미술치료사의 세 번째 임무는 지금-여기에 초점을 두고 모든 창작품은 부분적인 자화상이라는 신념에 기초한다. 미술치료사는 내담자가 현재 창조한 것을 소유할 수 있도록 힘을 실어 주어야 한다. 전통적인 언어상담과 집단치료에서 내담자들은 자신들의 감정을 더 이상 영향을 주지 않는 과거의 사건들로 묘사함으로써 그 감정과 거리를 두려고 노력한다. 미술치료의 장점은 미술작품이 현존하는 대상이며 그 대상과의 관계가 지금-여기 과정이라는 점이다. 내담자가 오래전 과거 사건과 관련된 작품을 창작하기로 결정한 경우라도 미술작품 제작 경험은 현재의 경험이다.

여기에 한 예가 있다. 25세 남성인 매트(Matt)는 '나와 나의 아버지'라는 주제로 그림을 그리고 있었다. 그는 10번째 생일날에 선물 받은 원격조정 자동차를 그렸는데 아버지가 매트보다 그것을 더 많이 가지고 놀았다. 매트는 자동차를 독점하는 아빠에 대해 웃으며 이야기했다. 하지만 그는 그림 속 자동차에 목소리를 주어 보라는 요청을 받았을 때 아버지가 '통제'하는 것에 대해 분개했다. 그는 자동차가 되어서 "나는 '그의' 선물이 되어야 했어."라고 말했다. 자동차의 목소리는 화가 나 있었다. 우리는 그 자동차와 더 많은 대화를 나누었고 나중에 리모컨 장치를 잡고 있는 아버지의 손과 대화하면서 매트는 지배적인 아버지에 대한 현재의 자기 감정을 더 많이 알아차리게 되었다. 집단의 내용을 유지하면서 지금-여기에 머물도록 하는 지시가 없었다면 매트의 그림을 과거 사건을 유머러스하게 그린 것으로 여겨 그림의 중요성을 놓치고 말았을 것이다.

미술치료사의 작업은 강렬한 에너지와 집중력을 요하는 다층적인 과제들로 이루어진다. 이러한 일에 종사하는 미술치료사는 집단치료의 리더로서 집단 내의 개인뿐만 아니라 미술적 의사소통에도 주의를 기울여야 한다. 이 일은 압도적일 수 있어서 혼자 하는 것이 최선인지 아니면 공동치료사와 함께하는 것이 좋은지에 대한 의문을 일으킨다. 장점과 단점을 모두 고려해야 한다.

미술치료사가 자신을 교육하고 가르친 사람들의 치료 방식을 따르는 것은 어쩔 수 없는 일이다. 나는 학생 수련생 입장에서 그리고 멘토와 수련감독자의 위치에서 이를 경험했다. 교사를 모방하지 않는다는 것은 많은 학생들에게 거의 불가능한 일이다.

노련한 치료사가 학생들의 기량에 자기 스타일이 반영되는 것을 보고자 하는 자기애적 충동을 자제하는 일은 어려울 수 있다. 아이들이 부모의 강점과 약점을 자신의 성격에 통합하는 것처럼 미술치료 수련생도 자신의 롤 모델이 갖는 장점과 단점을 평가하면서 실험하기 마련이다.

수련과정에서 만난 나의 리더십 모델은 단독 미술치료사였다. 집단치료사의 임무는 집단의 리더로서 회기의 구조를 유지하고, 신입 집단원을 집단의 환경에 통합시키고, 예술적 경험과 언어소통을 촉진하고, 집단의 경계를 유지하는 것이었다. 정치적인 의미에서 리더란 자비로운 권위자였다.

나의 멘토인 돈 존스는 처음 수년간은 매닝거 재단(Menninger Foundation)에서 이후에는 하딩병원에서 집단을 이끌었다. 그의 집단 리더십에서 유일한 예외는 처음 시도하는 학생들에게 집단 리더십을 양보하는 형태였다. 수련 중 어느 날 나는 전날 밤에 꾼 꿈을 돈과 나누었다. 꿈의 이미지는 그가 말을 타고 가는 모습이었다. 그는 돈키호테(Don Quixote)처럼 옷을 입었고 나는 산초 판자(Sancho Panza)의 역할이 분명한 듯 돈키호테의 창을 들고 말 옆에서 걷고 있었다. 이 꿈의 이미지는 인턴십을 하는 동안뿐만 아니라 이후 수년 동안 돈과 내가 한 역할들을 정확하게 묘사했다. 그 리더십 모델은 단독 치료사 모델이었다. 다른 사람이 따라가면서 돕는 것은 허용되지만 누가 리더십의 중요한 책임을 지는가는 분명했다.

수년 동안 나는 이 모델을 모방하여 학생들이 내 집단에 배정되었을 때도 단독으로 하면서 독재적인 입장을 고수했다. 이 독특한 접근법의 이점은 다음과 같다. ① 집단미술치료실에 들어갈 때마다 혼자 있는 것에 대한 불안을 다시 경험했고, 그것은 내담자의 고통과 우리가 하려는 일이 얼마나 어려운지를 상기시켰다. ② 나 자신이 현재에 머물도록 했으며, 미술작품의 과정과 내용 그리고 집단원 각각의 역동과 등장하는 대인관계 이슈에 집중하도록 했다. ③ 권위자와 관련된 투사적 감정들을 위해서 나는 집단원들에게 단일한 초점(대상)을 제공했다. ④ 개인과 집단이 작업하는 방향에 대해 일관된 감각을 가질 수 있었다. ⑤ 나는 집단과정에 대한 분명한 기대를 집단원들에게 제시할 기회가 있었다.

단독으로 할 때의 단점은 다음과 같다. ① 강렬한 갈등 순간에 현상을 관찰하는 데 필요한 객관적 거리를 확보하기가 어렵다. ② 회기 중에 일어나는 모든 정보와 이미지, 감정, 개인내적 및 대인관계적 역동 등으로 인해 때때로 압도당한다. ③ 내가 아프거나 휴가 갈 때마다 집단에 지장을 준다. ④ 때때로 내담자에 대한 분노감이나 에로틱한 감정 또는 경쟁심에 빠져 있는 자신을 발견했는데 그것은 혼자서 또는 슈퍼비전에서도 해결하기 어려웠다. ⑤ 때때로 집단감정에 압도당했고 혼자서는 내담자에게 안전하고 편안한 환경을 제공하는 것이 어렵다는 것을 발견했다. ⑥ 나 역시 모든 치료사와 같은 사각지대를 가지고 있었지만(현재도 가지고 있고), 둔감함을 극복하도록 나를 상기시키거나 대응하거나 도와줄 다른 권위자가 없었다.

내 생각에 단독 리더십과 공동 리더십의 장단점은 상당히 균형적이다. 나는 한 모델만을 찬성하면서 격렬한 논쟁을 벌이는 이유를 이해할 수 없다. 많은 미술치료사의 관심은 철학이나 이론보다는 파트너를 구할 수 있는가와 기관의 정책 등의 실용적인 데 있다. 나는 혼자 춤추는 것보다 파트너와 함께 춤추는 것을 더 즐길 수 있게 되었다. 르베이코(Lebeiko) 박사와 처음 공동치료를 해 본 후에 나는 공동 치료사와 함께 학생수련집단과 치료집단을 많이 진행했다. 이러한 관계들은 공동 리더십에 대한 나의 열의를 확고하게 해 주었다.

관계를 담는 그릇

관계를 유지하는 일은 힘들고 끝이 없다. 진행 중인 관계는 결코 '끝나지' 않는다. 비록 이해하고 지지하고 멀어지고 그리고 함께 떠나는 일이 때때로 안정될 수는 있지만, 그것은 결국 또 다시 시작된다. 공동치료 관계는 이러한 원리에 기반한다. 좋은 관계에서는 이해와 수용이라는 핵심이 굳건하지만 세부 사항과 표현은 끊임없이 협상되고 있다. 공동치료는 집단의 규범과 경계, 역사, 관습 그리고 감정을 담는 하나의 그릇(vessel)이다. 탄력 있고 유연한 이 컨테이너(container)는 집단의 정체성을 뒷받침하는 형식을 제공한다는 뜻이다. 공동 치료사들은 자신들의 관계를 통해 제기한 이슈들을 집단원들이 건강한 방법으로 다룰 수 있기를 바란다. 공동 치료사가 자신들의 관계에 대해 논의하기를 꺼린다면 집단은 이런 문제를 억제하려고 할 것이고, 말로 표현되지 못한 감정들의 복잡한 상호작용으로 인해 집단은 불가피하게 행동화할 수도 있다. 종종 공동 치료사와 집단원들 사이에는 표면 아래로 흐르는 견제와 균형의 역동적인 체계가 있다.

사례

데브라(Debra DeBrula)와 나는 수년 동안 공동 치료사로서 나이가 있는 청소년들과 함께 일했다. 나는 그녀가 오기 전에 6개월 동안 그 집단을 이끌고 있었다. 그녀의 합류를 준비하면서 우리 집단은 그녀가 집단에서 할 양육자 역할에 대해서 어떻게 느끼는지 토론했다. 나는 그녀가 개방적이고 따뜻한 방식으로 내담자와 관계 맺는 자연스러운 모성적 모습이라고 생각했다. 그녀와의 첫 회기 이후 몇 주 동안 소년들은 데브라가 집단의 어머니인 것처럼 반응했다. 그녀에 대한 집단원들 감정은 때로는 긍정적이었고 때로는 적대적이었고 신랄했다. 어느 쪽이든 주제와 감정들이 자연스럽게 나왔고 그것은 집단에서 효과적으로 다루어졌다. 모성적인 인물에 대한 집단원들의 감정이 강력하고 때때로 상반되기도 했지만, 데브라와 내가 우리 관계 속에서 했던 일은 집단원들에게 자신을 직접적으로 표현할 수 있도록 자유를 준 것이다.

몇 달 후 소년들은 역겹고 학대적인 말로 회기를 시작했다. 그들은 특히 여성을 비하했는데 '나쁜 ××' '암×'라고 묘사했다. 그런 적대적인 언어는 집단환경에서는 이례적이었다. 나는 그들의 무례함에 화가 났고 동시에 데브라를 보호하고자 하는 강렬한 나의 감정을 알아차렸다.

소년 중 한 명이 벽을 그리고 거기에 그라피트(graffiti)를 하자고 제안했다. 각자의 벽을 뒤덮은 그라피트는 적대적이고 성적이었다. 집단에 대한 나의 분노가 커졌다.

그러나 데브라의 벽에는 작고 연약한 덩굴식물이 자라고 있었다. 그녀는 덩굴에 대해 말하면서 그것은 여성스럽고 자신이 집단에서 유일한 여성임을 일깨워 주었다고 했다. 데브라와 나는 집단에서 그녀의 모성 역할에 대해 많은 이야기를 나누었지만 성적인 측면에 대해서는 논의하지 않았다는 것을 깨닫고 나는 깜짝 놀랐다.

집단 후 회의 시간에 우리는 집단원들이 데브라와 나의 관계에 대해 더 이상 이런 부재를 참을 수 없다고 간접적으로 우리에게 말하려는 건 아닌가 논의했다. 우리는 성별이 우리 관계에 미치는 영향을 탐색하는 과정에 전념했고, 이는 그녀의 여성성과 나의 남성성이 집단에 미치는 영향에 대해 많은 것을 논의하도록 했다. 흥미롭게도 그러한 문제들이 공개적으로 다루어졌기 때문에 더 이상 저속한 행동은 발생하지 않았다.

춤: 리더십의 은유

1963년 가을 7학년 때에 어머니가 나를 사교댄스 교실에 등록시켰다. 여름 내내 호르몬이 폭발해 사춘기 육체 혁명이 시작되었다. 나는 흥분과 공포, 희망, 두려움을 갖고 댄스 교실에 들어갔다. 처음으로 파트너의 등을 팔로 감쌌을 때 나는 당황했고 마냥 행복했다. 처음 박스 스텝을 배울 때는 어색했다. 처음으로 "나와 춤추실래요?"라고 더듬거리면서 어설프게 말했다. 나는 그곳에서 뛰쳐나가 다시는 돌아가지 않았으면 하는 마음이 간절했던 때도 있었다. 나는 야구 카드를 거래하거나 혼자서 숲속을 걷는 소년으로 돌아가고 싶었다. 하지만 내 안의 뭔가가 매주 수요일 댄스 교실에 가도록 이끌었다. 시간이 지나면서 나는 춤을 배웠고 인생은 결코 이전과 같지 않다는 것을 배웠다.

나와 춤추실래요

나는 동료 존 리스(John Reece)와 함께 하딩병원에서 '경계선 성격장애를 가진 사람을 위한 치료에서 예술의 활용'이라는 논문을 발표했다. 최근 이 병원 의료진으로 합류한 캐럴 르베이코(Carol Lebeiko) 박사가 그 날 아침 청중석에 앉아 있었다. 발표가 끝나자 그녀가 우리에게 다가와 우리 일에 대한 칭찬과 질문을 했다. 며칠 후 그녀와 나는 오찬 모임에 참석했는데 그녀는 내게 집단표현예술심리치료를 공동진행하자고 제안했다. 나는 흥미로운 생각이라고 말했다. 아동정신과 의사가 미술치료사와 함께 일하는 것이다.

우리는 그 다음 주에 그 일에 대해 논의하기 위해 만났다. 나는 그녀의 사무실에서 쿠션이 있는 의자에 앉았는데 몹시 불편했다. 그녀는 책상에 걸터앉아서 언제 어디서 그런 집단을 할 수 있는지, 각 회기가 얼마 동안 진행되는지, 그리고 얼마를 청구할지에 관한 실질적인 질문을 했다. 그곳을 나오면서 내가 무엇을 하고 있는지 의문이 들었다. 나는 질문받는 것을 좋아하지 않았고, 나는 리더십을 공유하고 싶지 않았고, 남성 미술치료사와 여성 정신과의사 간의 권력 차이에 대해서 불안해하는 것이 분명했다. 내 사무실로 돌아왔을 때 나의 뱃속은 불안을 느꼈지만 머릿속에서는 "불안을 추구하게, 브루스."라는 돈 존스의 목소리가 들렸다.

나는 그 날 늦게 르베이코 박사에게 연락해서 함께 집단을 구성하는 것에 관심이 있다고 말했다. 비록 둘 다 이런 말을 하지는 않았지만 그날 그녀에게 말했던 것은 "네, 르베이코 박사, 당신과 관계를 맺는 데 관심이 있습니다."였다. 우리는 서로가 청한 춤을 받아들였던 것이다.

내가 어디에서 처음으로 공동치료를 춤으로 은유했는지 모르겠지만, 아내 캐서린과 이전 공동치료사인 데브라는 공동치료 관계에 대한 공저 논문에서 이 용어를 반복적으로 사용했다. 르베이코 역시 집단 후 토론에서 춤 은유를 사용하곤 했다. 누가 원조이든 간에 나는 춤이 공동치료에 대한 적절한 은유라는 데 전적으로 동의한다.

르베이코 박사와 나의 춤은 거의 10년 동안 계속되었다. 이 장을 준비하면서 나는 그녀에게 우리 사이에서 발전한 공동치료 경험에 대해 설명해 달라고 부탁했다. 다음은 그녀가 청소년 소녀집단에서 경험한 공동치료사로서의 우리 관계에 대해 이야기한 내용이다.

> 실용적인 이득이 있었다. 휴가나 병에도 불구하고 집단은 취소된 적이 없었고 항상 지원 인력(예비인력)이 있었다. 나는 초기에 내 의존성 문제를 다루어야 했다. 여성으로서 내가 혼자서도 할 수 있다는 것을 당신이 안다는 확신을 갖고 싶었다. 나는 남모르게 당신이 휴가에서 돌아오지 않기를 바랐던 때도 있었다. 이것은 실제로 내 통제성 문제를 보게 했다. 우리는 매우 균형 잡힌 접근을 수행했다고 생각한다. 내 매체는 언어이고 당신의 매체는 예술이

다. 우리가 그 둘을 조합할 때 내담자들에게 효과가 있었다. 또한 내가 관계 맺는 데 어려움을 겪었던 내담자에게서도 당신은 가치와 좋은 점을 발견할 수 있었고, 그 반대의 경우도 있었다. 예를 들어, 우리가 '우리 몸에 대해 좋아하거나 싫어하는 것들'을 그렸을 때, 당신이 집단에 있다는 자체가 그 경험을 완전히 바꿔 놓았다.

당신이 떠나 있을 때 나는 버림받은 느낌을 받았다. 집단에서 일어난 일에 대해 말할 사람이 아무도 없었다. 우리 둘 다 집단에 있을 때 내담자들에게 더 많은 것을 제공할 수 있었다. 나는 객관적으로 거리를 둘 필요가 없었고 더 편안해졌다. 나는 각각의 집단원과 춤을 추는 것이 더 자유로워졌다.

물론 함께 일하기 위해서는 에너지가 필요하다. 우리는 우리의 춤이 무엇인지 결정해야 했다. 나에게 그것은 주인/노예 서열이 아니라 상호적인 관계여야 했다. 물론 다른 장점은 우리의 성별이 집단에서 성적인 문제를 다루도록 허용했다는 점이다. 만약 당신이 나와 함께 있지 않았다면 그들은 다른 방식으로 쳐다봤을 것이다.

공동치료를 묘사하는 또 다른 은유는 결혼이라고 할 수 있다. 우리 관계가 좋으면 내담자에게 건강한 환경을 제공할 것이다. 그렇지 않다면 우리는 이를 제공할 수 없다. 공동치료에 대해 찬반양론 토론을 할 때는 결혼에 대해 생각해 봐야 한다. 어떤 결혼은 무효화되어야 하고, 어떤 결혼은 이혼으로 끝나야 하지만, 어떤 결혼은 매우 훌륭한 결혼생활이다. 브루스, 공동치료사는 집단의 컨테이너라는 당신의 말에 전적으로 동의한다. 우리 관계가 지탱할 수 있는 것이라면 집단은 무엇이든 간에 다 다룰 것이다. 우리가 금기시하는 것이라면 집단은 피할 것이다. 지금 나는 공동치료의 단점이 공동치료의 장점보다 더 많다고 해도 혼자서 집단을 하는 것은 상상하기도 힘들다(개인 대화, 1990).

공동치료에 대한 르베이코 박사의 긍정적인 견해는 루탄과 스톤(Rutan & Stone, 1984)이 내린 결론과는 다르다. "전반적으로 공동치료의 단점이 그 형식이 주는 이익보다 많다. 수련 상황에서 공동치료를 하는 것은 특별한 이점이 있을 수 있지만, 치료사의 시간과 에너지는 물론 내담자 치료에서 잠재적인 합병증 같은 대가를 치러야 한다."(p. 135)

리더십 문제에 대한 나의 생각은 수년에 걸쳐서 발전해 왔다. 지금 나는 10년 전이라면 반대했을 입장을 가지고 있다. 치료에서 변화만큼 일관된 것은 없다.

공동 치료사를 선택하는 일은 매우 중요하다. 관계 맺고 있는 두 당사자는 반드시 작업에 전념해야 한다. 계획을 논의하고 결과에 대해 반성하는 시간을 갖는 것은 매우 중요하다. 공동 치료사는 동일한 언어를 사용하고 적어도 부분적으로 비슷한 철학과 이론을 공유할 수 있어야 한다. 동시에 그들은 그러한 전문적 노력이 가져오는 많은 유혹에도 주의해야 한다. 집단원들이 분노감과 성적 감정 그리고 경쟁심을 리더들에게 투사하는 것처럼 지도자들 역시 필연적으로 서로에 대해 이러한 감정을 경험할 것이다. 따라서 두 치료사는 전문적인 경계를 유지하고 행동이 아닌 이미지와 언어에 감정을 담는 일에 집중해야 한다.

공동치료는 내담자에게 파괴적인 경쟁과 성적 착취 그리고 공격적인 평가절하 등이 없는 관계모델을 제공할 수 있다. 뿐만 아니라 공동치료 관계는 고통과 투쟁 그리고 위험을 담고 있는 드라마가 내담자들 앞에서 펼쳐질 수 있도록 무대를 제공한다.

13장

실존주의 미술치료에서 꿈 다루기*

나는 박사과정 때 클라크 무스타카스(Clarke Moustakas) 박사가 지도하는 5일간의 꿈 해석 연수에 참가했다. 연수가 진행되면서 나는 무스타카스 박사의 아이디어와 방법에 영감을 받았고 이를 미술치료 임상에 통합하는 방법에 대해 상상하기 시작했다. 세미나가 끝날 무렵, 나는 무스타카스 박사와 함께 그의 실존적-현상학적 꿈 해석(Moustakas, 1994)과 예술창작과 실존주의 미술치료 원리를 통합하는 꿈 작업 모델의 예비적인 아이디어에 관해 나누었다. 그가 자신의 방법을 예술에 기반하여 확장하려는 내 생각에 대해 관대하고 열렬하게 지지해 주어서 나는 매우 기뻤다. 나는 이 과정을 더 큰 예술공동체와 공유함으로써 그의 일을 존중하고 그의 친절에 대해 감사를 표하고자 한다.

일반적으로 나는 미술치료 임상에서 처방하는 절차를 지지하지 않으며 정형화된 해석 체계들을 혐오한다. 유감스럽게도 대부분의 원칙은 깨지기 마련이다. 나는 이 장에서 예외적으로 내담자 그리고 그들의 작품과 상호작용하는 처방적인 방법에

* 이 장은 『Art Therapy: American Art Therapy Association』 저널에 실었던 나의 논문(B. Moon, 2007)을 수정한 것으로 미국미술치료협회(American Art Therapy Association)의 허락을 받았다.

대해 쓰고자 한다. "나는 내가 믿지 않는 일에 대해서는 쓸 수도 없고 쓰지도 않을 것이다."(B. Moon, 1998, p. 230 페이지).

내가 다음에 설명하는 과정이 나와 꿈 작업을 했던 사람들에게 매우 도움이 되었기 때문에 나는 내 원칙에 예외를 두었다. 나는 수련 중인 미술치료 대학원생과 전문가 워크숍의 동료들 그리고 개인치료실과 정신병원 내담자들과의 작업에서 꿈 중심 실존주의 미술치료 과정을 사용해 왔다. 각 사례에서 꿈을 꾼 사람들은 이 과정이 유용하다고 보고했다. 일반적으로 그들은 이 과정이 자신의 삶에서 중요한 문제들을 명료하게 하고, 자신들의 꿈 이미지가 주는 메시지를 이해하고, 그에 반응하여 구체적인 행동을 계획하는 데 도움을 주었다고 말한다. 이 장은 미술치료사가 내담자를 위해서 사용할 수 있는 또 하나의 도구다.

실존주의 미술치료의 신조

나는 실존주의 미술치료를 내담자와 미술치료사가 공유하는 자기 발견의 여정이라고 표현했다. 미술치료 과정은 종종 어렵고 고통스럽고 무섭고 거의 항상 불편하고 불안감을 유발한다(B. Moon, 1990, 1995). 이 작업의 목적은 내담자가 자기 삶의 의미를 발견하거나 필요한 경우 의미를 창조하도록 돕는 것이다(Frankl, 1959). 의미 탐색은 여정이 펼쳐지면서 내담자를 돌보는 미술치료사의 능력에 의해 도움을 받는다(B. Moon, 1995). 실존주의 미술치료사는 꿈의 이미지와 상호작용하고 분석하는 과정에서 꿈꾼 사람과 함께하고, 개방하고, 투쟁에 경의를 표함으로써 꿈꾼 사람을 돌본다(B. Moon, 1995, pp. 43-62). 실제 미술치료사와 꿈꾼 사람, 즉 예술가 그리고 꿈의 내용을 담아낸 미술작품과의 상호작용 방법을 안내하는, 이 장에서 설명하는 치료기술의 기저에는 다음 세 가지 기본 전제가 있다.

1. 꿈은 꿈 자체이고, 숨겨진 의미는 없다.
2. 미술치료사는 꿈의 이미지와 내담자 작품에 나타난 분명한 내용에 초점을 맞춘다.

3. 미술치료사는 해석적인 논평을 자제한다.

초월성과 꿈 이미지

프랭클(Frankl, 1959)은 "오직 자신만이 자신의 삶에서 의미를 발견하고 창조할 수 있으며, 역설적으로 그 의미는 다른 사람과의 관계라는 맥락에서만 발견될 수 있다."라고 주장했다. 꿈 이미지에 기반을 둔 미술작품은 내담자의 내적인 삶과 연결될 수 있는 독특한 문맥을 미술치료사에게 제공한다. 내담자가 미술치료 안에서 꿈 이미지를 다룰 때, 그들은 의미 있는 개인적인 상징(symbols)과 미술치료사와의 잠재적이고 친밀한 상호작용을 동시에 만들어 낸다.

인간의 경험 중에서 꿈보다 더 매력적인 것은 없다. 사람은 자신이 꿈에서 보거나 행동한 것에 사로잡히고 매혹되고 방해받고 의기양양해지고, 때로는 겁에 질리기도 한다. 꿈은 오래된 과거의 사건을 소환하고, 현재의 가식을 벗겨 내고, 미래를 내다볼 수 있는 힘을 가지고 있다. 때때로 우리는 꿈속에서 마비되고 말문이 막히고 당황하고, 어떤 때는 팔이 날개가 되어 날아오른다. "다른 어떤 방법으로도 우리 경계의 초월이 그렇게 생생하고도 설득력 있게 그리고 열정적으로 일어나지는 않는다."(Moustakas, 1994, p.79) 꿈은 우리에게 내려놓고, 다시 시작하고, 새로운 대처방법을 찾고, 오래된 갈등을 해결할 수 있는 새로운 방법을 내놓으라고 충고한다.

맥니프(McNiff, 1992)는 꿈의 이미지에 대해서 "그 자체가 미술작품이며 의식(consciousness)을 돕고 안내하고 확장시키는 영혼의 각색이다."(p. 132)라고 썼다. 아마도 다른 어떤 초자연적인 수단도 우리를 일차적인 욕구와 동기, 두려움, 희망, 소망이나 욕망으로 직접 이동시킬 수 있는 힘을 갖지 못한다. 따라서 꿈 이미지에 기초한 회화와 드로잉 그리고 조각은 미술치료사에게 강력한 자원이다. 비록 꿈은 종종 기이하고 당혹스러울 수도 있지만 여전히 무언가 말하고 가르칠 수 있는, 우리의 주의(attention)를 대가로 요구하는, 설득력 있는 지혜의 원천이다.

꿈에 담긴 여러 가지 의미에서 힌트를 얻고, 꿈이 말하는 것을 듣고, 꿈을 이해하고, 꿈의 지시를 받는 것이 가능하다. 그러나 이는 식료품점 계산대에서 파는 것과 같은 어설픈 꿈해석 책에 실린 간편 해석 체계로는 이룰 수 없다. 자신의 꿈이나 다른 사람의 꿈을 이해하기 위해서 우리는 꿈이 제공하는 여러 가지 잠재적인 의미와 씨름해야 한다. 꿈의 의미는 시간이 지나면서 바뀔 수 있고 미술치료사는 모든 가능성에 열려 있어야 한다. 이 장에서 제시하는 상호작용 과정의 구조는 지시적이지만 이미지 해석을 위한 처방이나 공식을 제공하지는 않는다. 실존주의 미술치료에서 미술작품에 대한 모든 해석은 내담자에게 맡겨야 한다.

무스타카스의 실존주의 꿈 해석 모델

무스타카스(1994)는 여러 해 동안 꿈을 이해하고 해석하는 접근 방식을 발전시켰다. 그것은 꿈 분석을 위한 체계적인 접근으로 다섯 가지 과정—① 꿈을 품고(incubating) 기록하기, ② 꿈의 시야(horizons) 결정하기, ③ 시야를 무리 짓고(clustering) 주제 도출하기, ④ 실존을 선험적으로 결정하기, 그리고 ⑤ 행동방침 개발하기—을 제안했다. 무스타카스에 따르면, 꿈은 여러 가지 현상이나 시야로 이루어져 있다. "현상은 명백한 자질과 감정, 생각, 비전, 상황, 사람들과 사건들이다. 꿈의 각 현상은 꿈꾼 사람의 시야다. 시야는 꿈꾼 사람이 실생활에서 겪는 우려와 상황 그리고 관계를 가리킨다."(p. 118)

꿈의 시야는 두드러지며 꿈꾸는 사람이 무스타카스가 '확충(amplifications)'이라고 부르는 연상(association)을 하도록 영감을 주는 초점이고, 이에 대한 성찰은 꿈꾸는 사람이 의미를 결정하도록 안내한다. 시야와 확충을 무리 짓는 과정은 꿈의 핵심 주제를 꿈꾼 사람의 실생활과 연결하도록 정보를 제공한다.

무스타카스는 실존주의 모델에 기반을 둔 꿈 분석은 두 가지 목적을 갖는다고 주장했다. 즉, ① 연상을 통해 실생활에서 꿈의 의미를 밝힌다. ② 미래의 가능한 일들에 주목한다. "꿈을 이해하는 과정에서 자기 성취와 안녕감(well-being)이라는 새로운 방향을 가리키는 의미들이 도출된다."(p.123)

내가 실존주의 미술치료에서 꿈을 연구하고 분석하는 데 사용해 온 모델은 무스타카스가 개발한 실존적-현상학적 모델을 예술로 확장한 것이다. 실존주의 미술치료에서 꿈을 다루는 것은 무스타카스의 방법과 밀접한 관련이 있지만, 꿈에서 나오는 시각 미술작품의 창조에 주의를 기울이고 관여한다는 점에서 무스타카스의 작업과 구별된다. 맥니프(1992)가 말했듯이, "꿈은 언어뿐 아니라 시각적인 이미지, 환경, 움직임, 느낌까지도 말한다."(p.128) 많은 사람에게 예술을 창조하는 행위는 말보다 더 웅변적이며 더 크게 말해 준다. 실존주의 미술치료 관점에서 작업할 때 꿈 이미지는 친밀하고 생기 있고 자율적인 것으로 여겨져야 한다. 이는 꿈 이미지가 다른 어떤 것의 상징적인 가면이 아니라 그 자체를 의미한다는 뜻이다. "숨겨지거나 잠복하고 있는 것은 없다."(Moustakas, 1994, p. 112) 자율적인 독립체로서 각각의 꿈 이미지는 스스로 존재하면서 꿈꾸는 사람에게는 가능한 한 많은 의미와 다양한 중요도를 갖는다.

실존주의 미술치료에서 꿈 다루기 과정

실존주의 미술치료에서 꿈 이미지를 다룰 때 미술치료사의 초기 과제는 수용적이고 주의를 기울이는 치료 분위기를 조성하는 것이다. 내담자의 초기 과제는 꿈에 대한 기록과 꿈을 묘사한 미술작품을 창조하는 것이다.

실존주의 미술치료 꿈 대화와 분석과정의 첫 번째 단계는 꿈꾼 사람이 꿈의 이미지를 창조하는 것이다. 꿈 이미지 창작은 사용되는 미술매체와 작업 시간에 따라서 회기 중에 하거나 회기 전에 해올 수 있다. 꿈을 꾸는 사람들은 종종 많은 이미지가 있는 복잡한 꿈을 보고한다. 때때로 그런 복잡한 꿈은 묘사하기에는 너무 벅찰 수 있다. 이러한 경우 미술치료사는 특정 이미지나 장면을 선택하도록 제안해야 한다. 이 지침은 특정 시점에서 표현해야 할 것은 무엇이든 표현될 것이라는 전제에 근거한다.

내담자가 꿈 이미지를 완성하면 미술작품은 꿈꾼 사람과 미술치료사 사이에 놓인다. 미술작품의 형태에 따라 이젤에 올려놓거나 벽에 붙이거나 바닥에 놓거나 테이블에 놓을 수도 있다. 꿈과 관련된 상호작용 과정 내내 미술치료사는 미술작품을 언급한다. 미술작품은 중개자이고 이미지는 자율적인 독립체로서 꿈을 꾼 사람과 치료사와 삼자 관계를 이루는 동등한 파트너다.

그러고 나서 꿈꾼 사람은 꿈 대본을 쓰고 미술치료사를 위해 복사본을 만든다. 꿈에 대한 시각이미지를 창조하고 대본을 작성하는 목적은 잠든 동안 일어났던 꿈을 의식적인 상태에서 재구성하는 것이다.

대본이 작성되면 꿈꾼 사람은 꿈 이야기를 소리내어 읽고 꿈 이미지에서 핵심 요소를 파악한다. 미술치료사는 미술작품 앞에서 꿈꾼 사람에게 다시 그 대본을 읽어주며 미술작품의 핵심 요소들을 다시 언급한다. 꿈꾼 사람에게 있어서 다른 사람이 읽는 대본을 듣는 경험은 종종 강력하다. 치료사의 목소리로 그 꿈 이야기를 듣는 것은 이후 작업을 위한 무대 마련에 도움이 되는 친밀감을 조성한다.

그러고 나서 미술치료사는 꿈꾼 사람에게 특히 중요하게 생각하는 단어나 구절에 밑줄을 그어 보라고 요청한다. 무스타카스(1994)는 이 의미 있는 구절들을 꿈의 '시야(horizons)'라고 부른다. 꿈꾼 사람은 밑줄이 그어진 시야를 미술치료사와 공유한다. 미술치료사는 대본에 시야를 표시한 다음, 미술작품에서 그 시야는 어디에 있는지 꿈꾼 사람에게 연상하거나 확인해 달라고 요청한다.

둘 사이에 미술작품을 두고 미술치료사는 꿈꾼 사람에게 시야에 대해 연상하도록 요청한다. 미술치료사는 꿈꾼 사람의 연상을 메모한다. 꿈꾼 사람이 시야에 대한 연상을 공유하면 미술치료사는 꿈꾼 사람에게 가능한 한 정확하게 그것을 반복해 준다. (한 번 더, 미술치료사가 해석적 논평을 자제한다는 점에 유의한다.)

그런 다음 미술치료사는 꿈꾼 사람에게 주제별로 시야를 묶고 '실존적 관심사에 대한 성명서'를 창조하도록 요청한다. 실존적 관심사에 대한 성명서는 꿈꾼 사람이 시야의 구절들에 담긴 핵심 요소를 통합하기 위해 만드는 문장이다. 꿈꾼 사람은 미술작품에게 직접 말하면서 실존적 관심사에 대한 성명서들을 큰 소리로 읽는다. 미술치료사는 꿈꾼 사람에게 실존적 관심사에 대한 성명서들을 묶어서 한 문장의 실존적 성명서로 요약하라고 요청한다.

마지막 단계에서 미술치료사는 꿈꾼 사람이 역설적인 의도와 꿈에 응답하는 행동방침을 개발하도록 돕는다. 마지막으로, 이 만남을 끝내는 의식으로 꿈꾼 사람은 행동 성명서를 이미지에게 읽어 준다.

사례로 본 꿈 다루기 12단계

이 절에서는 나의 꿈 중 하나를 선택해서 실존주의 미술치료에서 꿈과 대화하는 과정을 보여 주고자 한다. 내가 실존주의 미술치료라는 틀 안에서 꿈을 이해하는 데 사용했던 절차를 보여 주기 위해서 과정의 각 단계에 대한 간략한 설명과 함께 꿈 현상을 제시하고자 한다. 이 사례에는 두 가지 목소리가 있는데, 드리머(dreamer, 꿈꾼 사람)로서의 나와 미술치료사로서 나이다. 처음에는 과정이 지나치게 구조화되거나 경직되어 보일 수 있지만, 절차에 익숙해지면 자연스럽게 몰입할 수 있게 된다.

1단계. 꿈의 이미지 창조하기

캔버스에 그린 이 아크릴 그림(그림 34)은 꿈속의 한 장면을 묘사하고 있다.

그림 34. **눈가리개와 허물,** 아크릴

2단계. 꿈에 대한 서면 기록 창조하기

다음은 꿈의 '대본(script)'이다.

나는 외로운 곳에 서 있다. 처음에는 아무것도 모르고 있다가, 나는 내 발 밑에 물웅덩이가 있는 것을 알아차린다. 그것은 마치 수면 아래에 빛의 근원이 있는 것처럼 반짝반짝 빛나는 푸른색이다. 물은 차갑고 맑다. 뱀이 내 발치에서 둑으로 미끄러져 나와 내 눈 앞에서 허물을 벗을 때, 나는 그 물웅덩이를 보고 있다. 나는 이 사건에 마음이 사로잡힌다. 그때 그림자 같은 어둠 속에서 나와 내 왼쪽으로 다가오는 말발굽 소리가 들려온다. 그 말은 빨간색 반다나(역주: 목이나 머리에 두르는 화려한 색상의 스카프) 눈가리개를 하고 있는 아름다운 황금 팔로미노(역주: 갈기와 꼬리는 흰색이고 털은 크림색이나 황금색인 말)다. 말이 바로 내 옆에 서면 말은 머리를 숙이고 눈가리개가 떨어져 나간다. 나는 흥분과 부활의 경이로움을 느끼며 잠에서 깬다.

3단계. 이미지는 미술치료사와 꿈꾼 사람 사이에 놓이고, 꿈꾼 사람이 대본을 소리 내어 읽기

대상에 집중하고 대본을 소리 내어 읽으면서 꿈꾼 사람은 종종 꿈 이미지와 이야기에 대한 가슴 아픈 연상을 알아차린다.

4단계. 미술치료사가 꿈꾼 사람에게 대본을 소리 내어 읽어 주기

다른 사람이 소리 내어 읽어 주는 대본을 듣는 과정은 꿈꾼 사람이 꿈 이미지에 대해 추가적으로 연상하도록 자극하기 위한 것이다.

5단계. 꿈의 시야 확인하기

미술치료사는 꿈꾼 사람에게 시각 이미지의 주요 요소들과 '시야'라고 여겨지는 꿈 대본의 핵심 문장들을 식별해 보라고 요청한다. 꿈꾼 사람은 대본에 있는 핵심 문장들에 밑줄을 긋도록 요청받는다. 나는 '눈가리개와 허물' 꿈에서 다음과 같은 시야를 식별했다. ① 외로운 곳에 서 있고, ② 물은 차고 맑으며, ③ 뱀이 미끄러져 나가고, ④ 내 눈앞에서 허물을 벗고, ⑤ 내 왼쪽에 있는 어두운 그림자, ⑥ 말은 빨강 반다나 스카프로 눈을 가리고, ⑦ 머리를 숙이면 눈가리개가 떨어져 나가고, 그리고 ⑧ 흥분과 부활의 경이로운 기분.

6단계. 시야를 확충하기

꿈꾼 사람과 미술치료사 사이에 이미지를 놓고 미술치료사는 꿈꾼 사람에게 각각의 시야에 대해 자유연상(확충)하도록 요청하고 연상 내용을 기록한다.

'눈가리개와 허물' 꿈에 관한 나의 확충은 다음과 같다.

- **시야 1에 대한 연상**: '외로운 곳에 서 있는 모습'—이 꿈을 꿨을 때 나는 다른 사람에게 말하기 힘든 상실감과 소외감에 시달렸다. 나는 종종 연약하다고 느끼거나 힘들 때 이를 공유하는 데 어려움을 겪었다.
- **시야 2에 대한 연상**: '물은 차갑고 맑다'—나에게 물은 생명과 순수, 청결과 신성함의 상징이다. 이곳은 신성한 곳임에 틀림없다.
- **시야 3에 대한 연상**: '뱀 한 마리가 미끄러져 나아간다'—나는 뱀을 아주 무서워했었다. 나의 아내 캐서린은 내가 뱀을 무서워하지 않고 뱀의 아름다움을 볼 수 있도록 도와주었다. 그녀는 나에게 정서적 위험을 감수하고 연약하고 개방하는 것이 괜찮다고 가르쳐 주었다. 비록 나는 여전히 때때로 두렵지만 나의 두려움은 예전처럼 극단적이지는 않다.
- **시야 4에 대한 연상**: 내 '눈앞에서 그것은 허물을 벗는다'—뱀이 어떻게 허물을 벗고 변신하는지 놀라웠다. 뱀은 사람에게 보이려고 하는 것이 아니라 자기 일을 하는 것으로 보였다. 이것은 캐서린이 우리 관계에 대해, 즉 내가 사생활이라고 생각했던 갈등이나 어떤 것들을 그녀의 친구들과 공유하겠다고 말했을 때, 내가 얼마나 캐서린에게 화를 내곤 했었는지 떠올리게 했다. 아내가 친구들과 그렇게 개방하고 드러내는 것을 보며 나는 그저 놀랐다. 뱀의 허물벗기와

변신은 내 인생에서 일어났던 변화를 생각나게 했다. 어떤 이유에서인지 뱀이 허물을 남기고 떠나는 것을 지켜보는 데는 어떤 신비함도 있다. 나는 이를 지켜보는 것이 영광스럽게 느껴졌다.

- **시야 5에 대한 연상**: '나의 왼쪽에 있는 어두운 그림자'—어둠은 내 삶의 알려지지 않은 어둡고 사악한 면을 떠오르게 한다.
- **시야 6에 대한 연상**: '말은 빨강 반다나 스카프로 눈을 가리고'—팔라미노는 볼 수는 없으나 힘차고 강하고 남성적인 동물이다. 내 인생에서 나 자신의 힘과 남성성에 대한 감각이 내 앞을 가로막고 나를 눈멀게 한 것 같은 일이 여러 번 있었다.
- **시야 7에 대한 연상**: '머리를 숙이고 눈가리개가 떨어져 나가고'—고개를 숙이는 것은 절을 하는 동작이나 자숙하는 행동을 시사한다. 무지에 대한 항복이나 수용이다. 항복하는 바로 그 순간에 눈가리개는 떨어져 나가고 나는 볼 수 있다. 내가 다른 사람이나 나 자신과 갈등할 때 가장 힘든 부분은 내 고집스러운 의지를 버리는 것이다. 내가 논쟁에서 이기기 위한 노력을 포기하는 순간 나는 보다 의미 있는 만남으로 자유로워진다. 나는 볼 수 있다.
- **시야 8에 대한 연상**: '흥분과 부활의 멋진 기분'—수용과 항복의 변형적(transformative) 현상은 항상 나를 황홀감으로 이끌어 준다. 나의 가장 중요한 관계에서 이러한 순간들은 깊은 헌신과 부활의 느낌으로 이어진다.

7단계. 연상을 반복하기

꿈꾼 사람이 연상을 공유하면 미술치료사는 이미지와 대본, 시야, 시야에 대한 연상을 해석하지 않고 꿈꾼 사람에게 다시 들려준다. 미술치료사는 꿈꾼 사람의 말을 가능한 한 있는 그대로 반복하고 기록하는 반영적인 목격자 역할을 한다.

미술치료사는 꿈꾼 사람이 시야에 대해 연상할 때 기록한 내용을 소리 내어 읽으면서 시각 이미지에서 시야의 위치를 파악한다. 미술치료사는 꿈꾼 사람에게 자극받은 연상을 명확히 하거나 확장하도록 요청한다. 이 단계의 목적은 시각적 · 언어적 시야와 관련해서 만들어진 연상과 언급을 다른 사람의 목소리로 다시 들을 수 있도록 하는 것이다.

8단계. 시야를 무리 짓기

이 단계에서 미술치료사는 꿈꾼 사람에게 시야들 간의 연관성을 찾아서 시야들을 무리 짓도록 요청한다. '눈가리개와 허물' 꿈의 경우 다음과 같이 나타났다.

- 무리 1: 외로운 곳에 서 있고, 내 왼쪽에 어두운 그림자가 있다
- 무리 2: 뱀이 미끄러져 나와, 허물을 벗고, 말은 빨간 반다나 눈가리개를 하고 있다.
- 무리 3: 물은 차갑고 맑으며, 고개를 숙이고 눈가리개가 떨어지고, 흥분과 부활의 멋진 느낌이다.

9단계. 실존적 관심사에 대한 성명서 창조하기

이 단계에서 미술치료사는 꿈꾼 사람에게 각각의 시야 무리들을 요약해서 문장을 만들도록 요청한다. 이것을 실존적 관심사에 대한 성명서라고 한다. '눈가리개와 허물' 꿈에서 창조된 실존적 관심사에 대한 성명서는 다음과 같다.

- 무리 1 성명서: 내가 힘을 악하고 부정적으로 사용할 때, 나는 종종 외롭고 약하며 고립되어 있다고 느낀다.
- 무리 2 성명서: 나는 다른 사람에게 상처받기 쉽게 나 자신을 허락할 때 가장 강해지며, 취약하지 않고 강한 척할 때 나는 가장 취약하다.
- 무리 3 성명서: 나의 취약함을 인정하고 공유할 때 나는 관계에서 흥분과 부활의 감정을 경험한다.

10단계. 실존적 관심사에 대한 성명서 요약하기

이 단계에서 미술치료사는 꿈꾼 사람에게 실존적 관심사에 대한 성명서들 간의 연관성을 찾아서 하나의 요약문으로 통합하도록 요청한다. 이론적으로 보면 이것이 바로 꿈이 꿈을 꾼 사람에게 보내는 핵심적인 메시지다. '눈가리개와 허물'의 경우 나는 다음과 같이 적었다. "두려움에도 불구하고 나의 취약성과 약함을 수용하고 공유할 때 나는 가장 강하고 관계에 대해 가장 만족하고 흥분한다."

11단계. 꿈에 응답하는 행동방침 정의하기

이 단계에서 미술치료사는 꿈꾼 사람이 꿈의 실존적 요약문에 응답하는 일련의 역설적인 의도를 창조하도록 돕는다. 이 단계의 목적은 꿈꾼 사람이 꿈의 메시지에 응답해서 취할 수 있는 행동방침을 확인하는 것이다. 행동방침은 대부분 역설적인 의도의 극과 극 사이에 있는 경우가 많다. '눈가리개와 허물' 꿈에 응답하여 창조한 역설적인 의도는 다음과 같다.

1. 앞으로 2주 동안 나는 모든 기회를 이용하여 직장에서 나의 약함과 두려움을 동료들과 '나눌 것이다.'
2. 앞으로 2주 동안 나는 내 취약성을 자기폭로할 가능성이 있는 '모든 상황을 피할 것이다.'
3. 앞으로 2주 동안 나는 좋은 친구와 아내 캐서린과 함께 시간을 보내면서 내가 불안하게 느끼는 것들에 대해 그들과 나눌 것이다.

12단계. 꿈에 응답하는 행동방침에 전념하기

역설적인 의도가 나온 후에 미술치료사는 꿈꾼 사람에게 하나의 행동방침에 전념하라고 요청한다. 종결 의식으로서 행동방침을 꿈 이미지 작품에게 직접 읽어 준다. 내 꿈에 응답하여, 나는 이후 몇 주 동안 좋은 친구와 아내 캐서린과 함께 시간을 보내면서 내가 불안하게 느끼는 것들을 그들과 함께 나누는 데 전념했다.

시각 이미지로 본 전체 과정

실존주의 미술치료에서 꿈 다루기 과정은 꿈 내용의 수많은 현상과 이미지를 쏟아 넣을 수 있는 깔때기와 체(그림 35)로 시각화할 수 있다. 내담자는 실존적 관심사에 대한 요약문이 확인되고 행동방침이 정의될 때까지 각 단계에서 꿈의 내용을 여과하고 증류한다. 실존주의 미술치료에서 꿈 이미지를 다루는 과정은 축소과정이지만 그것은 또한 내담자의 이미지와 창조성을 존중하는 과정이기도 하다. 꿈은 종종 복잡하고 불가사의하고 또한 흥미로운 이미지로 가득 차서 이를 이해하려는 치료사와 내담자 모두에게 버거울 수 있다. 아마도 그래서 꿈을 다루는 치료법이 주로 장기적인 치료가 되었던 것 같다. 하지만 이 장에서 소개한 과정은 단기치료에서도 사용할 수 있다. 실제로 이런 방식의 꿈 작업은 내담자가 특정한 행동방침을 정하고 그것에 전념하면서 회기를 떠나기 때문에, 단기치료에서도 내담자에게 특별한 이익을 줄 수 있다. 꿈 이미지 다루기는 미술치료사가 단기 치료와 장기적인 치료 모두에서 내담자와 심층적인 꿈 작업을 탐구할 수 있게 한다.

실존주의 미술치료
-꿈 대화-

과정-깔대기/체

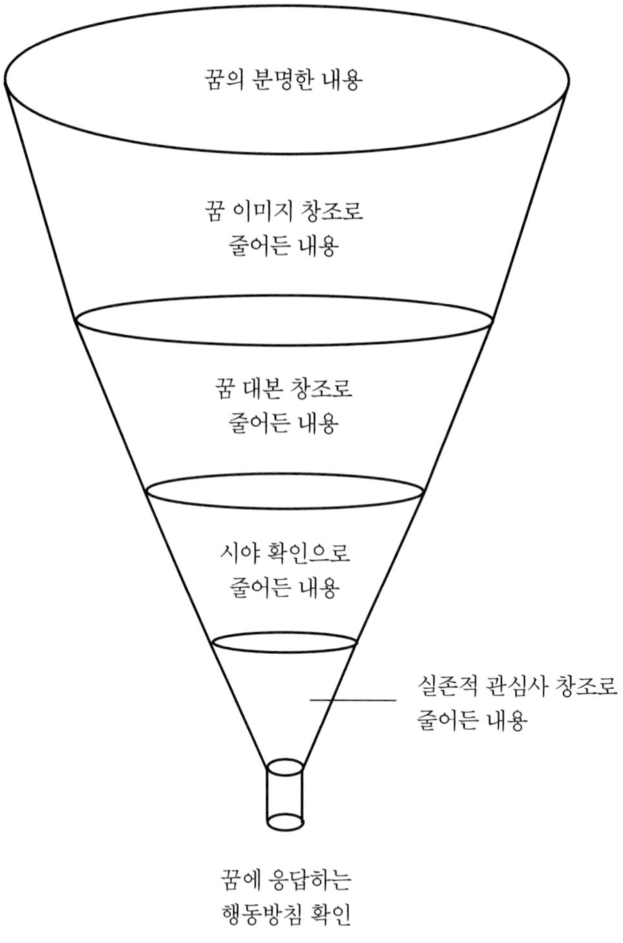

그림 35. **깔때기/체**

14장

캔버스 거울

해마다 새 학년 수업을 시작할 때마다 나는 대학원 신입생들에게 "여러분은 왜 미술작업을 하는가?"라고 질문한다. 나는 이 질문을 30년 넘게 해 왔지만 자신의 생각과 씨름하는 학생들의 이야기를 듣는 일이 결코 지루하지 않았다. 나는 이 질문을 진지하게 생각하므로 간단한 대답이나 한 줄 응답이나 즉흥적인 말대꾸 등은 용납하지 않는다.

미술치료 학생들과 경력 있는 임상가들에게 "당신은 왜 미술작업을 하는가?"보다 더 중요한 질문은 없다. 나는 미술치료 동료들이 수년 간 자기 미술작업을 못했다고 당당하게 말하는 것을 들으면 당혹스럽다. 믿기 힘들겠지만 미술치료사들은 종종 너무 바쁘거나 피곤해서 자기 미술작업을 하지 못하는 자신을 발견한다.

이 장에서 나의 목적은 독자가 "나는 왜 미술작업을 하는가?"라고 자문하도록 독려하는 것이다. 우리 직업에 정직해지기 위해서는 반드시 예술적으로 왕성해야 한다. 그렇게 하지 않을 경우 많은 위험성이 있지만 가장 중요한 것은 예술적인 소극성이 미술치료사의 진위성을 손상시킨다는 점이다. 만약 미술치료사가 치료와 행정 업무나 시간과 에너지를 들여야 하는 다양한 요구에 몰두한 나머지 자기 미술작업을 포기한다면 실존주의 미술치료사가 되는 것은 불가능하다. 미술과정은 미술치료의 혼이다. 이론적인 지식과 기술적인 기법 그리고 임상적인 통찰력은 지속적이고 적극적인 미술작업이 없으면 공허해진다. 미술치료사가 미술에 관여할 수 없거나 관여하지 않으려고 한다면 내담자에게 미술에 관여하도록 요청할 수 있는 도덕적 · 윤리적인 권리도 없다. 앨런(Allen, 1992)은 다음과 같이 썼다.

> 미술치료 분야가 살아남기 위해서 가장 중요한 것은 증명서나 면허증이 아니라, 얼마나 많은 미술치료사가 자신의 미술작업과 지속적으로 연결되는가다. 이것이 없다면 이 일은 깊이도 생명도 불꽃도 없이 괜찮은 OT(역주: 직업적인 치료사)에서부터 선의의 자원봉사자까지 거의 모든 사람이 수행할 수 있다(p. 28).

니체(Nietzsche, 1956)는 감히 예술가만이 사람들에게 있는 그대로의 실제 모습을 보여 줄 수 있다고 말했다. 미술치료사는 내담자에게서 자주 가려지거나 은폐되어 온 고유하고 진실한 특성을 찾는다. 이것이 몇몇 미술치료사가 자신의 미술적 삶을 잃어버리는 핵심적인 이유일 수도 있다. 타인의 상처와 흠을 포함하여 그 실체를 보려고 그렇게 많은 에너지를 쏟아 부었으니 캔버스 거울을 들여다보는 것이 무섭게 보일지도 모른다.

우리 서양인들은 스튜디오 사진작가에 의해 창조된 전통적인 인물 사진에 익숙해져 있다. 따뜻한 빛과 여과된 렌즈, 보정 기술, 사진 소프트웨어 등을 통해서 이 인물사진들은 실제 모습보다는 보여지길 원하는 화려한 모습을 보여 준다. 사람은 진짜가 아닌 자화상에 너무 익숙해져 있어서 캔버스 거울을 들여다보는 것이 위협적일 수 있다.

모든 미술은 그 목적이 삶에서 진실하고 실질적인 것을 묘사하는 것이기 때문에 실존적 성질을 갖는다. 미술은 표면 아래로 내려가서 숨겨진 삶의 깊이를 드러내고자 한다. 과학자와 사진작가는 세상이 어떻게 생겼는지 보여 주는 초상화를 제공하는 반면, 미술가는 세상이 무엇을 의미하는지 보여 주는 작품을 창조한다. 그들은 자신의 괴로움과 활력과 격렬한 격동의 경험을 드러내면서 이를 수행한다.

이 책의 앞부분에서 나는 살아오면서 고통받을 때는 미술이 나를 위로해 주었고 편안할 때는 나를 괴롭혔던 적이 여러 번 있었다고 말했다. 캔버스 거울을 들여다보며 용기와 온전함의 이미지를 발견한 때가 있는가 하면 때로는 거울에 비친 상에서 드러난 상처와 외로움과 비겁함을 볼 때도 있었다. 예술가이자 실존주의 미술치료사로서 내가 직면한 딜레마는 나의 고통은 숨기거나 피할 수 없다는 것이다. 만일 내가 캔버스 거울로부터 도망친다 해도 난 여전히 내가 도망치고 있다는 것을 알고 있고 무엇으로부터 도망치는지 너무나 잘 알고 있다. 피할 길이 없다.

나는 예술과 실존주의의 깊이를 전달하기 위해 모든 노력을 기울여 이 글을 쓰지만 치료에 대해서는 불가피하게 얕은 수준에 머무를 뿐이라는 것을 안다. 이런 분야는 학술적인 탐구만으로는 연구할 수 없다. 실존주의 미술치료를 이해하기 위해서는 미술작업을 하고 실존주의자가 되고 치료를 경험해야만 한다.

이제 나의 캔버스 거울에서 나온 이미지들을 소개하고자 한다. 나는 위대한 미술작품을 제시하려는 것이 아니다. 나의 상처를 치유하는 데 도움이 되었던, 잘 닦아서 윤이 나는 표면과 나를 아프게 했던, 부서진 거울 유리의 파편들을 제시하고자 한다. 만약 내가 이를 잘 해낸다면 다른 미술치료사들도 노래와 시를 쓰고 그림을 그리고 춤을 추며 다른 많은 예술활동에 참여함으로써 캔버스 거울에서 자신이 실제 누구인지 보는 기쁨과 고통을 경험하도록 격려받을 것이다.

1990년 이 책이 처음 출간되었을 때 나는 몇몇 동료가 내 미술작품을 포함시키는 데 대해 반대할까 봐 걱정했었다. 이런 방식은 확실히 그 당시의 전형적인 학문적 관행과 일치하지 않았다. 하지만 모든 실존주의자와 마찬가지로 나도 상아탑에서가 아니라 예술가이자 미술치료사로서 내 삶의 경험으로부터 쓸 수밖에 없었다. 나는 치료사이자 교육자이자 슈퍼바이저로서의 나의 작업과 예술가로서의 나의 작업이 별개라고 생각하지 않는다. 오히려 이런 역할과 활동들은 내 안에 불가분하게 혼합되어 있다.

이 책을 쓰면서 나는 내담자와 학생과 미술에 대한 책임감을 느꼈다. 직업적이거나 개인적인 내 삶의 모든 상황에서 나는 항상 나 자신의 이익과 타인의 이익을 위해 내 길을 선택해야만 한다. 실존주의 미술치료사로서 나는 미술작품과 그것을 창조하는 사람들과 끊임없이 상호작용한다. 이 만남의 궁극적인 목표는 의미를 찾기 위해 함께 여행하면서 내담자가 성장하는 것이다.

미술치료 교육자로서 나는 미술이 미술치료사로서의 발달을 반영하기 때문에 그만큼 더 학생들의 미술에 초점을 맞춘다. 나의 초점은 학생들이 미술치료사로서 자신에 대한 이해를 넓히는 데 있다. 학생들의 미술작업은 늘 그들이 개인적으로나 직업적으로 경험하는 고통을 극복하는 과정을 반영한다.

미술치료 슈퍼바이저로서 나는 미술치료사의 관찰하는 자아의 역할을 한다. 나의 예술적인 관점은 매우 도움이 된다. 왜냐하면 치료사들이 슈퍼비전에 가져오는 이슈들에 잠재된 은유적 주제를 시각화할 수 때문이다. 이 상황에서 나는 슈퍼바이지(수련생)가 경험하는 분투와 고통과 강점을 존중하는 데 초점을 둔다. 치료사로서 자신의 경험을 반성하기 위해 우리가 만날 때 나는 항상 슈퍼바이지에게 개방하고 그와 함께 존재하려고 노력한다.

마지막으로 내 자신의 드로잉과 노래, 그림, 시에서 나는 예술과 나 자신에게 책임을 느낀다. 나는 내담자나 동료들과 함께 미술작업을 하는 경우가 많지만 캔버스 거울을 들여다보는 경험은 여전히 혼자만의 고독한 과정이라고 생각한다. 모든 예술은 실존적이기 때문에 나의 궁극적인 고독을 경험하지 않고는 빈 캔버스 앞에 설 수 없다. 그것은 팽팽하게 당겨진 캔버스 표면이 나의 외부에 실재하는 물건으로 존재할 뿐만 아니라 내부의 주관적인 경험으로 존재하는 것과 거의 같다. 내 붓이 캔버스의 팽팽함을 밀며 움직일 때 나의 내부에서도 그것이 주는 압력을 느낀다.

내가 미술치료사는 진행 중인 미술과정에 참여하는 것이 필수적이라고 믿는 것처럼, 나는 그들 스스로 치료를 경험하는 것이 도움이 되고 아마도 필수적일 것이라고 제안한다. 직업에 대한 자신의 동기를 이해하는 것은 중요하다. 미술치료사는 내담자에게 요청하는 것과 같은 방식으로 자신을 기꺼이 탐색할 수 있어야 한다. 어쩌면 그것이 고통스럽고 두려운 일이 될 수도 있지만 그것은 자신의 직업뿐만 아니라 자신에 대한 이해와 충만함을 가져다 줄 수 있다. 미술치료사는 종종 자신을 거의 초인적인 존재로 여긴다. 자신의 취약성과 두려움과 고통을 인정하고 소유하는 것이야말로 미술치료사가 내담자와 매일 하는 힘든 작업에 전념하도록 강화한다. 사실 삶이 만족스럽고 의미 있을 때에는 아무도 치료를 찾지 않는다. 나는 독자 여러분이 상실과 어려움에 처할 때 도움을 청하는 것을 부끄러워하지 말라고 용기를 북돋아 주고자 한다.

거울 속 이미지

이 장에서 소개하는 몇몇 미술작품은 30여 년 전에 만들어졌다. 그것들은 나의 오랜 친구들이다. 다른 것들은 최근의 작품이며 내가 지금도 알아 가고 있는 중인 작품들이다. 여러분은 다양한 형태의 밀밭 이미지가 때로는 전경으로 때로는 배경으로 반복되는 것을 보게 될 것이다. 몇 년 전 나의 치료사인 짐 랜츠(Jim Lantz)가 나에게 내 작업을 회고할 수 있는 사진들을 회기에 가져오라고 했다. 의미치료사이자 프랭클(Frankl)의 추종자였던 짐은 내 밀밭의 잠재적인 의미에 호기심을 보였다. 지금까지도 이것은 내게 흥미로운 일이다. 왜냐하면 나는 그것을 그리려는 의도가 없었는데 그것이 그냥 나타났기 때문이다.

나는 미술작업에서 종종 나에게 의미 있는 이미지들을 배열하는데 현실적으로는 불가능하지만 은유적으로 중요한 방식으로 배열한다. 첫 번째 그림(그림 36)은 내부와 외부를 모두 담고 있다. 창문은 서로 다른 두 세계 사이의 통로다. 나는 내 자신을 방 안에 있는 구경꾼이자 들판에 서 있는 벌거벗은 남자로 본다. 방 안에 있는 나는 따뜻하지만 약간 열린 문으로 들어오는 외풍을 느낀다. 들판에 있는 남자인 나는 오른팔에 들고 있는 녹색 천을 휘감는 빳빳한 바람을 느낀다.

그림 36. **첫 바람(opening wind),** 아크릴

이 그림에는 몇 가지 흥미로운 부분이 있지만 내가 느끼는 전반적인 정서적 분위기는 막연한 외로움과 갈등이다. 이 그림은 내가 연합감리교로부터 목사직에서 물러나도록 권고받고 3~4년 지난 후에 그린 것이다. 나처럼 독특한 목사는 제지해야 한다는 것이 교회 당국의 견해였다. 당시 그들은 성직자가 상담이나 여타 모든 비종교적인 일을 하는 것을 막기 위해 할 수 있는 모든 것을 했다.

감리교 위계질서에 대한 나의 초기 감정적 반응은 분노와 철회였다. 하지만 이 그림은 나에게 유기와 좌절감을 느끼게 했다. 와인병은 성찬식을 나타내며 사과는 한때의 '내부자'가 가져다준 자양분을 상징했다. 들판에 서 있는 벌거벗은 남자는 따뜻한 방 밖에 있는 요소들에 취약하고 지평선에 있는 교회와는 아주 멀리 떨어져 있다.

미술치료사로서 나는 항상 내담자의 이중성을 살피려고 노력한다. 이 그림은 내 안의 모순을 일깨워 주었다. 내담자와의 작업이나 나 자신을 위한 작업에서 나는 분노가 표현되는 곳마다 그 그림자에 상처가 숨어 있고, 행복과 만족감이 표현될 때마다 슬픔과 혼란이 가까이 있을지도 모른다는 것을 알고 있다.

두 번째 그림(그림 37)은 원래 나의 농구에 대한 사랑을 농담조로 패러디한 것이었다. 나는 장난스럽고 가볍게 하려고 했다. 하지만 그림에서 나온 이미지는 결코 장난이 아니었다. 초현실적인 빛을 내면서 팔은 마치 패스를 받으려는 것처럼 땅에서 솟아오른다. 그림을 그릴수록 나는 더 당황스러워졌다. 여기에서도 배경에 밀밭이 있는데 이번에는 보이지 않는 광원으로부터 섬뜩한 빛을 반사하고 있다. 깊고 푸른 물이 벌판에 접해 있고 나는 시원하고 맑고 깊이를 알 수 없는 물웅덩이 옆에 서 있는 자신을 상상한다. 배경을 완성한 후에 나는 농구공의 둥근 윤곽을 그리기 위해 휴지통으로 본을 떴다.

그림을 완성했을 때 나는 마음에 들지 않아서 바로 차고에 넣어두었다. 내가 왜 그것을 싫어하는지 알 수 없었지만 나는 분명 그것을 보고 싶지 않았다.

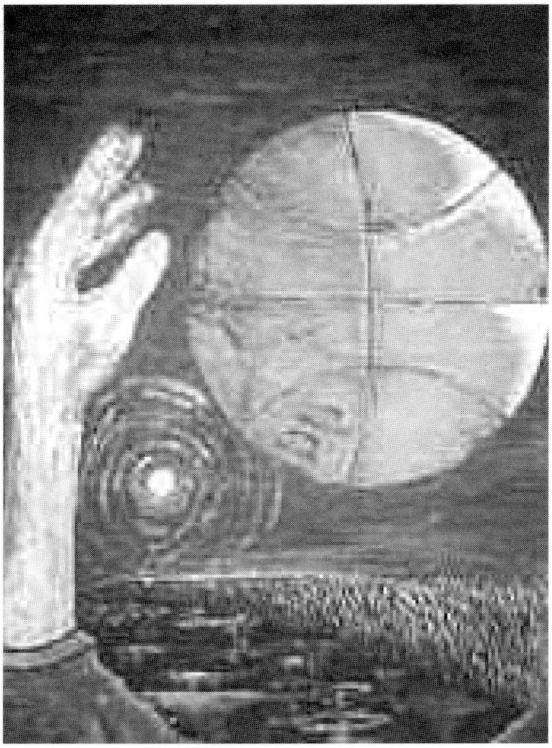

그림 37. **게임에 대한 경의,** 아크릴

몇 년 후에 나는 농구공을 그리기 위해 쓰레기통을 사용한 것은 중요한 의미가 있음을 분명히 알게 되었다. 농구경기는 나에게 많은 연상을 일으켰다. 내가 일곱 살 때 어머니가 지하실 문에 나무 바구니를 걸어 두었던 것을 기억한다. 나는 언젠가 대학 선수가 된 나를 상상하면서 정말 많은 시간을 그 지하실에서 바구니에 드리블과 슈팅을 하며 보냈다. 농구는 5학년부터 10학년까지의 힘든 일과 즐거움 그리고 우정의 시기를 상징한다. 그 시기에 나는 발뒤꿈치가 으스러져서 고학년이 될 때까지 어떤 종목에도 출전하지 못하게 되었다. 고등학교 고학년 때 드디어 팀 선발 시험을 통과했고, 나는 정말 행복했다. 나는 최선을 다했지만 2년 동안이나 뛰지 못했었기 때문에 아마도 다른 선수들에게 많은 피해를 주었을 것이다. 나는 그 해에 팀에서 마지막으로 탈락한 선수가 되었다.

훗날 나의 인생에서 농구는 수요일 저녁 퇴근 후에 남자들이 모여서 한두 시간 픽업 게임을 한 후에 함께 누군가의 집에 가서 TV로 이번 주 경기를 보는 하룻밤의 외출을 상징했다.

농구는 또한 나의 노화를 의미했다. 나는 경기할 때마다 내가 25세 때나 18세 때 했던 것을 더 이상 할 수 없다는 사실을 절감했다. 나는 더 느렸고 더 빨리 지쳤고, 오! 경기 다음 날은 얼마나 아팠던지!

40세가 넘자 나는 농구화 한 켤레와 경기용 반바지를 우리 집 뒤 들판에 묻었다. 그것은 일종의 장례식이었다. 오직 나와 삽 한 자루와 내 인생의 특정 시대 유물들뿐. 그 후 25년 이상이 지났지만 나는 여전히 그 경기가 그립다. 장난기 어린 농담으로 시작했던 이 그림은 기쁨과 실패, 우정, 내 자신의 죽음이라는 피할 수 없는 현실에 대한 감정을 불러일으켰다.

나는 그림을 그리고 시와 음악을 쓰고 공연예술을 창작한다. 이 예술 형식들은 서로 겹치고 보완하고 알려 준다. 박사학위 공부를 할 때 배리 허먼(Barry Heerman) 박사는 나에게 논문을 쓰는 방법 외에 연구결과를 발표할 수 있는 다른 방법을 찾아보라고 격려했다. 그의 판단은 내가 이미 몇 권의 책을 써서 출간했기 때문에 아무도 나의 글쓰기 능력을 의심하지 않는다는 것이었다. 그는 내가 창조성과 학위를 통합하도록 도전의식을 북돋아 주었다.

내 연구의 초점은 미술치료에서 반응으로 하는 미술작업의 역할에 관한 것이었다. 허먼 박사의 격려에 힘입어 나는 〈네 명의 삶: 스튜디오에 오신 것을 환영합니다(Four Lives : Welcome to the Studio)〉(1997)라는 민속 뮤지컬을 창작했다. 창조적인 뮤지컬 작업을 미술치료 문헌과 역사에 정착시키기 위해서 나는 이와 관련된 에세이를 하나 썼다. 이 에세이에서 논의된 주요 원리 중 하나는 다른 매체로 또 다른 작품을 제작하여 미술작품에 반응한다는 개념이었다. 예를 들어, 어떤 그림에 대한 반응으로 조각을 창작하거나 그림에서 영감을 얻어 창조적인 동작을 할 수도 있다. 〈네 명의 삶: 스튜디오에 오신 것을 환영합니다〉의 오프닝 노래는 뮤지컬 등장인물을 등장 순서대로 소개한다.

한 소녀가 집을 찾아 항해에 나섰다
혼자 배를 타고 강을 표류하다
그녀가 말한다. "나에게 하나의 닻이나

항구가 있다면 나는 기어들어갈 수 있을 텐데."
하지만 그녀는 너무나 씁슬하게 말한다
과연 그럴까
내가 농사를 짓거나 숲에 사는 이야기를 할 때 그녀가 비웃었었거든
그녀는 조용히 고개를 저으며
말한다. "나, 난 절대 할 수 없어."
그리고 그녀는 어딘가로 항해를 떠난다
한 번도 가 본 적이 없는 곳으로
그녀가 진정 원하는 것은 자유뿐
하지만 그녀는 영원히 항해할 것이다
그리고 사막에 한 남자가 있다
그가 원하는 것은 오직 한 모금뿐
하지만 모래와 태양 그리고 그는 그것이 그를 멈추게 하고 생각하게 하기를 바라고 있다

그리고 그는 말한다. "만약 럼주 한 병을 마시거나 맥주 한 잔만 마실 수 있다면
나는 이렇게 걸어도 상관없어
나는 이 더위를 견딜 수 있을 것 같아."
하지만 그는 오아시스가 없다는 것을 안다
그가 이끄는 삶 속에는
그는 지친 듯이 고개를 젓는다
그리고 그의 선인장 씨앗을 심는다
그리고 그는 사막의 신기루를 하나 더 본다
한 번 더 걸어 나간다
단 한모금의 자유를
하지만 그는 늘 목이 마를 것이다

나는 한 여자를 알았고, 도시에 살았다
철근 콘크리트와 유리로 만들어진

하지만 그것이 어떤 느낌인지 그녀에게 묻지 말라
그녀는 못 들은 척할 것이다
오, 그녀는 너에게 옛날 일들을 말할 것이다
오하이오의 작은 마을에서 있었던

그녀는 공허하고 허허롭게 웃으며
말한다. "내가 길을 잃었나, 아니면 내가 발견되었나?"
하지만 그녀는 내가 답을 갖고 있지 않다는 것을 안다
그녀는 내가 이해할 수 없다는 것을 안다
왜냐하면 나는 도시에서 살아 본 적이 없기 때문에
철근, 콘크리트, 모래로 만든
그녀는 일하러 가고, 교통체증과 싸우고
4시에 집에 돌아온다
그녀는 자유롭다고 생각했던 때를 한 번 기억해 낸다
그 생각은 그녀를 아프게 할 뿐이다

그리고 나, 나는 정신병원에서 일한다
몇 개의 열쇠를 가지고 있는 사람
나는 그곳에서 모든 나의 슬픈 사람들과 이야기한다
나는 그들의 호소를 듣는다
나는 괜찮다고 말한다. 친구들아, 괜찮아, 누가 더 낫다고 누가 말할 수 있는가
강에는 물살이 미친 듯이 흐르고
사막은 매우 거칠어진다
도시는 예전 같지 않고, 아무도 그것에 대해 모른다
너와 나 사이의 유일한 차이점은 너는 안에 있고 난 밖에 있다는 것 뿐
하지만 늦은 밤 완전히 혼자일 때
가끔 나는 피를 흘리기 시작한다
나는 내 자신에게 이 질문을 한다

진정으로 자유로운 사람이 있는가?
진정으로 자유로운 사람이 있는가?

세 번째 그림(그림 38)은 이 노래의 삽화다. 네 번째 그림(그림 39)에서는 이 밀밭을 흙길로 나눈다. 한 남자가 보는 사람을 향해 달려오고 있다. 한쪽에는 콜라 광고판이 있고 창문 옆으로 해질녘 바다가 보인다. 하늘은 흐리고 불길하다. 전면에는 산산조각 난 스테인드글라스 창문이 있다. 이 이미지는 나에게 절망감을 준다. 달리는 사람은 여기서 즐거운 오후 조깅을 위해 뛰는 것이 아니라 무엇인가로부터 도망치고 있다.

나는 가장 깊은 층에서 나를 괴롭히는 의심스러운 속삭임들로 가득 차 있던 시기에 이 작품을 그렸다. 나는 내 삶의 근간을 의심하는 이러한 목소리들을 듣고 싶지 않았다. 나는 오랫 동안 힘이 빠져 있을 때마다 아버지로서, 연인으로서, 남편으로서 그리고 치료사로서의 능력에 대해 의문을 가졌다. 나는 상징적으로나 말 그대로 이 질문들로부터 도망쳤다.

그림 38. **진정으로 자유로운 사람이 있는가?** 아크릴

비유적인 의미에서 보면 나는 병원에서 긴 시간 일하고 일주일에 2일 컬럼버스 예술디자인대학교에서 강의하고 여러 가지 프로젝트에 참여함으로써 늘 자신을 매우 바쁘게 만들어서 자기성찰을 회피했다. 말 그대로 나는 장거리 달리기에 중독되었다. 나는 10마일을 안정적으로 뛸 수 있는 몸을 만들었다. 나는 멈추지 않고 달렸다. 이 그림은 도피(flight)에 대한 나의 인식을 강화시켰다. 점차 나는 내가 무엇으로부터 도망치고 있는지 알아챘다. 이 작품이 완성되고 나서 얼마 후에 감정의 구름이 몰려들고 폭풍이 몰아쳤다. 달리기와 지구력 쌓기, 잠재력 늘리기 등의 신체적인 행동을 통해서 나는 호흡곤란과 피로와 물집이 잡힌 발바닥의 고통을 견디는 법을 배웠다. 나는 계속 견디면서 고통을 이겨내는 법을 배웠다. 이 그림과 그 시기에 그린 다른 작품들은 나에게 내 존재에 대한 정서적 혼란을 직면하도록 가르쳐 주었다. 모든 장거리 달리기 선수는 어느 지점에서 불가피하게 마주치는 벽을 받아들이는 법을 배운다. 치료사로서 나는 예술적인 작업에 참여하는 것이야말로 내담자가 상황의 고통을 받아들이고 의미를 발견할 수 있게 해 주는 강력한 치유과정이라고 믿는다.

그림 39. **진정한 것,** 아크릴

* * * *

다음 그림(그림 40)은 전체 속에 있으면서도 튀어나와서 마치 "나 여기 있어요, 나를 그리세요."라 말하는 것과 같은 재미있는 이미지다. 그 이미지들은 내가 캔버스를 잡아당기고 있을 때 떠올랐다. 그들은 온화하고 안심시키는 목소리로 말했고 나에게 따뜻함과 부드러움 그리고 유대감을 주었다. 불길한 구름이나 외로운 광야는 없었다. 거기엔 뭐라 말할 수 없는 보살핌과 친밀감이 존재한다. 열쇠 한 꾸러미가 사용되기를 기다리며 벽에 걸려 있다. 사과는 먹기 좋게 익었다. 마치 낭만적인 저녁을 위한 것처럼 촛불이 켜져 있었다. 선물용 꽃이 만들어졌고 풀린 밧줄은 다시 땋아졌다. 빛이 드리운 그림자와 식탁보 위에 있는 몇 개의 장미 꽃잎과 나뭇잎 등 다른 반대 힌트들도 있다. 그럼에도 불구하고 이 그림의 메시지는 그림 그대로 "상처는 치유되었다."다.

작품에 사인을 할 때 나는 기쁨의 물결이 밀려오는 것을 느꼈다. 제목을 붙여야 한다면 나는 *'Yes'*라고 할 것이다. 내담자와 함께 일할 때, 내가 예술의 힘에 대해 경외감을 느끼는 순간은 그들이 작품에서 물러나 고개를 끄덕이며 자신이 한 일을 바라보는 것을 볼 때다. 나는 종종 그 그림과 조각품이 정말로 말을 할 수 있고, 예술가의 영혼과 그 노동의 결실이 나누는 대화를 내가 들을 수 있기를 바란다.

그림 40. **Yes,** 아크릴

2007년 겨울에 시카고 예술학교의 미술치료학 교수인 랜디 빅(Randy Vick)은 나에게 미술치료사인 제레미 리들(Jeremy Riddle)과 크리스 벨코퍼(Chris Belkofer)와 함께 미국미술치료학회(American Art Therapy Association: AATA) 전국 콘퍼런스 토론에 참여해 줄 것을 요청했다. 그 토론의 쟁점은 미술치료 훈련에서 남녀의 불균형에 대한 조사였고, 최종 집계 92.5 대 7.5였다. 내가 맡은 부분을 조사하고 작성하면서 나는 나의 소수자 지위에 과도하게 집착하게 되었다(내가 4명의 여성 가족 속에서 유일한 남자 아이로 자랐기 때문에 여러분은 내가 이것에 꽤 익숙할 것이라고 생각하겠지만). 나는 12년 동안 대학원에서 미술치료를 가르쳤는데 수업에서 동시에 2명 이상의 남학생을 본 적이 없었다. 이 문제들에 대해 생각하면서 나는 마운트 메리 대학(MMC)의 현재 근무 환경 속에서 내 자신을 돌아보기 시작했다. MMC의 거의 모든 곳에는 '마운트 메리 대학 사명 선언문' 옆에 "노트르담 수녀학교가 후원하는 여성을 위해 설립된 도시 가톨릭대학인 마운트 메리 대학은 모든 사람의 성장을 위한 환경을 제공한다."라는 문구가 붙어 있다.

나는 나의 예술가이자 치료사로서의 능력을 MMC 커뮤니티에 적용해서 내가 이 환경에서 Y염색체를 가지고 있다는 것을 어떻게 느끼는지 설명하기로 결정했다. 이 문제를 예술적으로 해결하기 위해 나는 2년마다 열리는 교수 전시회를 위한 설치작품을 제작하고 작품의 구성요소를 만들기 위해 비디오 카메라를 어깨에 메고 남성들을 찾아 캠퍼스를 돌아다녔다(그림 41).

이 작품을 교수 전시회에 출품하면서 나는 무엇을 성취하고 싶었던 것일까? 사실 나는 완전히 확신할 수 없다. 분명한 것은 내 동료들 간의 대화를 장려하고 싶었다. 나는 내가 매우 확장적인 자아를 지닌 꽤 확고한 자아감을 갖고 있다는 것을 안다. 하지만 때때로 나는 대학에서 여성운동가들에게 배척당하고 무시당한다고 느낀다. 아무도 내가 그렇게 느끼도록 할 의도는 없었다고 생각하지만 나는 그렇게 느낀다. 나는 나의 일과 직장을 사랑하지만 때때로 내 일은 조금 외로울 수 있다.

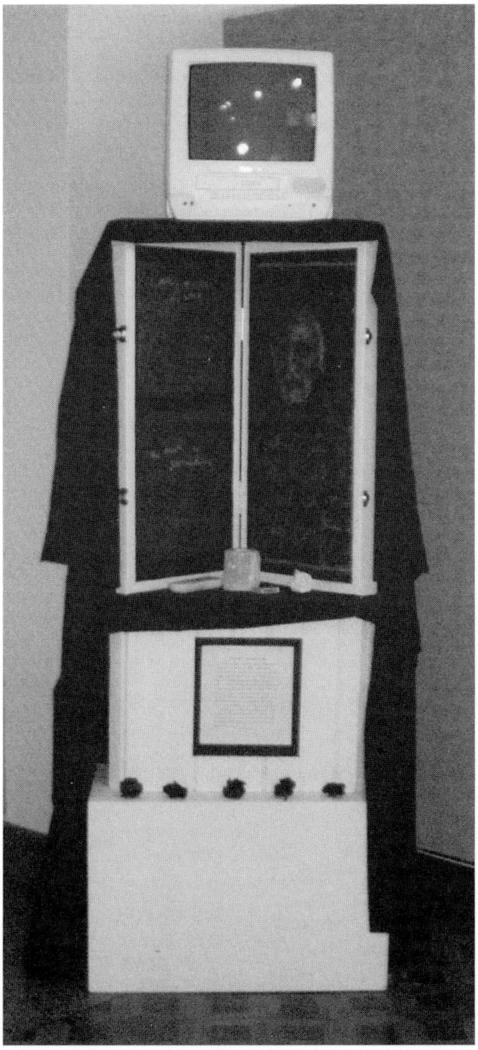

그림 41. **Y로 존재하기,** 브루스 문 촬영

2007년 5월 22일 오전 11시 40분 무렵 나는 일리노이 주 먼델라인 골프 코스에서 115야드 파3 15번 티 앞에 서 있었다. 나는 피칭 웨지(pitching wedge, 역주: 골프채 종류)로 쳤고 좋은 스윙이라는 것을 알았지만 벙커가 그린을 막아서 내 공에 무슨 일이 생겼는지 알 수가 없었다. 무슨 일이 일어났을까? 홀인원!! 나는 코스에서 핸드폰 사용하는 걸 별로 안 좋아하지만 그 날은 내가 핸드폰을 가지고 있다는 사실이 너무나 기뻤다. 나는 아내와 아들과 딸에게 그리고 내 휴대폰에 있는 모든 사람에게 전화했다.

나는 골프 치는 것을 좋아하고 골프 리그의 회장을 맡고 있다. 나는 내 친구들과 경쟁하기를 좋아하고 정감 어린 농담과 동료애 역시 좋아한다. 내가 이 스포츠를 하면서 유일하게 안 좋아하는 것은 계급 차이가 드러나는 것이다. 골프는 비싼 게임이고 때때로 골퍼들 사이에는 어딘가 속물적인 분위기가 보이기도 있다. 가끔은 내가 자주 다니는 골프장에서 골프 치는 사람들이 다가오면 잔디를 관리하던 라틴계 사람들이 눈을 피한다는 사실이 나를 괴롭힌다. 내가 한가롭게 걸을 때 그들은 매우 열심히 일하는 모습이 나를 괴롭힌다. 그림 42는 긴장의 순간을 나타낸다. 나는 내 백에서 골프채를 꺼내려고 전경에 서 있다. 왼쪽 저 멀리 배경에는 한 일꾼이 몸을 구부리고 화단에서 잡초를 뽑고 있다.

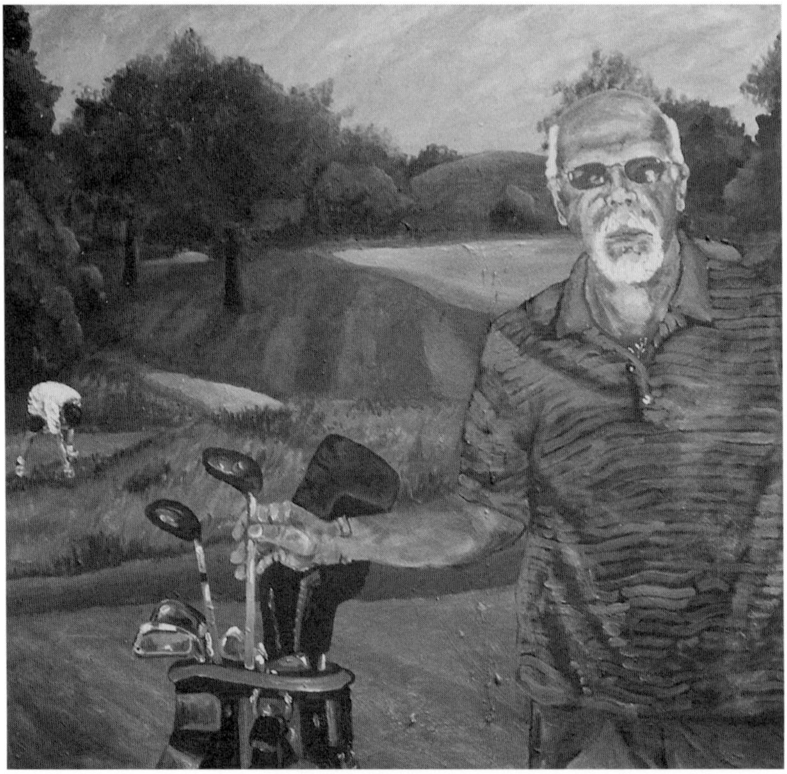

그림 42. **골프와 양심**, 아크릴

그림 43. **술과 전쟁 준비,** 아크릴

미국이 이라크를 침공한 지 얼마 되지 않았을 때 나는 '술과 전쟁 준비'(그림 43)를 그렸다. 이라크 침공은 이라크가 대량살상무기를 비축하고 있어서 미국 시민에게 잠재적인 위협이 된다는 전제하에 의회에서 승인을 얻은 것이었다. 많은 사람이 그 근거에 대해 회의적이었고 침공의 진정한 동기는 이라크의 방대한 석유 매장량과 관련이 있다고 의심했다. 그 동안 그러한 의혹들을 해소시키는 일은 거의 일어나지 않았다.

그림 44는 허리케인 카트리나의 여파를 보여 주는 이미지에 대한 반응으로 그렸다. 뉴올리언스와 걸프 지역이 황폐화된 후 나는 TV를 보거나 신문을 읽으면서 "오, 하느님 맙소사. 오, 하느님 맙소사."라며 말문이 막힌 채 중얼거리는 나 자신을 발견하곤 했다. 아내와 나는 구호활동에 기부금을 냈지만 엄청난 파괴 앞에서 느꼈던 내면의 혼란을 완화시키는 데는 별 도움이 되지 않았다. 걸프만으로부터 들려오는 여러 가지 이야기는 영웅적인 행위와 비겁함, 악의와 관대함, 악행과 선행을 뒤섞어 버려서 나에게 예술적으로 반응하라고 손짓했다.

그림 44. **말문이 막힘,** 아크릴

이 그림은 루이지애나와 미시시피에 사는 많은 사람의 삶에 불어 닥친 공포를 없애지도 못했고 정부 관료들의 무능함에 대한 나의 분노를 완화시키지도 못했다. 하지만 그 그림은 나의 연민과 말할 수 없는 분노와 슬픔을 담을 수 있는 유형의 대상이자 장소를 제공해 주었다.

이 미술작품들은 내가 창조한 것들의 하나의 단면이다. 그것들은 나의 고통이자 위안이었다. 그것들은 나를 쿡쿡 찌르기도 하고 부드럽게 안아 주기도 했다. 때로는 내가 눈을 뜨고 나의 고통을 바라보도록 요구했고 나의 고통에 명예를 가져다주었다. 내가 만든 이미지들은 내가 견뎌 온 상실이 남긴 공허감을 달래 주었다. 난기류 속에서 나는 평화로운 숨결을 느꼈다. 절망의 신음소리 속에서 나는 희망의 멜로디를 들었다. 그것이 내가 예술을 창작하는 이유다.

여러분은 왜 미술작업을 하는가? 이것은 독자 여러분에게 뿐만 아니라 나 자신에 대한 질문이기도 하다.

나머지 작품들(그림 45~그림 51)에 대해서는 여러분이 직접 이야기를 만들어 보라고 초대한다. 그보다 더 좋은 것은 여러분의 작업실로 가서 무엇인가를 만드는 것이다.

그림 45. **입구,** 아크릴

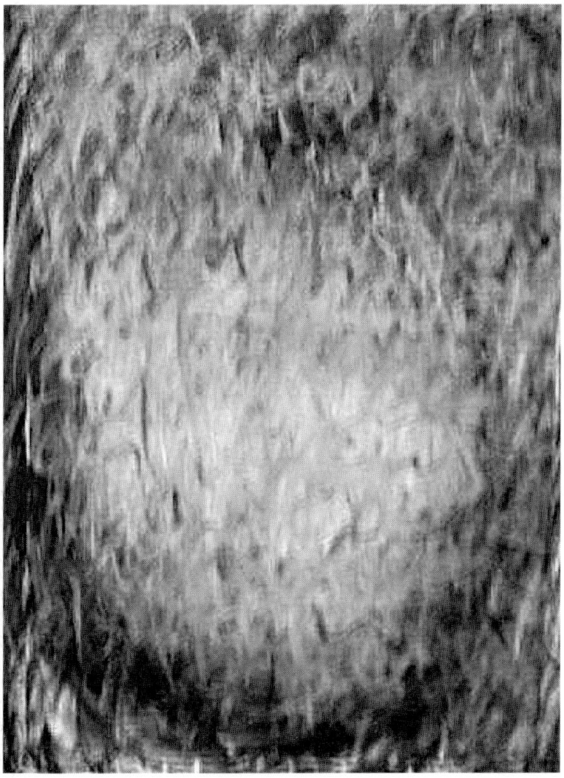
그림 46. **영광 가득한,** 오일 스틱

그림 47. **가면을 벗다,** 디지털 프린트

그림 48. **기다림,** 아크릴

그림 49. **모닝커피,** 아크릴

그림 50. **자화상,** 아크릴

그림 51. **자화상 II,** HB연필

후기

내 마음이 바뀔 수도 있겠지만 아마도 이것이 나에게는 마지막 책이 될 것 같다. 그렇다면 내가 쓴 마지막 책이 내가 쓴 첫 번째 책이라는 점도 의미가 있다. 모든 것은 원점으로 돌아온다. 나는 지난 20년간 저술 작업을 해 왔다. 내가 흥미를 가진 작은 프로젝트가 몇 개 있었고, 나는 다큐멘터리 영화도 만들고 있다. 물론 내 안에는 그림과 노래와 공연작품들이 숨어 있다. 나는 결코 지루하지 않다.

지난 20년 동안 상황이 바뀌었다. 『실존주의 미술치료: 캔버스 거울』의 원본 원고는 노란색 노트 더미 위에 손글씨로 쓰여 있다. 지난 달 나는 결국 그 노트 더미를 버리라고 나 자신을 설득했다. 내 사무실 서랍 공간을 너무 많이 차지하고 있었기 때문이다. 이 말을 했을 때 캐서린은 “아, 내가 그걸 작품에 사용할 수 있었을 텐데!” 라고 했다. 나는 절대로 그런 생각을 하지 못했을 것이다. 나는 배울 게 너무 많다.

우리의 여정은 거의 완성되었다. 우리는 실존주의의 출발점에서 시작해서 혼돈과 공허함을 통과하여 의미와 온전함을 향해 여행해 왔다. 우리는 존재의 궁극적인 관심사에 직면했고 이 여정에서 나는 방법론에 대한 힌트는 주었지만 어떻게 해야 하는지에 대해서는 너무 많이 말하지 않으려고 자제했다. 나는 미술치료에 대해 생각하는 방법과 사물을 보는 방법을 제시하려고 노력했다. 나는 창조적인 활동의 본질에 대해서 매우 많은 내용을 썼고 몇 가지 은유적인 이야기를 제시했다. 또한 나는 독자에게 사회와 문화가 질병을 키우는 데 (또는 다른 방향으로) 어떤 역할을 하는지 생각해 보도록 자극적인 반성을 제공했다.

미술치료의 뿌리는 예술과 심리학이다. 하지만 대부분의 미술치료 문헌은 심리학적 근원에 초점을 맞추고 있어서 우리 예술가 혈통에 대한 관심은 줄어들었다. 이 책에서 우리는 우리 직업의 타고난 예술적 · 철학적 근원을 다시 살펴보았다. 이 뿌리가 마땅히 받아야 할 관심을 받도록 하는 것이 나의 간절한 소망이다.

미술치료 동료 중 일부는 살아남기 위해서는 미술치료사라는 직업이 다른 직업들의 기술과 언어에 동화되고 그 자격증들을 따야 한다고 주장한다. 이는 미술치료사 이름 뒤에 자격증 이니셜이 넘쳐나는 결과를 낳았다. 이 자격들 중에는 LPAT, LPC, LPCC 그리고 MFCC가 있다. 직업의 안정성을 위해서라면 무엇이든 하려고 하는 미술치료사들이 미술치료사로서의 정체성을 최우선으로 중요하게 여긴다면 나는 그들에게 반대하지 않는다.

나는 미래의 미술치료사들을 미술치료의 미술로부터 멀어지게 하고 수량화하고 측정 가능한 결과를 추구하는 과학주의로 지향하도록 이끄는 사람들에 대해 걱정한다. 이 책의 초판에서 나는 미술치료사들에게 심리학적 연구방법론을 모방하라고 촉구하는 내부의 징계적이고 정치적인 세력에 대해서, "연구활동을 반대하지는 않지만 우리 미술치료사가 하는 일은 측정하거나 수치화할 수 없다."(B. Moon, 1990, p. 164)라고 강력하게 선언했다. 맥니프(McNiff, 1998)가 "브루스 문은 창조적 미술치료 분야에서 미술기반 연구와 훈련 그리고 실습을 요구하는 가장 강력하고 설득력 있는 목소리 중 하나로 떠올랐다."(p. 28)라고 쓴 것을 보고 나는 너무나 놀랐다. 뒤늦게 나는 이 책과 내가 썼던 다른 모든 것이 우리의 직업적 정체성에서 예술적인 차원을 수용하고 우리가 미술치료 훈련에 대한 아이디어를 제시할 때 창조성을 사용하라고 미술치료사들에게 요구하고 있음을 알게 되었다.

나는 이 책에 내 작품을 싣고 내 작품에 관해 토론함으로써 위험을 무릅써 왔다. 이번에 나는 처음 두 판에서 사용했던 그림들 중 일부를 최근의 작품들로 바꾸었다. 이것은 내가 나르시시즘에 빠져 있다는 비판을 받을 수도 있기 때문에 위험했다. 여러분은 아마도 내 작품을 보고 "이건 무슨 말도 안 되는 소리야?"라고 할 수도 있다. 아니면 내가 미처 알지 못했던 흠과 흉터를 볼 수도 있다. 그 어떤 것도 나에게 편하지는 않다. 하지만 실존주의와 미술 그리고 치료는 모두 위험감수에 관한 것이므로 나는 여러분이 이 점을 이해하기 바란다.

돈 존스와 맥니프가 이 책의 삽화로 그들의 이미지를 사용하도록 허락해 준 것은 나에게 큰 영광이다. 두 사람 모두 나에게는 영웅이자 롤모델이었는데 그들의 그림을 여러분과 함께 나눌 수 있게 되어 기쁘다.

이 제3판은 초판 원고를 쓴 지 거의 20년 후에 쓴 것이다. 학생들과 동료들은 종종 이렇게 묻곤 한다. "이런 실존주의 미술치료가 보험회사들의 단기치료 요구 앞에서 버틸 수 있을까?" 나의 대답은 분명하다. "그렇다!"

1990년대 중반부터 21세기 첫 10년 동안 미국 의료계의 격변하는 환경은 이 책에 제시된 아이디어들을 시험할 수 있는 훌륭한 실험실을 제공했다. 2년이나 2개월 또는 2일이든 치료기간에 관계없이 실존주의 미술치료의 신조는 적절하다. 미술치료사는 내담자와 함께하고 내담자에게 개방하고 그의 고통을 존중하면서 내담자를 돌봐야 한다. 제3판에서 나는 단기미술치료에 대한 이야기들을 나눌 수 있어서 기뻤다. 삶의 궁극적인 관심사는 수년에 걸친 치료관계에서뿐만 아니라 단지 한 시간에 불과한 치료에서도 마주치는 압박이라고 나는 장담할 수 있다.

2007년 초가을에 ATR이자 HLM인 밥 아울트(Bob Ault)는 내가 미국미술치료협회(American Art Therapy Association)의 명예평생회원상 수상자로 선정되었다는 소식을 전해 주었다. 나는 깜짝 놀랐고 영광스러웠고 겸허해졌다. 미술치료는 나의 천직 이상의 것이다. 그것은 나의 삶의 방식이다. 밥은 나에게 수락 연설문을 쓰라고 제안했다. 나는 뉴멕시코 주 앨버커키(Albuquerque)에서 개최된 전국 콘퍼런스에서 미술치료사들에게 다음과 같이 말했다.

어떻게 생각하는가
세상이 어떤 방향으로 변했을 때
우주의 텀블러들이 정렬되고
당신 마음의 자물쇠가 튀어나온다
감사가 두려움을 대신하고
짧은 순간

삶의 거울은 더 이상 어둡지 않다

하지만 희미하게 빛난다. 당신을 여기로 데려온 길은

선명하다

어떻게 생각하는가?

Yes

무엇을 듣는가

친구들이 음모를 꾸밀 때

모든 단어를 훔치기 위해

처음부터 끝까지 다정한 계략으로

깊이 감사하는

당신의 맥박 속에서

그리고 시간의 소용돌이 속에서

삶의 메아리를 듣는 것이 더 이상 힘들지 않다.

선명하다

무엇을 듣는가?

Yes

무엇을 하는가

댐이 완전히 붕괴되었을 때

돌이킬 수 없는 행복의 균열

모든 핏줄과 모든 혈관이 활짝 열렸다

기억의 아이콘들이 너무 정확해

끝난 일들, 안 끝난 채 내버려 둔 일들

사건의 결정체를 다시 헤아린다

선명하다

무엇을 하는가?

그렇다, Yes라고 말하라

1974년 봄 오하이오 주에 있는 감리교 신학대학에서 대학원 1학년을 마칠 때까지 나는 미래에 무엇이 되고 싶은지 전혀 몰랐다. 글쎄 그렇지 않을 수도 있다. 나는 미술, 음악, 스포츠와 관련된 일을 하고 싶어 한다는 것은 알고 있었다. 그것이야말로 나의 창조성에 도전하고 나의 동료 존재들의 가장 깊은 부분들과 만나고, 어쩌면 영적인 요소들까지도 있다는 것을 알고 있었다. 하지만 그게 무엇인지 23세가 될 때까지 나는 전혀 알지 못했다. 그 후 우연히 4월 1일 금요일 나는 오하이오 주 워딩턴에 있는 L&K 레스토랑에서 돈 존스를 만났다. 그가 나에게 미술치료라는 새로운 분야에 대해 이야기했고 나는 바로 매료되었다. 점심식사가 끝날 무렵 그가 1년 동안 그의 수련생이 되겠는지 나에게 물었고, 나는 "네"라고 말했다.

2년 후 돈이 강의하는 컬럼버스 예술디자인 대학(Columbus College of Art and Design)에서 내가 비공식 조교로 일하고 있을 때 캐서린 하일랜드(Catherine Hyland)라는 젊은 여성이 우리 반에 등록했다. 맹세코 그녀가 교실로 들어오는 것을 보는 순간 나는 첫눈에 반했다. 캐서린에게 확신을 주는 데 좀 시간이 걸렸지만 결국 나의 청혼에 그녀는 "네"라고 했다.

그렇다! 미술치료는 나에게 너무나 좋은 것이었다. 솔직히 내 가장 친한 친구들 중 몇몇이 미술치료사다. 이들이 없이 내가 어디에 어떻게 존재할 수 있을까 스스로 묻곤 한다. 돈(Don)과 캐서린(Catherine), 린 캐피탄(Lynn Kapitan), 숀 맥니프(Shaun McNiff), 밥 아울트(Bob Ault), 밥 쇤홀츠(Bob Schoenholtz), 랜디 빅(Randy Vick), 팻 앨런(Pat Allen), 그리고… 또한… 어느 누구도 빼놓을 수 없기 때문에 그만두는 게 좋겠다. 미술치료에서 만난 좋은 친구들이라는 강물은 아주 깊고 넓어서 나는 그들과 함께 수영하는 것을 너무나 좋아한다고 말해 두자. 그렇다.

이러한 우리 부족은 내 인생의 큰 축복 중 하나다. 지난 32년간 AATA 전국 콘퍼런스에 두 번 불참했다. 내가 너무 늙어서 호텔 주변을 산책할 수 없을 때까지 빠짐없이 참석할 수 있기를 간절히 바란다. 이곳이야말로 젠장! 해마다 미술치료가 무엇인지 설명할 필요가 없는 유일한 시간이자 장소이다. 정말 다행이다. 그것은 일 년에 한 번 집에 오는 것과 같다. 그렇다.

내가 박사학위를 마치자 나의 아이들인 제시(Jesse)와 브레아(Brea)는 나를 'Dork 박사'[누구나 박사학위(Ph.D.)를 받을 수 있다는 살아 있는 증거]라고 불렀다. 나는 그들이 이 날 나와 함께 하기 위해서 엄마와 공모하여 비행기로 날아온 사실을 알고 감격했다.

지금 나와 함께 이 멋진 영광을 축하하는 자리를 함께하지 못하는 사람이 많이 있다. 오! 우리 부모님이 여기 계시다면 얼마나 좋을까. 그들은 이것이 꽤 멋지다고 생각했을 것이다. 아버지는 내가 아기였을 때 돌아가셨고 대신 매형인 마빈(Marvin)이 나의 대리부가 되었다. 그도 이것을 볼 수 있었으면 좋겠다. 그리고 미술치료 가족인 돈 존스, 나는 그에게 너무나 많은 빚을 졌고 어쩌면 이것은 빚을 조금이나마 갚는 일일 수 있다. 그가 여러분에게 안부를 전한다. 나는 30년 넘게 한곳에서 미술치료를 가르쳤기 때문에 배출된 학생들이 매우 많다. 그들 모두 여기에 함께할 수 있었으면 좋겠다. 그리고 내가 수년간 만난 내담자가 몇 명인지 알기 위해서는 계산기가 필요할 정도다. 그들이 없었더라면 나는 한 줄도 쓰지 못했을 것이다. 나는 그들에게도 빚을 졌다. 그렇다.

내가 말했듯이 이것은 나의 직업 가족이다. 이것은 가정이다. 모든 가정처럼 모든 가족처럼 이것은 완벽하지 않다. 우리는 열렬한 신념으로 때때로 우리가 어려운 시기를 헤치고 나아가는 데 도움을 주었고, 때로는 철저한 논쟁과 뜨거운 논의를 불러일으켰던 여성 가장과 족장들에게 축복을 받았다. 우리는 우리 자신의 유아기, 아동기, 청소년기 그리고 젊은 성인으로 살아남았다. 때로는 방향을 잘못 잡아 성공적인 결과를 내지 못하기도 했다.

우리는 교육적인 위기와 경영상의 위기 그리고 재정적인 위기를 견뎌 냈고, 우리는 관리의료(Managed Care)에서 지배력을 행사할 수 있는 위치로 살아남았다.

나는 우리가 그렇게 걱정되지는 않는다고 고백한다. 내 생각에 가장 큰 이유는 미술치료는 아주 좋은 생각이기 때문이다. 예술은 정말로 치유된다. 나는 아동, 청소년, 성인 그리고 연령에 따라서 이 치유가 일어나는 것을 보았다. 나는 어린 소년이 아무도 다치지 않는 찰흙으로 세상을 창조하는 것을 보아 왔고 그는 통제하고 있었다. 나는 청소년들이 그들의 분노와 실망을 표현하고 그들의 캔버스를 자랑스럽게 스튜디오 밖으로 가지고 나가는 것을 보았다. 나는 성인들이 오래전에 버린 내적 자원과 다시 연결될 때 함께 동행한 적이 있고 미망인들이 헤아릴 수 없는 상실을 묘사하는 동안 나는 그들과 함께 했다. 그렇다. 미술치료는 정말 좋은 생각이다. (아무

리 애를 써도 죽이고 싶어도 죽일 수 없었다)

나는 이 순간을 생각해 보았었는데 정말 심오하거나 적어도 재미있는 말을 하고 싶었다. 내가 생각해 낼 수 있는 최선은 내가 미술치료와 이 협회를 얼마나 사랑하는지 말해 주는 것이다. 나는 여러분에게 오늘이 나에게 얼마나 중요한지 말해 주고 싶다. 말로 표현할 수 있을지 모르겠지만, 지금이 내 인생에서 정말 좋은 날들 중 하나라는 것을 안다. 여러분은 나의 친구들의 강이고, 나의 부족이며, 나의 직업적인 고향이다. 그렇다.

* * * * *

만약 당신이 이 책에서 미술치료에 대한 나의 접근법을 처음 접한다면 직업에 대한 나의 열정과 사랑을 보았으면 한다. 만약 당신이 나와 두 번째 만나는 것이라면 나는 이 새로운 판의 『실존주의 미술치료: 캔버스 거울』이 덥고 건조한 여름날에 시원한 물을 마시는 것과 같기를 바란다. 나의 가장 큰 소망은 미술치료사들이 미술에 깊은 뿌리를 두고서 계속해서 그들 자신을 고정시키고 이 일이 요구하는 자양분과 용기를 가져가는 것이다. 우리가 항상 예술과 예술을 만드는 사람들의 신비에 경이로움을 갖기를.

평화!

브루스 L. 문(Bruce L. Moon, Ph.D., ATR-BC, HLM)

참고문헌

Allen, P. B. (1992). Artist-in-residence: An alternative to "clinification" for art therapists. *Art Therapy: Journal of the American Art Therapy Association. 9*, 1, 22-9.

Alter-Muri, S. (1998). Texture in the melting pot: Postmodernist art and art therapy. *Art Therapy: Journal of the American Art Therapy Association, 15* (4), 245-251.

Anderson, L. (1982). *Big science.* [LP]. New York: Warner Bros. Records.

American Psychiatric Association. (2000). *Diagnostic and statistical manual of mental disorders* (4th ed). Washington, D.C.: Author.

Bach, R. (1970). *Jonathon Livingston Seagull.* New York: MacMillan.

Baum, L. F. (1900). *The wonderful wizard of Oz.* New York: George M. Hill.

Brown, D. (1970). *Bury my heart at Wounded Knee: An Indian history of the American West.* New York: Bantam Books.

Campbell, J. (1981). *The mythic image.* Princeton, NJ: Princeton University Press.

Castaneda, C. (1968). *The teachings of Don Juan: A Yaqui way of knowledge.* New York: Simon & Schuster.

Chin, M. (1990-present). *Revival field.*

Corey, G. (2005). *Theory and practice of counseling and psychotherapy* (7th ed.). Belmont, CA: Brooks/Cole-Thompson Learning.

Crosson, J. D. (1973). *In parables.* New York: Harper & Row.

Cummings, E. E., & Firmage, G. J. (Ed.). (1940). *E .E. Cummings: Complete poems 1904–1962*. New York: Liveright.

Dylan, B. (1963). With God on our side. New York: Warner Bros.

Dylan, B. (1965). Love minus zero/no limit. New York: Warner Bros.

Dylan, B. (1965). She belongs to me. New York: Warner Bros.

Felshin, N. (1995). *But is it art? The spirit of art as activism*. Seattle, WA: Bay Press.

Frankl, V. E. (1955). *The Doctor and the soul*. New York: Alfred A. Knopf.

Frankl, V. E. (1959). *Man's search for meaning: An introduction to logo therapy*. Philadelphia: Washington Square Press.

Freud, S. (1965). *The interpretation of dreams*. New York: Basic Books.

Fromm, E. (1955). *The sane society*. New York: Fawcett World Library.

Hammer, E. F. (1958). *The clinical application of projective drawings*. Springfield, IL: Charles C Thomas.

Harrison, G. (1970). I, me, mine. *Let it be* [LP]. New York: Apple Records.

Heinlein, R. A. (1961). *A stranger in a strange land*. New York: Putnam.

Highwater, J. (1994). *The language of vision: Meditations on myth and metaphor*. New York: Grove Press

Hillman, J. (1989). *A blue fire: Selected writings by James Hillman*. New York: Harper Perennial.

Hoffer, E. (1951). *The true believer: Thoughts on the nature of mass movements*. New York: Harper & Row.

Holy Bible. (1952). (Revised Standard Version). New York: Thomas Nelson & Sons.

Jaffe, A. (1964). Symbolism in the visual arts. In C. G. Jung, *Man and his symbols* (pp. 230-271). New York: J.G. Ferguson.

Jagger, M., & Richards, K. (1969). You can't always get what you want. *Let it bleed*. [LP]. New York: ABKCO Records.

Janson, H. W. (1971). *History of art*. New York: Harry N. Abrams.

Jones, G. W. (1962). *The innovator*. Nashville: Abingdon Press.

Jung, C. G. (1964). *Man and his symbols*. Garden City, NY: Doubleday.

Kafka, F. (1969). *The castle*. New York: Modern Library.

Kelly, W. (1970). Earth day poster. *In Pogo: We have met the enemy and he is us*. (1972).

New York: Simon & Schuster.

Kernberg, O. F. (1975). *Borderline conditions and pathological narcissism.* New York: Aronson.

King, S. (1988). *Misery.* New York: Penguin.

Kopp, S. (1972). *If you meet the Buddha on the road, kill him.* Palo Alto, CA: Science and Behavior Books.

Masterson, J. (1985). *The real self: A developmental, self, and object relations approach.* New York: Brunner/Mazel, Inc.

McLean, D. (1971). *Crossroads.* American Pie. [LP]. New York: United Artists Records.

McNiff, S. (1981). *The arts and psychotherapy.* Springfield, IL: Charles C Thomas.

McNiff, S. (1988). *Fundamentals of art therapy.* Springfield, IL: Charles C Thomas.

McNiff, S. (1992). *Art as medicine.* Boston: Shambhala.

Mitchell, J. (1974). Real good for free. [ALBUM]. [MEDIUM]. Los Angeles: Asylum Records.

Moon, B. L. (1990). *Existential art therapy: The canvas mirror.* Springfield, IL: Charles C Thomas.

Moon, B. L. (1994). *Introduction to art therapy: Faith in the product.* Springfield, IL: Charles C Thomas.

Moon, B. L. (1997). *Four lives: Welcome to the studio.* Cincinnati, OH: Union Institute.

Moon, B. L. (1998). *The dynamics of art as therapy with adolescents.* Springfield, IL: Charles C Thomas.

Moon, B. L. (2002). *Working with images: The art of art therapists.* Springfield, IL: Charles C Thomas.

Moon, B. L. (2007). *Dialoguing with dream images in existential art therapy.* Art Therapy: Journal of the American Art Therapy Association 24, 128-133.

Moon, B. L., & Reece, J. (1980). *Victims, villains and heroes: Treatment metaphors of borderline clients.* Proceedings of the National Conference of the American Art Therapy Association. Mundelein, IL: American Art Therapy Association.

Moon, C. H. (1989). *Art as prayer.* Proceedings of the National Conference of the American Art Therapy Association. Mundelein, IL: American Art Therapy Association.

Moon, C. H. (2002). *Studio art therapy: Cultivating the artist identity in the art therapist.* Philadelphia: Jessica Kingsley Publishers.

Moon, C. H., & Moon, B. L. (1988). *The cutting edge: images of evil and good.* Proceedings of the National Conference of the American Art Therapy Association. Mundelein, IL: American Art Therapy Association.

Moustakas, C. E. (1994). *Existential psychotherapy and the interpretation of dreams*. New York: Jason Aronson.

Nietzsche, F. (1956). The challenge of every philosophy. In W. Kaufman (Ed.), *Existentialism from Dostoevsky to Sartre* (p. 101). Cleveland, OH: Meridian Books.

Peck, M. S. (1978). *The road less traveled.* New York: Simon and Schuster.

Richter, J. P., & Hale, M. (Trans.). (1973). *Horn of Oberon: Jean Paul Richter's school for aesthetics.* Detroit, MI: Wayne State University Press.

Rinsley, D. B. (1983). *Treatment of the severely disturbed adolescent.* New York: Jason Aronson.

Rutan, J. S., & Stone, W. N. (1984). *Psychodynamic group psychotherapy.* New York: MacMillan.

Simon, P. (1983). Train in the distance. *Hearts and bones*. [LP]. New York: Warner Brothers Records.

Simon, P. (1965). I am a rock. *Sounds of silence*. [LP]. New York: Eclectic.

Sting. (1987). Russians. *The Dream of the Blue Turtles*. [LP]. Los Angeles: Columbia, A.M. Records.

Ulman, E., & Dachinger, P. (1975). *Art therapy in theory and practice*. New York: Schocken Books.

Vonnegut, K. (1987). *Bluebeard*. New York: Delacourt Press.

Vonnegut, K. (1982). *Deadeye* Dick. New York: Delacourt Press.

Webster's New World Dictionary: Third college edition. (1988). New York: Simon & Schuster.

Yalom, I. D. (1980). *Existential psychotherapy*. New York: Basic Books.

Yalom, I. D. (2005). The theory and practice of group psychotherapy (5th ed.). New York: Basic Books.

찾아보기

인명

내용

저자 소개

캐서린 문(Catherine Moon)이 촬영함.

브루스 문(Bruce L. Moon, Ph.D., ATR-BC, HLM)은 위스콘신주 밀워키에 있는 마운트 메리 대학(Mount Mary College)의 미술치료학과 교수이자 학과장이다. 그는 2007년 미국미술치료협회(AATA)로부터 명예평생회원상을 수상했다. 그는 펜실베이니아주 스크랜튼에 있는 메리우드 대학교(Marywood University)와 오하이오주 워딩턴에 있는 하딩 대학원(Harding Graduate Clinical Art Therapy Program)에서 임상미술치료 대학원장을 역임했고, 광범위한 임상과 행정 및 교육분야 경력이 있다. 오하이오주 신시내티에 있는 유니언 대학(Union Institute)에서 미술치료 전문으로 창조적 예술 박사학위를 받았다. 미국과 캐나다의 여러 대학과 콘퍼런스, 심포지엄 등에서 강의와 워크숍을 이끌었고, 현재는 정서장애를 가진 청소년 치료에 힘을 쏟고 있다.

브루스 문 박사의 저서는 다음과 같다. 『미술치료 훈련과 실습의 핵심(Essentials of Art Therapy Training and Practice)』『미술치료학 개론: 결과물에 대한 믿음(Introduction to Art Therapy: Faith in the Product)』『미술과 혼: 예술심리학에 대한 성찰(Art and Soul: Reflections on an Artistic Psychology)』『청소년과 함께하는 치료로서의 미술의 역동성(The Dynamics of Art as Therapy with Adolescents)』『미술치료 윤리요소(Ethical Issues in Art Therapy)』『미술치료에서 은유의 역할: 이론, 방법, 경험(The Role of Metaphor in Art Therapy: Theory, Method, and Experience)』. 이 외에도 그는 『이미지와 작업하기: 미술치료사의 미술(Working with Images: The Art of Art Therapists)』의 편저자이며, 『이야기 그림: 미술치료사의 시와 미술(Word Pictures: The Poetry and Art of Art Therapists)』의 공동 편저자이기도 하다. 그의 오랜 임상경험과 교육경험은 미술교육, 미술치료, 신학, 창조적 예술 분야의 학제 간 훈련과 연결되어 미술치료 훈련의 이론과 실제에서 도발적인 접근을 하도록 영감을 불어넣어 준다.

저자 주

이 책에 실린 사례들은 진실이다. 하지만 비밀보장을 위해 세부 사항들은 변경했다. 제시된 사례와 작품들은 여러 가지 특수한 상황을 융합한 것이다. 나는 개인의 비밀을 보장하면서 미술치료사의 작업에 대해 현실적으로 설명하려고 노력했다.

역자 소개

원희랑(Won Heerang)
서울대학교 가정관리학과 졸업
대구대학교 재활과학대학원 미술치료학 석사
서울불교대학원대학교 상담심리학과 상담심리학 박사
Person-Centered Expressive Art Psychotherapy 이수(Sonoma State University, Natalie Rogers 지도)
수련감독미술치료전문가, 심리상담사전문가, 재활심리사
순천향대학교 심리치료대학원 겸임교수 역임
현) 서울불교대학원대학교 상담심리학과 미술치료학전공 교수
강남미술치료연구소 소장, (사)한국미술치료학회 부회장

〈주요 역서〉
미술치료와 임상뇌과학(공역, 시그마프레스, 2011)
집중적 단기정신역동치료(공역, 학지사, 2009)

실존주의 미술치료
-캔버스 거울-

Existential Art Therapy : The Canvas Mirror (3rd ed.)

2019년 9월 30일 1판 1쇄 발행
2022년 4월 20일 1판 2쇄 발행

지은이 • Bruce L. Moon
옮긴이 • 원희랑
펴낸이 • 김진환
펴낸곳 • ㈜학지사
04031 서울특별시 마포구 양화로 15길 20 마인드월드빌딩
대표전화 • 02-330-5114 팩스 • 02-324-2345
등록번호 • 제313-2006-000265호

홈페이지 • http://www.hakjisa.co.kr
페이스북 • https://www.facebook.com/hakjisa

ISBN 978-89-997-1947-9 93180

정가 18,000원

이 도서의 국립중앙도서관 출판시도서목록(CIP)은 서지정보유통지원시스템 홈페이지(http://seoji.nl.go.kr)와 국가자료공동목록시스템(http://www.nl.go.kr/kolisnet)에서 이용하실 수 있습니다.
(CIP 제어번호: CIP2019035734)